TRAME

TRAME

A CONTEMPORARY ITALIAN READER

EDITED BY

Cristina Abbona-Sneider

BROWN UNIVERSITY

Antonello Borra

UNIVERSITY OF VERMONT

Cristina Pausini

WELLESLEY COLLEGE

Yale University Press • *New Haven and London*

For Dedda De Angelis

Publisher: Mary Jane Peluso
Editorial Assistant: Elise Panza
Project Editor: Timothy Shea
Manuscript Editor: Laura Jones Dooley
Production Editor: Ann-Marie Imbornoni
Production Controller: Karen Stickler

Set in Scala Roman type by Keystone Typesetting, Inc.
Printed in the United States of America.

Library of Congress Cataloging-in-Publication Data
Trame : a contemporary Italian reader / edited by Cristina Abbona-Sneider,
Antonello Borra, Cristina Pausini.
p.   cm.
ISBN 978-0-300-12495-8 (paperbound : alk. paper)
1. Italian language—Readers. 2. Italian language—Textbooks for foreign speakers—English. I. Abbona-Sneider, Cristina. II. Borra, Antonello, 1963– III. Pausini, Cristina.
PC1117.T73 2010
458.6'421—dc22   2008039279

A catalogue record for this book is available from the British Library.

This paper meets the requirements of ANSI/NISO Z39.48–1992 (Permanence of Paper).

10   9   8   7   6   5   4   3   2   1

CONTENTS

ACKNOWLEDGMENTS

We express our sincere gratitude to our reviewers, who contributed insightful comments as we shaped the manuscript: Elizabeth Leake of Rutgers University, Cinzia Noble of Brigham Young University, Brian O'Connor of Boston College, and Elissa Tognozzi of the University of California, Los Angeles.

We thank the authors and publishers who generously granted us permission to reproduce their texts. We appreciate the efforts of Emanuela Canali, Vittoria Casarotti, Elena Cassarotto, Anna Falavena, Francesca Fedeli, Giacomo Lopez, and Carmen Prestia in obtaining permissions.

Thanks also go to Adriana Hoesle Borra, Scott D. Carpenter, and Matthew T. Sneider for their support through every stage of this project.

We acknowledge all those at Yale University Press who helped in the publication of this book, especially Mary Jane Peluso, Elise Panza, Annie Imbornoni, and Laura Jones Dooley. And we thank our proofreader, Marco Natoli, for his excellent work.

Introduction

The Italian word *trame* means "plots" but also signifies threads woven into fabric. We chose this title because, although it points to the plots of our stories, it also refers to the interwoven themes, voices, and visions of today's Italy.

Trame: A Contemporary Italian Reader is an extremely flexible and user-friendly collection of texts and related activities ideally geared for high intermediate to advanced courses. It presents students with a variety of reading materials that address and represent the cultural complexity of contemporary Italy and its language(s). The texts, written by well-known authors on the contemporary literary scene, have been chosen to illustrate important themes in the culture of modern Italy, and they encompass a variety of voices and points of view. The texts cover such broad themes as youth, family, immigration, politics, identity, modern life-styles, integration, travel, and women's voices that are instrumental in keeping with the five C's of language learning recommended by the American Council on the Teaching of Foreign Languages' Standards for Foreign Language Learning.

We have arranged the material in alphabetic order by author so that each instructor can select his or her preferred path through the book and dedicate to each path as much time as he or she deems necessary. There are many ways to design individual syllabi using the material contained in *Trame*. For instance, one could focus on such topics as immigration and identity and later cover the traditional opposition between North and South, or one could approach various texts according to literary genre. Although the poetry selections raise cultural rather than stylistic issues, the instructor can use them as bridges when switching from one theme to another. *Trame* offers no fixed pattern of learning; instead, it provides options and opportunities for a creative approach to the teaching of Italian language and culture.

Each of *Trame*'s thirty-three chapters is organized around a contemporary text—a short story, a chapter or passage from a novel, an interview, a narrative essay, a newspaper article, a poem, or a scene from a film or play—and is accompanied by instructional activities. Each chapter supplies enough material for a week of instruction, regardless of the length of the text. *Trame* therefore supplies enough varied and stimulating material for a complete content-based academic year of language and culture instruction, which could be divided into two semesters or three quarters. Instructors who choose to use the book for one semester will have greater freedom to design an individualized course and select the number of texts and activities that fit their teaching styles and their students' instructional needs.

Each chapter is divided into pre-reading and post-reading activities and follows a basic structure:

1. "Chi è l'autore" (Biography). A brief paragraph introduces the author and provides a stepping-off point for independent research guided by suggestions contained in the Internet section.

2. "Prepariamoci a leggere" (Pre-reading activities). Open questions familiarize students with the principal themes of the text they are about to read. In accordance with the Standards for Foreign Language Learning, questions are designed to employ students' cultural backgrounds and personal experiences so that they can express their views within a meaningful communicative setting. Subsequently, as students explore Italian culture through the reading, they are guided by activities that foster direct comparisons between the two cultures.

3. "Un po' di vocabolario" (Vocabulary). Vocabulary lists contain definitions and synonyms in Italian—no English translations are provided. When the text requires it, "Un po' di vocabolario" contains the subsections "Espressioni idiomatiche e frasi fatte," which explains idioms, and "Note culturali," which clarifies potentially difficult textual references. Following the vocabulary lists are a variety of exercises that reinforce the vocabulary items and expand or review students' lexicon, especially with regard to idiomatic expression. The activities also suggest strategies for acquiring new vocabulary (as can be seen in the exercises on prefixes and suffixes) and encourage the use of a monolingual dictionary.

4. "Il testo" (The text). Each text is presented in its original form, often abridged but never edited to facilitate understanding.

5. "Ora lavoriamo sul testo" (Post-reading activities). These analysis and discussion exercises focus on content (themes and motifs) and form (the use of language, syntax, and tone). The exercises do not become progressively harder through the book. Rather, their nature and difficulty are inspired by the texts themselves.

6. "Per scrivere" (Writing exercises). Included here are exercises in imitation (for example, how to write a poem like the one featured in the chapter), analysis (subjects for brief essays), and expansion (letters, reviews, creative writing, and so on).

7. "Internet" (Suggestions for research). The suggested Internet activities can be divided and assigned as homework, becoming the object of presentations and

discussions for a class period. Alternatively, they can be assigned as pre-reading exercises to supply important background material useful for a thorough understanding of the text—some of the exercises are conceived with this in mind.

Several texts contain curse words and derogatory expressions. Although we do not encourage the active use of such language, we deemed it necessary to list such expressions in the vocabulary section of each chapter since they may be essential to understanding the tone of the text, the attitude of the writer toward the characters, the attitude of the characters toward each other, and so on.

A short reference glossary of literary terms follows the text.

Sample Lesson Plans

Classes Meeting Three Times a Week for Fifty Minutes

DAY 1

Have students summarize the biographical and bibliographical information about the author ("Chi è l'autore") that was previously assigned as homework. You may need to factor in time for one or two short individual presentations if the homework was integrated with Internet research.

Divide students into groups and have them discuss the preparatory questions ("Prepariamoci a leggere") and take notes on their individual positions. Have each group compare their work before the entire class. Go over the vocabulary lists and have students complete the written exercises that follow. Assign the text and the "Comprensione" questions for homework.

DAY 2

Dedicate the class to "Ora lavoriamo sul testo," starting with the correction of the "Comprensione" questions and then, after dividing the class in groups, moving to "Analisi e interpretazione." Assign writing exercises ("Per scrivere") and Internet research activities for homework.

DAY 3

Encourage oral summaries, comparisons, and discussions of written assignments. Have students present the results of their Internet research and moderate the ensuing discussion. Assign "Chi è l'autore" of the next chapter as homework, possibly integrating it with Internet research on other works by the same author.

Classes Meeting Twice a Week for Seventy-Five Minutes

DAY 1

Solicit summaries and students' presentations about the author's biography and work. Address the preparatory questions ("Prepariamoci a leggere") and go over the vocabulary list, with students doing all the related activities in pairs or in groups. Assign the text, together with the "Comprensione" questions and the relevant parts of "Analisi e interpretazione," for homework.

DAY 2

Dedicate the class to "Ora lavoriamo sul testo," starting with the correction of the "Comprensione" questions and proceeding to "Analisi e interpretazione." Have students present their expansions and their Internet research and moderate the ensuing discussion. Assign writing exercises and/or Internet research activities for homework along with the "Chi è l'autore" section of the new chapter.

I • Niccolò Ammaniti
Io non ho paura

Chi è l'autore

Niccolò Ammaniti è nato a Roma nel 1966. È autore di racconti, di romanzi e di un libro a fumetti. *Io non ho paura* (2001), ambientato nella campagna di un non specificato meridione italiano nel 1978, è stato tradotto in ventiquattro paesi. Nel 2003 il regista Gabriele Salvatores ne ha tratto un film con la collaborazione dello stesso autore per la sceneggiatura. Nel 2007 Ammaniti ha vinto il Premio Strega per il romanzo *Come Dio comanda*.

Prepariamoci a leggere

1. Come passavi il tempo libero durante la tua infanzia? Quali erano i tuoi giochi preferiti?
2. Ti ricordi di un regalo speciale che hai ricevuto quando eri bambino/a?
3. Com'erano tuo padre e tua madre quando erano più giovani? Pensi che siano cambiati molto da allora?
4. Hai fratelli o sorelle? I vostri genitori vi trattavano nello stesso modo quando eravate piccoli?
5. I tuoi genitori erano severi o permissivi? Ti punivano spesso? Come?
6. Nel tuo paese, vengono fatte differenze tra maschi e femmine nel modo di educare i bambini? Se sì, quali?
7. Secondo te, c'è differenza tra crescere in città e crescere in campagna?
8. Prova a descrivere una famiglia italiana tipica: chi sono e quanti sono i componenti? Dove abitano? Prova a immaginare la loro casa. Come vivono? Cerca di pensare alle loro abitudini.
9. Il titolo del romanzo di cui stai per leggere un estratto è *Io non ho paura*. Tu di che cosa avevi paura da bambino? E di che cosa hai paura ancora oggi? Di che cosa invece non hai paura?

Un po' di vocabolario

il camion = autocarro

benestante = abbiente, agiato

il fiatone = fiato grosso, difficoltà di respiro, affanno

le mutande = corti calzoncini portati a contatto della pelle, slip, boxer

la canottiera = maglietta senza maniche e scollata, di lana o di cotone

il bocchino = (qui) cannello di varie forme e materiali in cui si infila la sigaretta da fumare

appollaiato = accovacciato, rannicchiato come un uccello

il ventilatore = strumento usato per far circolare aria e rinfrescare la temperatura di un ambiente

gli occhiali = coppia di lenti con montatura da porsi davanti agli occhi per protezione o per correggere difetti della vista

il rospo = animale anfibio con occhi sporgenti, persona di aspetto sgradevole

la capanna = piccola costruzione spesso in legno

il torrente = corso d'acqua piccolo e breve

la brillantina = cosmetico oleoso e lucido usato per i capelli

scartare = (qui) togliere dalla carta, aprire una confezione regalo

l'astuccio = scatola modellata sull'oggetto da contenere

la montatura = struttura di sostegno di un oggetto

infilarsi = (qui) indossare, mettersi

irrigidire = diventare rigido o più rigido

rachitico = (qui) poco sviluppato, deboluccio

ammutolirsi = diventare silenzioso

valere = essere valido, accettabile

il moscerino = piccolo insetto, (qui) persona minuscola e debole

la sbarra = asta di materiale vario, di solito spessa e resistente

appallottolato = ridotto in forma di piccola palla

il remo = attrezzo usato per dare movimento a imbarcazioni

il soprammobile = oggetto ornamentale posto sopra un mobile

ESPRESSIONI IDIOMATICHE E FRASI FATTE

il braccio di ferro = gara di forza con cui si cerca di piegare il braccio dell'avversario appoggiando il gomito su un piano e stringendosi reciprocamente il palmo della mano

fare le flessioni = (qui) eseguire un esercizio ginnico che consiste nel sollevare da terra il corpo prono con la forza delle sole braccia

"stai senza" = (infinito "star senza") rimanere, restare senza qualcosa

"così impari" = (infinito "imparare") apprendere una lezione, capire e ricordare per il futuro

"chi se ne importa" = (infinito "importarsene") interessare a qualcuno

"non ce la faccio più" = (infinito "farcela") non resistere a, non riuscire a

NOTE CULTURALI

le Nazionali = marca di sigarette italiane

Spiega cosa hanno in comune le parole o le espressioni seguenti.

Esempio: la zanzara, la mosca, il moscerino, la vespa = sono insetti

correre, fare le flessioni, nuotare, sollevare pesi =

gondola, canoa, canotto, piroga =

pipa, sigaro, sigaretta, spinello =

sciampo, balsamo, brillantina, gel =

lettera, foglio di giornale, pezzo di carta, fazzoletto =

mutande, reggiseno, canottiera, boxer =

Con parole tue, prova a spiegare in quali circostanze una persona può compiere le azioni seguenti.

Esempio: ammutolirsi = una persona si ammutolisce a causa di un'emozione molto intensa di gioia o di dolore

infilarsi gli occhiali =

avere il fiatone =

dare un bacio =

scartare un regalo =

guardarsi allo specchio =

stringere i denti =

Nelle seguenti coppie di frasi, manca la stessa parola usata una volta in senso proprio e una volta in senso figurato. Individua la parola e spiega il significato dell'espressione idiomatica in cui questa compare.

a. Lungo il sentiero di montagna, ho visto un _____.

b. L'anno scorso mio fratello non ha superato l'esame di maturità e ci è rimasto male, ma

   ora ha finalmente ingoiato il _____.

a. La mia migliore amica è molto romantica e crede che un cuore e una _____

bastino per dare la felicità.

b. In alcuni paesi dell'Africa molte famiglie non vivono in una casa ma in una

_____.

a. Lungo le sponde del _____ ho raccolto dei fiori profumatissimi.

b. Mia suocera è un vero _____ di parole.

a. Non dovresti credere a quella notizia scandalistica: secondo me è tutta una

_____.

b. Ho comprato un nuovo paio di occhiali con una bella _____ di Dolce e Gabbana.

Per ognuna delle seguenti parti del corpo, indica la forma del plurale, poi spiega dove si trova e a cosa serve.

Esempio: il dente = i denti, si trovano nella bocca e servono a masticare il cibo

il labbro =

la coscia =

la spalla =

l'occhio =

il braccio =

il ginocchio =

la gamba =

la mano =

Il testo

(da *Io non ho paura*, Torino: Einaudi, 2001)

—È arrivato papà!—ha gridato mia sorella. Ha buttato la bicicletta ed è corsa su per le scale.

Davanti a casa nostra c'era il suo camion, un Lupetto Fiat con il telone verde.

A quel tempo papà faceva il camionista e stava fuori per molte settimane. Prendeva la merce e la portava al Nord.

Aveva promesso che una volta mi ci avrebbe portato pure a me al Nord. Non riuscivo tanto bene a immaginarmi questo Nord. Sapevo che il Nord era ricco e che il Sud era povero. E noi eravamo poveri. Mamma diceva che se papà continuava a lavorare così tanto, presto non saremmo stati più poveri, saremmo stati benestanti. E quindi non dovevamo lamentarci se papà non c'era. Lo faceva per noi.

Sono entrato in casa con il fiatone.

Papà era seduto al tavolo in mutande e canottiera. Aveva davanti una bottiglia di vino rosso e tra le labbra una sigaretta con il bocchino e mia sorella appollaiata su una coscia.

Mamma, di spalle, cucinava. C'era odore di cipolle e salsa di pomodoro. Il televisore, uno scatolone Grundig in bianco e nero che aveva portato papà qualche mese prima, era acceso. Il ventilatore ronzava.

—Michele, dove siete stati tutto il giorno? Vostra madre stava impazzendo. Non pensate a questa povera donna che deve già aspettare il marito e non può aspettare pure voi? Che è successo agli occhiali di tua sorella?

Non era arrabbiato veramente. Quando si arrabbiava veramente gli occhi gli uscivano fuori come ai rospi. Era felice di essere a casa.

Mia sorella mi ha guardato.

—Abbiamo costruito una capanna al torrente,—ho tirato fuori di tasca gli occhiali.—E si sono rotti.

Ha sputato una nuvola di fumo.—Vieni qua. Fammeli vedere.

Papà era un uomo piccolo, magro e nervoso. Quando si sedeva alla guida del camion quasi scompariva dietro il volante. Aveva i capelli neri, tirati con la brillantina. La barba ruvida e bianca sul mento. Odorava di Nazionali e acqua di colonia.

Glieli ho dati.

—Sono da buttare—. Li ha poggiati sul tavolo e ha detto:—Niente più occhiali.

Io e mia sorella ci siamo guardati.

—E come faccio?—ha chiesto Maria preoccupata.

—Stai senza. Così impari.

Mia sorella è rimasta senza parole.

—Non può. Non ci vede,—sono intervenuto io.

—E chi se ne importa.

—Ma...

—Macché ma—. E ha detto a mamma:—Teresa, dammi quel pacchetto che sta sulla credenza.

Mamma gliel'ha portato. Papà lo ha scartato e ha tirato fuori un astuccio blu, duro e vellutato.

—Tieni.

Maria lo ha aperto e dentro c'era un paio di occhiali con la montatura di plastica marrone.

—Provali.

Maria se li è infilati, ma continuava a carezzare l'astuccio.

Mamma le ha domandato:—Ti piacciono?

—Sì. Molto. La scatola è bellissima,—ed è andata a guardarsi allo specchio.

Papà si è versato un altro bicchiere di vino.

—Se rompi pure questi, la prossima volta ti lascio senza, capito?—Poi mi ha preso per un braccio.—Fammi sentire il muscolo.

Ho piegato il braccio e l'ho irrigidito.

Mi ha stretto il bicipite.—Non mi sembra che sei migliorato. Le fai le flessioni?

—Sì.

Odiavo fare le flessioni. Papà voleva che le facevo perché diceva che ero rachitico.

—Non è vero,—ha detto Maria,—non le fa.

—Ogni tanto le faccio. Quasi sempre.

—Mettiti qua—. Mi sono seduto anch'io sulle sue ginocchia e ho provato a baciarlo.— Non mi baciare, che sei tutto sporco. Se vuoi baciare tuo padre, prima devi lavarti. Teresa, che facciamo, li mandiamo a letto senza cena?

Papà aveva un bel sorriso, i denti bianchi, perfetti. Né io né mia sorella li abbiamo ereditati.

Mamma ha risposto senza neanche voltarsi.

—Sarebbe giusto! Io con questi due non ce la faccio più—. Lei sì che era arrabbiata.

—Facciamo così. Se vogliono cenare e avere il regalo che ho portato, Michele mi deve battere a braccio di ferro. Sennò a letto senza cena.

Ci aveva portato un regalo!

—Tu scherza, scherza...—Mamma era troppo contenta che papà era di nuovo a casa. Quando papà partiva, le faceva male lo stomaco e più passava il tempo e meno parlava. Dopo un mese si ammutoliva del tutto.

—Michele non ti può battere. Non vale,—ha detto Maria.

—Michele, mostra a tua sorella cosa sai fare. E tieni larghe quelle gambe. Se stai tutto storto perdi subito e niente regalo.

Mi sono messo in posizione. Ho stretto i denti e la mano di papà e ho cominciato a spingere. Niente. Non si muoveva.

—Dài! Che c'hai la ricotta al posto dei muscoli? Sei più debole di un moscerino! Tirala fuori questa forza, Cristo di Dio!

Ho mormorato:—Non ce la faccio.

Era come piegare una sbarra di ferro.

—Sei una femmina, Michele. Maria, aiutalo, dài!

Mia sorella è montata sul tavolo e in due, stringendo i denti e respirando dal naso, siamo riusciti a fargli abbassare il braccio.

—Il regalo! Dacci il regalo!—Maria è saltata giù dal tavolo.

Papà ha preso una scatola di cartone, piena di fogli di giornale appallottolati. Dentro c'era il regalo.

—Una barca!—ho detto.

—Non è una barca, è una gondola,—mi ha spiegato papà.

—Che è una gondola?

—Le gondole sono barche veneziane. E si adopera un remo solo.

—Che sono i remi?—ha domandato mia sorella.

—Dei bastoni per muovere la barca.

Era molto bella. Tutta di plastica nera. Con i pezzettini argentati e in fondo un pupazzetto con una maglietta a righe bianche e rosse e il cappello di paglia.

Ma abbiamo scoperto che non la potevamo prendere. Era fatta per essere messa sul televisore. E tra il televisore e la gondola ci doveva stare un centrino di pizzo bianco. Come un laghetto. Non era un giocattolo. Era una cosa preziosa. Un soprammobile.

Ora lavoriamo sul testo

COMPRENSIONE

1. Chi è arrivato? Dove è stato? Per quanto tempo? Per quale ragione?
2. Quali sono le condizioni economiche di questa famiglia?
3. Chi sono i componenti della famiglia presentata in questo testo?
4. Qual è l'umore del padre e perché?
5. Qual è invece lo stato d'animo della madre e perché?
6. Cosa è successo agli occhiali di Maria?
7. Come reagisce il padre vedendoli? Per quale motivo?
8. Cosa trova Maria dentro l'astuccio blu? Quali sono i suoi sentimenti?
9. Di che cosa è preoccupato il padre riguardo a Michele?
10. Quale sfida deve affrontare Michele per avere il regalo?
11. Qual è l'esito della sfida?
12. Di quale regalo si tratta? Descrivilo.
13. Che cosa può essere il "pupazzetto con una maglia a righe bianche e rosse e il cappello di paglia"?
14. Cosa scoprono alla fine i bambini?

ANALISI E INTERPRETAZIONE

1. Quale personaggio racconta la storia? Con quali parole descriveresti la sua prospettiva?
2. In quale stagione si svolge la storia? Da cosa lo si deduce?
3. Come sono descritti il padre e la madre nel brano? Cosa impariamo su di loro?
4. Analizza le azioni del padre e della madre: cosa stanno facendo rispettivamente nella narrazione? Quale ruolo incarna ciascuno di loro?
5. Il padre e la madre si preoccupano per i figli: quali sono le loro diverse preoccupazioni?
6. Michele e Maria sono trattati nello stesso modo dal padre? Giustifica la tua risposta.
7. Per quale ragione il padre proibisce a Michele di baciarlo? Ci potrebbe essere un motivo diverso, secondo te?
8. Come reagisce Michele quando il padre minaccia di lasciare Maria senza occhiali? Che cosa rivela del suo carattere?
9. Cosa riferisce Maria al padre quando questi indaga se Michele fa le flessioni? Quale tratto della personalità di Maria è messo in evidenza?
10. Da quale punto di vista la gondola "era una cosa preziosa"? Secondo te, che tipo di oggetto è questa gondola?
11. In che modo sono costruiti i ruoli maschili e femminili in questo testo? A tuo parere, questi modelli si trovano ancora nella società italiana contemporanea oppure credi che siano cambiati?
12. Scegli un titolo per il brano che hai appena letto e poi confrontalo con quello dei tuoi compagni.
13. In gruppo, recita il dialogo tra Michele e la sua famiglia. Ognuno di voi può scegliere il personaggio da interpretare. Dopo aver imparato la parte (ricorda che non puoi leggere!), inventa con i tuoi compagni un finale originale per la scena.
14. Guarda la resa cinematografica di questa scena e fai una lista delle eventuali differenze tra il testo e la sua rappresentazione filmica.

Per scrivere

1. Descrivi un episodio particolarmente emblematico della tua vita in famiglia che ha grande rilevanza per te ancora oggi.
2. Che tipo di rapporto avevi con i tuoi genitori e con i tuoi fratelli o sorelle quando eri bambino? Com'è cambiato il vostro rapporto oggi? Scrivi una composizione facendo alcuni precisi esempi per spiegarti meglio.
3. Riscrivi i fatti narrati in questo testo in prima persona dal punto di vista del padre oppure della madre.
4. Immagina di dover dare un seguito a questo testo e scrivi un breve episodio che abbia per protagonisti gli stessi personaggi. Usa la stessa tecnica di scrittura in cui battute di dialogo si alternano a considerazioni o a descrizioni filtrate attraverso il punto di vista del narratore.

Internet

1. Cerca informazioni generali sulle differenze tra Nord e Sud Italia. Concentrati sugli aspetti storici, economici e sociali che hanno contribuito a crearle e presenta alla classe il tuo lavoro.

2. La gondola è la tipica barca veneziana. Prova a ricostruire l'origine di questa imbarcazione e la sua storia fino ad oggi, poi presentala alla classe.

3. Trova informazioni sugli altri libri di Ammaniti e presenta in classe il riassunto di quello tra di essi che più ti ha incuriosito.

4. Visita il sito ufficiale di Niccolò Ammaniti e poi presenta alla classe le informazioni che hai trovato più interessanti.

2 • Silvia Ballestra
Le seguo da lontano

Chi è l'autrice

Silvia Ballestra è nata a Porto San Giorgio, un paese delle Marche, nel 1969 e si è laureata in Lingue e Letterature Straniere. Scoperta da Pier Vittorio Tondelli, è oggi una scrittrice di successo. Il suo primo libro, *Compleanno dell'iguana* (1991), è stato tradotto in varie lingue. A questo hanno fatto seguito il romanzo *La guerra degli Antò* (1992), da cui il regista Riccardo Milani ha tratto il film omonimo nel 1999; *Tutto su mia nonna* (2005), opera narrativa incentrata sul ramo femminile del suo albero genealogico; *La seconda Dora* (2006), romanzo sulla persecuzione degli ebrei durante la seconda guerra mondiale.

Prepariamoci a leggere

1. Descrivi il tuo migliore amico o la tua migliore amica. Perché è una persona speciale per te? Racconta un episodio significativo o emblematico della vostra amicizia.
2. "Chi trova un amico trova un tesoro": quanta importanza ha l'amicizia nella tua vita? È facile per te fare amicizia? Cosa ti aspetti da un'amicizia vera?
3. Come è cambiato il tuo modo di vivere l'amicizia nel corso degli anni? Cosa ti aspettavi da un amico o un'amica quando eri adolescente e cosa ti aspetti oggi?
4. Vedi ancora i tuoi amici d'infanzia? Se sì, che rapporto hai con loro?
5. Cosa perdoneresti al tuo migliore amico o alla tua migliore amica? Cosa non accetteresti mai, invece? Hai mai rotto un rapporto di amicizia? Discutine con un/a compagno/a.
6. Secondo te, esistono differenze tra l'amicizia delle donne fra loro e quella degli uomini fra loro? Fai degli esempi precisi, poi confrontali con quelli di un piccolo gruppo di studenti.
7. Seguire qualcuno da lontano: cosa significa questa espressione? Fai un'ipotesi sulla relazione tra il titolo e il possibile contenuto del brano.

Un po' di vocabolario

l'innamorato = la persona con cui si ha una relazione d'amore

le subcorna = (neologismo) ripetuti tradimenti del proprio partner

transigere = conciliare, scendere a patti

la ferita = (qui) grave offesa

smorfiato = (neologismo) deformato da una smorfia

mimetico = che imita, si mimetizza, si nasconde

la cattiveria = (qui) maldicenza, chiacchiera cattiva

sibilare = emettere un suono acuto simile a un fischio

inacidito = aspro, pungente, malevolo

vagare = spostarsi di qua e di là senza una direzione precisa

sbavare = (qui) spasimare, desiderare ardentemente

il grezzo = (gergale) ragazzo poco raffinato

sparlare = spettegolare, parlare male di qualcuno

macerarsi = (qui) crogiolarsi, indugiare

amareggiare = rattristare

la *mise* = (francese) capo di abbigliamento

il bacillario = (neologismo) ricettacolo di bacilli che portano malattie; (qui) nome fittizio di
    negozio

la nasona = ragazza dal naso grande

la *modette* = (francese) ragazza alla moda secondo lo stile degli anni sessanta

il bidone = (qui) ragazza sovrappeso

seguire = (qui) interessarsi a, informarsi su

la traversia = la disgrazia

vizzo = appassito, sfiorito

inquadrare = (qui) riconoscere

ingigantire = ingrandire, esagerare

sfumato = vago, indefinito

ESPRESSIONI IDIOMATICHE E FRASI FATTE

occhio non vede, còre non dòle = ciò che non si sa non fa soffrire

voce dal sen fuggita poi richiamar non vale = una volta detta una cosa, non la si può più
    ritirare

togliere il saluto = non salutare più

*Ogni parola della colonna a sinistra può combinarsi solamente con due delle tre parole di quella a
destra. Con l'aiuto di un dizionario, individua qual è l'intrusa.*

Esempio: grezzo = tessuto—uomo—albero (albero)

vizzo	vestito—fiore—viso
sibilare	vento—serpente—bicicletta
inacidito	lavoro—individuo—vino

ferita	rimarginare—medicare—togliere
bidone	tirare—uccidere—svuotare
inquadrare	situazione—vaso—persona
sfumato	sigaro—colore—affare
mimetico	discorso—animale – abbigliamento

Seguendo l'esempio, crea frasi di senso compiuto con le seguenti coppie di parole.

Esempio: transigere / cattiverie = non transigo sul fatto che tu dica tutte quelle cattiverie sul conto di tua cugina

innamorato / sbavare =

amareggiare / traversia =

ingigantire / subcorna =

macerarsi / vagare =

sparlare / ferita =

Dalla seguente lista alfabetica di sostantivi di origine francese entrati nell'uso comune, scegli quello adatto per completare le frasi proposte:

lo *charme*, il *dépliant*, l'*élite*, la *gaffe*, il *menu*, la *mise*, la *moquette*, la *réclame*, la *toilette*, la *tournée*

1. Il cameriere del "Gambero rosso" ha fatto sedere i clienti e poi ha portato loro_____.

2. I signori Sarti sono passati dall'agenzia di viaggi e hanno ricevuto molti_____

   sulla Grecia, dove vogliono trascorrere una vacanza.

3. Quell'attore ha molto _____ e per questo piace alle sue ammiratrici.

4. Stefania indossava una _____ molto elegante stamattina.

5. Nel salotto c'è una bella _____ di colore azzurro perfettamente intonata con le

   tende.

6. Hanno acquistato una caffettiera elettrica dopo averne visto la _____ su un

   giornale.

7. Luigi fa sempre _____ clamorose: ieri ha chiesto a Maurizio come stesse la sua

   fidanzata senza sapere che lui era appena stato lasciato!

8. Lucia deve fermarsi alla _____ per rifarsi il trucco.

9. Questa isola è molto esclusiva ed è abitata solo da una _____ di persone.

10. La famosa cantante rock è partita per una _____ di due mesi in Giappone.

Il testo
(da *D La Repubblica delle donne*, 30 luglio 2005)

Amica che tradisce non si perdona. Mentre, confortate dall'occhio non vede còre non dòle, si tollera quasi tutto dall'innamorato (partenze, addii, subcorna, stupidità varie), con l'amica che sbaglia non si può transigere, perché la ferita brucia di più, e ti rimane di fronte agli occhi per sempre, come un temibile specchio che ti rimanda il tuo doppio smorfiato dall'errore e tramutato in rivale mimetico. Anche perché lì, l'occhio non vede eccetera non funziona: forse perché ritenuta colpa minore, trovi sempre qualcuno che viene a ripeterti le cattiverie sibilate sul tuo conto dall'amica improvvisamente inacidita. E basta una maldicenza, una piccola chiacchiera dal sen fuggita per interrompere una luminosa amicizia che vi ha tenute salde negli anni difficili dell'adolescenza, unite nel medesimo soffrire, nello stesso annoiarsi, nel vagare fra una pena d'amore e l'altra, nella resistenza ai professori, nelle fratture con i genitori. Basta un'assenza nel momento del bisogno (e dov'era poi lei?, a sbavare dietro all'ennesimo grezzo di turno), una delusione riguardo a quel segreto che doveva essere mantenuto e invece è stato rivelato proprio alla peggior nemica (e però non era questo che vi piaceva da matti, tutto quello sparlare e macerarsi e divertirsi come pazze à propos delle disgrazie altrui?), per farti amareggiare, scuotere la testa e togliere il saluto. Per sempre. Da anni non mi capita di incontrarmi, né parlare, con certe signorine che pure un tempo mi passarono buone compilation, assieme alle quali ci provammo mise piuttosto new wave nei camerini di negozi che potevano chiamarsi Bacillario, aggirandoci trasognate per i vicoli di una Barcellona preolimpionica a ridere della Nasona, la modette nota come il bidone aspiratutto. Eppure codeste mie coetanee e compagne d'un tempo le seguo ancora, in qualche modo, da lontano. So chi s'è sposata e chi no, so delle loro disgrazie, degli incidenti, delle traversie mediche e delle fatiche per il lavoro. So che sono un po' più vizze d'un tempo, che qualcuna pagherebbe oro affinché io smettessi di rievocarne le gesta tirando fuori gli scheletri dall'armadio, so che certe non le inquadrerei subito perché hanno fatto ampio ricorso alla chirurgia plastica. So che ancora mi temono, e sbagliano, e che a conoscerle adesso sono persone diverse. So che tutto questo è passato ma che è anche rimasto. So che nei piccoli paesi, poi, nelle cittadine, tutto viene ingigantito, ed è molto, molto meno sfumato.

Ora lavoriamo sul testo

COMPRENSIONE

1. Perché, secondo l'articolo, "amica che tradisce non si perdona"?
2. Che cosa è sufficiente per interrompere una "luminosa amicizia"?
3. Quali sono almeno due ragioni per cui si arriva a "togliere il saluto"?
4. Che cosa era solita fare l'autrice con certe amiche quando era più giovane?
5. Che cosa sa oggi l'autrice sulle sue amiche di un tempo?
6. Come si reagisce in un paese o in una cittadina di provincia alle maldicenze, secondo l'autrice?

ANALISI E INTERPRETAZIONE

1. In quante parti si può dividere teoricamente questo testo? Indica il contenuto di ciascuna.
2. Qual è il lettore o la lettrice ideale a cui si rivolge Silvia Ballestra? Giustifica la tua risposta.
3. Quali sono i diversi "tipi" umani tratteggiati nell'articolo?
4. L'articolo è scritto con un linguaggio a tratti colorito. Potresti indicare alcuni verbi, aggettivi o espressioni che ne vivacizzano il contenuto?
5. Come descriveresti il linguaggio che l'autrice utilizza? Che tipo di tono usa?
6. A tuo parere, che rapporto c'è tra la scrittrice e il tema trattato?

Per scrivere

1. Immagina di essere un'ex-amica del cuore di Silvia Ballestra. Scrivile una lettera in cui ribatti alle sue affermazioni. Usa un po' di immaginazione.
2. Scrivi una composizione sull'amicizia considerandola sia in termini generali, sia in relazione alla tua esperienza personale.
3. Scrivi un articolo per il giornale della tua scuola su un argomento che conosci bene e che riguarda i ragazzi della tua età.
4. Immagina un incontro casuale tra Silvia Ballestra e una delle sue amiche che negli anni ha fatto ricorso alla chirurgia plastica. Scrivi il dialogo tra le due donne e poi recitalo insieme ad un/a compagno/a di fronte alla classe.

Internet

1. Cerca notizie biografiche dettagliate su Silvia Ballestra e sui libri che ha scritto, poi presenta le informazioni raccolte alla classe.
2. Trova il testo di una delle canzoni seguenti: *Una donna per amico* di Lucio Battisti, *Per un amico in più* di Riccardo Cocciante, *Che amica sei* di Giorgia, *Un amico è così* di Laura Pausini, *Ci vorrebbe un amico* di Antonello Venditti. Se ti è possibile ascolta la canzone, poi scrivi una composizione ispirandoti agli spunti offerti dal testo.
3. Trova informazioni su come si scrive un articolo di giornale, poi indica se il testo qui proposto, a tuo parere, rispetta o meno le regole.

3 • Alessandro Baricco
Next

Chi è l'autore

Alessandro Baricco è nato a Torino nel 1958. Laureato in Filosofia con una tesi di Estetica, ha anche studiato al conservatorio dove si è diplomato in pianoforte. Nel 1991 è uscito il suo primo romanzo, *Castelli di rabbia*. Dopo avere collaborato ad alcuni programmi radiofonici, ha esordito in televisione nel 1993 con *L'amore è un dardo,* trasmissione a puntate dedicata alla musica lirica, seguita poi dalla fortunata serie *Pickwick*, dedicata invece alla lettura. Tra i suoi romanzi di più grande successo ricordiamo *Oceano mare* (1993), *Seta* (1996) e *Questa storia* (2005). Per il teatro Baricco ha scritto *Novecento*, un monologo da cui Giuseppe Tornatore ha tratto il film *La leggenda del pianista sull'oceano*. I suoi articoli per i quotidiani *La Stampa* e *la Repubblica* sono stati raccolti in tre volumi, *Barnum. Cronache dal Grande Show* (1995), *Barnum 2. Altre cronache dal Grande Show* (1998) e *I barbari* (2006). Il testo che segue è estratto da *Next. Piccolo libro sulla globalizzazione e sul mondo che verrà* (2002) che raccoglie articoli pubblicati su *la Repubblica* nel 2001, con l'aggiunta di passi inediti. Baricco ha fondato a Torino la scuola di scrittura Holden.

Prepariamoci a leggere

1. Pensa all'aggettivo "globale". Prova a spiegare il suo significato usando degli esempi concreti. Che cosa si può definire oggi "globale"?
2. Questo aggettivo viene di solito usato in una accezione positiva o negativa?
3. Cosa significa per te "globalizzazione"? Prova a darne una definizione precisa e poi confrontala con quella dei tuoi compagni. Sono definizioni simili?
4. La globalizzazione influenza la tua vita di tutti i giorni? Se sì, in che modo?
5. Quali pensi siano gli aspetti positivi dell'estensione del mercato mondiale? E quelli negativi? Quali sono le conseguenze sociali ed economiche che ne derivano?
6. Hai mai sentito parlare del cosiddetto "popolo di Seattle"?
7. Oggi si parla molto di cibo geneticamente modificato. Tu cosa ne pensi?
8. Anche l'informazione e la cultura sono state in qualche modo globalizzate dalla diffusione

di Internet. Pensi che questa affermazione sia vera per quanto riguarda la tua esperienza personale, e più in generale per il tuo paese? Tu ti interessi di quanto succede in altri paesi del mondo? Con quale frequenza? Quanto sai della loro realtà e dei loro problemi?

Un po' di vocabolario

unanime = si dice di più persone che manifestano concordia di opinioni, sentimenti, intenzioni

la battuta = frase breve e spiritosa

amatoriale = non professionista

inconfondibile = che non si può confondere, che si riconosce per le sue particolari caratteristiche

il marchio = (qui) segno che si usa sul mercato per distingere un dato prodotto e che non può essere imitato o contraffatto perché protetto dalla legge

l'incidenza = il manifestarsi di un fenomeno e la sua frequenza

convergere = tendere a congiungersi, dirigersi insieme da più parti verso uno stesso punto

l'icona totemica = immagine simbolica

il portavoce = una persona che parla per conto di altri

mirabilmente = in modo meraviglioso

ESPRESSIONI IDIOMATICHE E FRASI FATTE

cosa diavolo è = cosa è

voilà = (francese) ecco, usato per lo più pleonasticamente

scolarsi = bere tutto un liquido fino in fondo

Ecco alcune parole composte dal verbo "portare" e da un nome. Insieme ad un compagno, fornisci due definizioni per ognuna di queste parole. Se non ne conosci il significato, prova a dedurlo.

Esempio: il portavoce è una persona che parla per un'altra persona o per un gruppo di persone

il portacenere

il portachiavi

la portaerei

il portafoglio

il portafortuna

il portalettere

il portapenne

il portavivande

Ora combina le parole della colonna di sinistra con quelle della colonna di destra per formare una parola composta di senso compiuto.

A	B
sotto	rilievo
mano	stare
aspira	baleno
segna	mondo
para	verso
mappa	polvere
arco	libro
capo	brezza
basso	mano
sopra	scritto

Indica da cosa sono formate le parole composte (verbo + nome, nome + nome, aggettivo + nome, ecc.) dell'esercizio precedente.

Esempio: portavoce = verbo + nome

1.

2.

3.

4.

5.

6.

7.

8.

9.

10.

Il testo

(da *Next. Piccolo libro sulla globalizzazione e sul mondo che verrà*, Milano: Feltrinelli, 2002)

Ovviamente la prima domanda che viene in mente è: cosa diavolo è la globalizzazione? O meglio: cosa vogliamo dire quando usiamo la parola "globalizzazione"? Purtroppo, un'unica risposta, fondata e unanime, non c'è. Ce ne sono tante ma, guarda caso, ognuna rende imprecisa l'altra, e nessuna sembra più vera delle altre. Così mi è tornata in mente quella vecchia battuta: non c'è una definizione della stupidità, però ce ne sono molti esempi. Metodo induttivo, si diceva a scuola. Non c'è una definizione della globalizzazione: però ce ne sono molti esempi. Per cui sono andato a caccia di esempi. Ho usato un metodo molto amatoriale, ma che mi sembrava appropriato. Ho chiesto alla gente di farmi degli esempi. Tutta gente che non saprebbe rispondere alla domanda "Cos'è la globalizzazione?", ma che, a richiesta, sapeva farmene degli esempi. Gente normale, insomma. Tra i tanti esempi sentiti, ne ho scelti sei. Li riporto qui così come li ho sentiti, perché la vaghezza della formulazione o l'ingenuità delle parole usate sono a loro volta significative, insegnano delle cose e fanno riflettere. Eccoli qua:

1. Vai in qualsiasi posto del mondo e ci trovi la Coca-Cola. O le Nike. O le Marlboro.

2. Possiamo comprare azioni in tutte le Borse del mondo, investendo in aziende di qualsiasi paese.

3. I monaci tibetani collegati a Internet.

4. Il fatto che la mia auto sia costruita a pezzi, un po' in Sud America, un po' in Asia, un po' in Europa e magari un po' negli Stati Uniti.

5. Mi seggo al computer e posso comprare tutto quel che voglio on line.

6. Il fatto che dappertutto nel mondo hanno visto l'ultimo film di Spielberg, o si vestono come Madonna, o tirano a canestro come Michael Jordan.

Voilà. Se vi sembrano esempi scemi, provate a chiederne di migliori in giro, e poi vedrete. Bene o male, rappresentano ciò che la gente crede sia la globalizzazione. Ora: ho imparato che c'è una sola domanda utile da farsi davanti a questi esempi, ed è una domanda apparentemente ingenua: sono veri? Raccontano fatti reali? Sono esempi veri di globalizzazione? Non chiedetevi se siete pro o contro. Chiedetevi: sono veri? (...)

La Coca-Cola. In genere l'impressione che venda dappertutto è generata dal fatto che in quei quattro o cinque viaggi fatti in paesi strani, si è sempre visto, nei posti più assurdi l'inconfondibile marchio rosso con la scritta bianca. Forse bisognerebbe controllare. Interrogata, la Coca-Cola risponde che non è solo un'impressione: vendono i loro prodotti (non solo la Coca) in circa 200 paesi. Dato che a me risulta che di paesi, nel pianeta, ce ne siano 189, la cosa suona piuttosto strana. Ma comunque: qualsiasi sia il modo di contarli, 200 paesi sono tanti, e si possono anche tradurre nell'espressione "dappertutto". Più interessante mi sembra andare a guardare *dentro* quei dati. Dove si può scoprire, ad esempio, il reale potere di penetrazione della Coca-Cola nelle abitudini di un paese. Un americano beve, in media, 380 bottiglette di bevande della Coca-Cola ogni anno (tra parentesi: come fa?). Un italiano, 102. Un russo, 26. Un indiano, 4. È l'indiano, che mi interessa. Quattro volte l'anno è un numero ridicolo. Se penso a cosa mangio io, solo quattro volte l'anno, devo pensarci un po', e alla fine mi viene, ad esempio, il sushi. Che incidenza ha il sushi sul mio stile di vita? Zero. Che influenza ha la Coca-Cola sulla cultura indiana? Minore di quella che istintivamente pensiamo. Dire che la Coca-Cola è dappertutto, è vero: dire che *conta* dappertutto, è un'estensione discutibile. È una deduzione che ci fa comodo ma che deduce il falso. Allora la domanda da farsi diventa: come mai le quattro bottiglette di Coca che beve l'indiano significano qualcosa, e le centinaia di bottiglette che *non* beve non significano niente? Oppure: come mai i litri di Coca-Cola che già vent'anni fa si scolava un brasiliano si chiamavano commercio estero, e le quattro bottiglette dell'indiano si chiamano globalizzazione?

Poi c'è la storia dei monaci tibetani. L'immagine dei monaci che, dal loro monastero in Tibet, navigano allegramente in rete nasce da una campagna pubblicitaria della IBM di qualche anno fa ("Soluzioni per un piccolo pianeta"). Come immagine pubblicitaria è geniale. In modo sintetico, suggerisce quella contrazione di spazio e di tempo che sarebbe esattamente il marchio della globalizzazione: i monaci sono qualcosa di antico e di geograficamente molto lontano eppure navigano in rete, cioè convergono felicemente nel cuore del mondo, nel qui e ora. Se lo fanno loro, cosa aspettate a farlo voi? Sintetico e geniale. Talmente geniale, e facile da usare, che la gente, istintivamente, ne ha fatto un'icona totemica, e si è messa a usarla. Funziona così bene che i più hanno smesso anche di chiedersi se è vera, reputando la cosa di scarsa importanza. I monaci tibetani navigano *davvero* in rete? Ecco una domanda diventata inutile. Utile, però, è la risposta: no. I monaci tibetani *non* navigano in rete. Interrogato al proposito, il portavoce dell'Office of Tibet a Londra ha energicamente escluso che lo possano fare. (...)

Globalizzazione è il nome che diamo a cose come internazionalismo, colonialismo, modernizzazione, quando decidiamo di sommarle ed elevarle ad avventura collettiva, epocale, epica. Chiedersi se esiste o no, è una domanda senza risposta perché è una domanda mal posta: dipende. Contrariamente alle apparenze, gli esempi che la gente fornisce per definire la globalizzazione non sono scemi, ma mirabilmente esatti, e aiutano proprio a formulare quella domanda in modo più corretto. Proprio perché sono falsi, o veri a metà, o irrilevanti, colgono nel segno: dicono che la globalizzazione è una proiezione fantastica che, se considerata reale, diventerà reale. Prendete i soliti monaci. I monaci tibetani non navigano in rete, ma se tutti pensano che lo facciano, e tutti si comportano di conseguenza, tutti finiranno per produrre un mondo in cui i monaci tibetani navigheranno effettivamente in rete. C'è una definizione più esatta di globalizzazione?

Ora lavoriamo sul testo

COMPRENSIONE

1. Cos'è il metodo induttivo a cui fa riferimento Baricco?
2. In che modo Baricco ha scelto le persone da intervistare? Perché?
3. Cosa hanno in comune la Coca-Cola, le Nike e le Marlboro? Che tipo di prodotti sono? Chi li consuma?
4. Qual è l'opinione di Baricco sulla diffusione della Coca-Cola nel mondo?
5. Che differenza c'è tra il dire che la Coca-Cola è dappertutto e che la Coca-Cola *conta* dappertutto?
6. Cosa significa che l'immagine dei monaci tibetani che navigano in Internet è diventata una icona totemica?
7. In questo contesto, che significato hanno i termini "internazionalismo", "colonialismo", "modernizzazione"? Perché Baricco li avvicina all'idea di globalizzazione?
8. Prova a spiegare con parole tue l'affermazione: "la globalizzazione è una proiezione fantastica che, se considerata reale, diventerà reale".

ANALISI E INTERPRETAZIONE

1. Commenta il titolo. Perché, secondo te, l'autore ha scelto una parola inglese? A cosa allude il titolo *Next?*
2. Rileggi i sei esempi che Baricco riporta per spiegare cosa sia la globalizzazione. Insieme ad un/a compagno/a commentali uno per uno, come fa Baricco per la Coca-Cola e i monaci tibetani. Pensi che questi esempi siano veri o falsi? Su cosa basi la tua risposta?
3. Baricco è uno scrittore e un musicista, non un esperto di globalizzazione. Per questo si pone una domanda discutibile, cioè se la globalizzazione esista davvero. Cosa pensi di questo modo di procedere nell'indagine? Preferiresti leggere le pagine di un esperto che non si pone domande ma invece spiega i fatti ai lettori?
4. Come giudichi gli esempi di globalizzazione che Baricco ha raccolto? Riesci a pensarne altri maggiormente efficaci?
5. Perché, secondo te, l'immagine dei monaci tibetani che navigano in rete è stata una campagna pubblicitaria di grande successo?
6. Dopo aver letto il testo, quale pensi che sia l'idea di globalizzazione che ha Baricco? Quanto è simile alla tua idea di globalizzazione?
7. Quale credi che fosse il fine di Baricco nello scrivere queste pagine?
8. Come definiresti lo stile di scrittura del testo?
9. *Next* è stato un libro che ha diviso la critica raccogliendo pareri molto positivi e molto negativi. Prova a fare un dibattito con i compagni di classe divisi in due gruppi. Uno sosterrà la validità delle opinioni di Baricco e l'altro invece il contrario. Toccherà all'insegnante decidere quale gruppo è stato più convincente.

Per scrivere

1. Secondo i sostenitori della globalizzazione, questa rappresenterebbe una possibile soluzione alla povertà del terzo mondo. Secondo gli attivisti del movimento No-Global, invece, la globalizzazione impoverirebbe ancora di più quei paesi già poveri, favorendo le multinazionali. Scrivi una lettera al giornale della tua università in cui sottoponi il problema ed esprimi le tue idee in proposito.

2. Uno degli esempi raccolti da Baricco per definire la globalizzazione è che dappertutto nel mondo si vede l'ultimo film di Steven Spielberg, ci si veste come Madonna, o si imitano i campioni sportivi come Michael Jordan. Scrivi una composizione in cui rifletti sull'influenza dei modelli culturali americani nel mondo.

3. Immagina di essere un monaco del Tibet e scrivi una lettera alla IBM in cui protesti per l'uso pubblicitario che hanno fatto dei monaci come te ed elenchi gli effetti negativi sulla tua vita seguiti alla campagna pubblicitaria.

4. Il testo di Baricco si chiude con una domanda: "C'è una definizione più esatta di globalizzazione?". In altri termini, il ragionamento dell'autore ti ha convinto oppure no? Esprimi in un testo stilisticamente affine a quello di Baricco le tue opinioni a questo proposito.

Internet

1. Cerca il sito ufficiale di Alessandro Baricco, analizzalo e trova informazioni su una delle sue opere il cui titolo ti affascina particolarmente, poi presentala in classe.

2. Fai una ricerca sul movimento No-Global. Da chi è composto, da chi è sostenuto e quali sono le idee politiche dietro questo movimento?

3. Cerca informazioni sui Black Bloc. Chi sono? Cosa vogliono? Quale è stato il loro ruolo negli avvenimenti al G8 di Genova nel 2001?

4. Quali marchi italiani sono molto popolari nel tuo paese? Visita i loro siti web ufficiali e cerca di scoprire in quali e in quanti altri paesi del mondo esportano i loro prodotti.

4 • Stefano Benni
Il bar di una stazione qualunque

Chi è l'autore

Nato il 27 gennaio del 1947, Stefano Benni è oggi considerato lo scrittore più rappresentativo della satira italiana. I suoi articoli sui quotidiani *la Repubblica, il manifesto* e sulla rivista *MicroMega* hanno da sempre rivelato i vizi e le idiosincrasie del paese, senza dimenticare di sottolinearne gli aspetti surreali e grotteschi. Tra i suoi libri di maggiore successo ricordiamo *Bar Sport* (1976), *Terra!* (1983), *Il bar sotto il mare* (1987), *La compagnia dei Celestini* (1992), *Bar Sport Duemila* (1997), *Il dottor Niù* (2001), *Margherita Dolcevita,* segnalato anche dal *New York Times* come uno dei libri notevoli del 2005, e *La grammatica di Dio* (2007). Stefano Benni vive a Bologna e, per il suo carattere riservato, non si concede volentieri ai media; rare sono le sue interviste e le sue apparizioni televisive.

Prepariamoci a leggere

1. Nel tuo paese il treno è un mezzo di trasporto popolare?
2. Qual è il tuo mezzo di trasporto preferito per andare in vacanza? Per quale ragione lo preferisci? Quali sono i suoi vantaggi?
3. C'è un periodo particolare dell'anno in cui nel tuo paese la gente va in vacanza? Perché? Per quanto tempo ci va di solito?
4. E tu, quando preferisci andare in vacanza? Preferisci le vacanze estive o quelle invernali? Le passi in modo diverso?
5. Sei un tipo silenzioso o ti piace parlare molto?
6. Ti capita spesso di parlare con estranei? Cosa pensi quando un estraneo inizia a parlarti? In quali occasioni ti è successo? Come hai reagito?
7. In Italia il bar è un luogo di ritrovo molto importante. Prova a fare una lista delle attività che pensi abbiano solitamente luogo in un bar e confrontala con la lista dei tuoi compagni. Secondo te, c'è un luogo che ha la stessa importanza nella tua cultura? Quale?

Un po' di vocabolario

ronzare = emettere il rumore che fanno alcuni insetti volando, (qui) girare intorno a un luogo o a una persona

l'esodo = emigrazione, uscita in massa, (qui) partenza da uno stesso luogo di un gran numero di persone

accamparsi = disporsi in campo, sistemare tende e truppe all'aperto, (qui) alloggiare provvisoriamente

il presepe = rappresentazione della nascita di Gesù che si fa a Natale con statuette di vari materiali

il bivacco = luogo in cui si fermano le truppe in movimento, (qui) sosta momentanea e di fortuna

accalcarsi = affollarsi, fare ressa

guatare = guardare con paura, sospetto, stupore, (qui) guardare con interesse

la diserzione = atto del disertare, cioè abbandonare il reparto dell'esercito a cui si appartiene, (qui) venir meno ai propri doveri

la prole = l'insieme dei figli di una famiglia

il babbo = padre (termine di solito usato in Toscana)

il somaro = asino

l'afrore = odore forte e sgradevole

il polipoide = forma simile a un polipo, piccolo animale acquatico con tentacoli

la mercanzia = insieme di merci in vendita

la provola = formaggio tipico dell'Italia meridionale, che si mangia fresco o affumicato

il marmocchio = (familiare) bambino

il barbone = barba lunga e folta, (qui) una persona senza tetto che vive in strada

vetusto = molto antico, che appartiene a una epoca remota, (qui) fuorimoda

sorseggiare = bere lentamente a piccoli sorsi

esordire = incominciare un discorso

grugnire = verso del maiale, (qui) brontolare a denti stretti, emettere un suono inarticolato che ricorda il verso del maiale

il mugugno = il brontolio

la cortina = tenda che si alza e si abbassa, (qui) qualcosa che si frappone tra due cose o persone, ostacolando la vista e le comunicazioni

il mortorio = funerale, (qui) una riunione o una situazione senza vita né brio

il coprifuoco = obbligo di ritirarsi in casa a un'ora prestabilita, di solito imposto ai cittadini per motivi di ordine pubblico

gli ingorghi = addensamenti che ostruiscono un passaggio, (qui) le code di automobili sulle autostrade

soffocare = impedire la respirazione, talora fino ad uccidere

spazientirsi = perdere la pazienza, irritarsi

abbarbicato = fissato con radici al terreno, (qui) attaccato saldamente a qualcuno o a qualcosa

il comizio = adunanza in cui un oratore politico spiega il programma del suo partito fendere = tagliare per il lungo, lacerare, (qui) farsi strada in mezzo alla folla

la calca = folla densa, fitta moltitudine di persone

i cialtroni = persone volgari e trasandate

goffo = che si comporta in modo maldestro, rozzo o impacciato

il triciclo = veicolo a tre ruote per bambini

ESPRESSIONI IDIOMATICHE E FRASI FATTE

dar di matto = impazzire, perdere il senno

alé = espressione di incitazione come "forza", "su", "dài"; (qui) espressione di constatazione per qualcosa che si temeva accadesse e che si è puntualmente verificato come "ecco, lo sapevo!"

attaccare un bottone a qualcuno = iniziare una conversazione con qualcuno

Metti in ordine crescente di intensità le parole di ciascuno di questi gruppi.

Esempio: bollente—tiepido—caldo = tiepido, caldo, bollente

vetusto—vecchio—antico =

paura—terrore—panico =

obeso—grasso—tozzo =

esausto—affaticato—stanco =

pieno—strapieno—zeppo =

muto—quieto—silenzioso =

disperato—triste—malinconico =

allegro—felice—lieto =

adolescente—infante—bambino =

glaciale—freddo—fresco =

Ora indica gli antonimi (o contrari) di questi aggettivi:

vetusto

affollato

goffo

libero

enorme

obeso

comico

disoccupato

scaduto

sconnesso

Aiutandoti con il dizionario, cerca il significato delle seguenti espressioni e scrivi una frase di senso compiuto per ognuna.

attaccare le scarpe al chiodo =

attaccare briga =

attaccare discorso =

attaccare il carro davanti ai buoi =

attaccarsi alla bottiglia =

attaccarsi al tram =

1.

2.

3.

4.

5.

6.

Collega ogni espressione tratta dal testo nella colonna a sinistra con quella di significato analogo nella colonna a destra.

truppe valigiate e zainate	convoglio con provenienza da
chitarre di alternativi	uomini di bassa statura del sud
teleobiettivi di samurai	ragazzine della riviera adriatica
botolo scatenato	venditori ambulanti neri
brigate rosariate	convoglio a destinazione di
africani con boutique al seguito	anziano dagli occhi azzurri

antilope bionda	giapponesi con macchine fotografiche
brevilinei calabresi	cane grasso e meticcio molto agitato
sbarbine romagnole	gruppi di boy scouts
treno partenzapér	gruppi carichi di bagagli
treno arrivodà	ragazza alta e slanciata dai capelli chiari
vecchio occhiceruleo	ragazzi in controtendenza muniti di strumento a corde

Il testo

(da *Bar Sport Duemila*, Milano: Feltrinelli, 1997)

Il bar della stazione della città di B. ronzava di gente. Erano i giorni di punta dell'esodo vacanziero. Truppe valigiate e zainate riempivano e svuotavano treni, attendevano stremate dal caldo, si accampavano nelle combinazioni più teatrali, dal presepe al bivacco militare.

E soprattutto si accalcavano alle casse del bar, inseguendo glaciali lattine e rugiadose bottiglie che, una volta conquistate, reggevano alte sulla testa come ostensori, o cullavano maternamente tra le braccia. Soldati in divisa guatavano nordiche rosee, chitarre di alternativi sfioravano teleobiettivi di samurai, mamme monumentali controllavano diserzioni di prole, babbi carichi come somari tentavano, con l'ultimo dito libero, di tenere al guinzaglio un botolo scatenato dagli afrori. Pazienti ferrovieri fornivano indicazioni a suor-sergentesse di brigate rosariate mentre branchi di giovanetti si spostavano compatti, e le sponsorizzazioni delle magliette si confondevano con quelle degli zaini, tanto da farli sembrare un enorme polipoide pronto a scivolare dentro al treno da un unico finestrino.

Quattro africani, ognuno con boutique al seguito, cercavano di piazzare mercanzia con alterna fortuna, un quinto riposava sdraiato tra collane, giraffe e occhiali neri, come il sultano di una reggia in liquidazione.

Due vecchie vestite di nero, in transito dalle isole, tagliavano fette di provola per una nidiata di marmocchi in mutande. Un uomo obeso, sudato, beveva birra a collo e mostrava coraggiosamente al mondo due cosciotti da tirannosauro sboccianti da shorts fucsia con la scritta "SportLine". Un barbone camminava reggendo nella mano destra una busta con la casa e nella sinistra il guardaroba.

Un'antilope bionda, bellissima, ambrata, avanzò tra i tavoli accendendo i sogni di tutti i militari presenti, ma ahimè, poco dopo la affiancò un Thor in canottiera traforata a riccioli biondi che educatamente si mise in fila troneggiando sopra brevilinei calabresi e sbarbine romagnole già rombanti in pole position per la discoteca.

Si attendeva il 9,06 in ritardo, il 9,42 speciale, il 10,00 seconda classe settori B e C. Tutti erano partenzapér o arrivodà.

Solo due clienti del bar sembravano indifferenti alla generale eccitazione, come separati dalla folla da un velo invisibile.

Uno era un vecchio occhiceruleo, con un vetusto completo kaki, bastoncino di canna e sandali con calzini di lana. L'altro un uomo tozzo coi capelli corti, occhiali a specchio, e un completo blu di una certa eleganza. Erano seduti vicino all'entrata del bar. Il vecchio, che chiameremo il Parlante, sorseggiava birra. L'uomo con gli occhiali neri, che chiameremo il Silenzioso, beveva svogliatamente un caffè freddo.

Chiaramente il Parlante aveva voglia di attaccare discorso e il Silenzioso no: ma in queste situazioni un Parlante è sempre in nettissimo vantaggio. Basta che parli. E così fu.

—Certo, ce n'è di gente oggi—esordì.

—Abbastanza—grugnì il Silenzioso.

—A me non dispiace,—proseguì il Parlante, per niente scoraggiato dal preventivato mugugno—voglio dire, una stazione strapiena può dare ai nervi, ma una stazione vuota è triste. E poi, non so come spiegarle, questa gente che parte per le vacanze mi sembra più allegra, frenetica, ma piena di buonumore, non trova?

—Se lo dice lei—rispose il Silenzioso dietro la cortina degli occhiali.

—Io non parto—disse il Parlante, ormai lanciato.—Quest'estate resto in città, mia moglie ha dei problemi di cuore, e i medici ci hanno sconsigliato di muoverci, allora mi piace venire qua perché nel mio quartiere c'è un gran mortorio, sembra tornato il coprifuoco. Qua ci sono tante facce, dei bei giovani, delle belle giovanotte abbronzate. E la gente sembra migliore, ride di più, si chiama a alta voce, scherza. Forse perché stanno partendo, e sperano di trovare qualcosa di buono là dove vanno. Si parte per questo, no?

—C'è anche qualcuno che sta già tornando—disse il Silenzioso.

—Sì, ritornano e allora osservo quelle belle scene che mi piacciono tanto, uno scende dal vagone e guarda in fondo al binario, affretta il passo e poi riconosce la persona che lo aspetta, e le corre incontro. Si vedono degli abbracci che non si vedono tutti i giorni. E certi baci appassionati! È un momento che ci si vuole bene, magari un'ora dopo si litiga ed è già tornato tutto normale. E si hanno tante cose da raccontare; magari in vacanza non ti è successo granché, ma raccontandolo tutto si colora, si trasfigura. Anche senza volere, la vacanza diventa più bella di come è stata: le cose brutte diventano quasi comiche, le cose belle diventano uniche. Non trova?

—Non lo so. Non racconto mai quello che mi succede in viaggio...

—Ce n'è anche di quelli come lei, che si tengono tutto dentro, come un bel segreto, da coltivare durante l'inverno, come una pianta che si compra in vacanza e si mette sul balcone. E magari tornando si accorgono che gli mancava la loro vecchia città, che sentivano un po' di nostalgia. Il loro quartiere sembra meno noioso del solito. Fanno progetti, si dicono: "no, questo inverno non andrà come quello scorso". Magari questi progetti si spengono in fretta, ma che importa? E quelli che partono? Si stancano più a organizzare la partenza che a lavorare una settimana, ma sembrano contenti. Perché sperano che là, nel posto dove arriveranno, ci sarà qualcosa di nuovo, che cambierà il loro destino. O magari gli basta qualche foto da guardare nelle sere d'inverno. Che ne pensa?

—Penso,—disse il Silenzioso con un sorriso sarcastico—che lei dovrebbe andarci piano con quella birra.

—Parla come mia moglie,—sospirò il vecchio—ma vede, dal momento che non parto, non mi va di stare chiuso in casa a mugugnare da solo, o guardare alla televisione gli ingorghi sulle autostrade, o invidiare quelli che sono partiti. Vengo qui e faccio anch'io parte della festa, immagino dei posti al mare o in montagna, o in un'altra città, dove ci potrebbe essere qualcosa di speciale per me. Ecco, guardi quella ragazza: c'ha scritto sulla schiena "Ocean Beach". Se la guardo, già sento aria di mare, e vedo le palme.

—Guardi che "Ocean Beach" è la marca dello zaino. E non sente che qua dentro manca l'aria per la ressa?

—Ha ragione—disse il Parlante.—Sì, anche a me spesso la folla dà fastidio. Divento nervoso nelle file, soffoco quando sono circondato dal traffico, mi vien da dar di matto, vorrei roteare il bastone e gridare via, via, lasciatemi un po' di spazio, due metri, tre metri almeno. E poi ci sono i rumori che ti svegliano la notte, i motorini, le facce ostili alla finestra, il nervosismo di quelli che credono di essere gli unici a patire il caldo. Sì, qualche volta mi arrabbio, ma poi mi chiedo: vivere insieme in fondo non è questo? Difendere il proprio diritto ad avere un po' di spazio, rispetto, speranza, ma senza aver paura di ciò che ci circonda, non veder nemici dappertutto, invasori, gente che ti passa davanti. Lei, se per strada qualcuno la urta, cosa pensa? Che l'ha fatto apposta?

—Ma che razza di domande,—si spazientì il silenzioso—e poi di che rispetto parla, non vede quanti barboni, quante persone inutili, miserabili, disperate, ci sono qua dentro?

—Forse ha ragione. Ma non li guardi nel momento in cui sono feriti, chini a terra, vinti. Li guardi nel momento che si tirano su, che sono allegri, che cercano di respirare. Guardi quel nero: carico come una bestia, va a vendere chissà cosa in chissà quale spiaggia, e canta. E guardi come si gode la sigaretta quella vecchiaccia. E quella coppia di ragazzi, beh, non sono proprio dei modelli di eleganza, ma vede come sono abbarbicati insieme a dormire, lì per terra...

—Sì, capisco cosa pensa—proseguì il vecchio.—Che lei è diverso, che non è affar suo occuparsene. Eppure sono sicuro che anche lei, almeno un giorno della sua vita, era ridotto da far pena. Ma negli ultimi tempi, in questo paese, si fa più in fretta a buttare via la gente. Si è accorciata la data di scadenza come gli yogurt. Vecchio, alé, scaduto. Drogato, alé, non dura un mese. Disoccupato, alé, tanto finisce male. Per carità, non vorrei buttarla in politica. Ma di questo passo facciamo cittadini solo quelli che tengono il ritmo del gruppo, non so se lei si intende di ciclismo, o anche peggio, quelli che marciano tutti al passo, o quelli che c'hanno i soldi da farsi portare in spalla.

—Calma, calma,—disse il Silenzioso—altroché politica, lei mi sta facendo un comizio!

—Ha ragione, sono un chiacchierone. Ma ogni giorno vedo la gente diventare cattiva per niente, odiare quella che non conosce, ripetere i tormentoni della televisione invece di dire quello che c'ha dentro. Allora mi arrabbio. E a me, glielo dico subito, se la borsa sale o scende non me ne frega niente. Io vedo se sale o scende l'avidità e la cattiveria. E sa cosa le dico? Ma che miseria, che crisi! Noi siamo un paese che potrebbe esportarla l'allegria, come le arance, aiutare gli altri paesi, potremmo essere gente che regala la speranza, invece di aver paura di tutto e montare le fotoelettriche intorno alla casa.

—Ma che discorsi sconnessi. Ci vorrà pure un po' di ordine—sbuffò il Silenzioso.

—Ha ragione, ha ragione, sto esagerando. Volevo solo spiegarle perché passo il mio tempo qui. Perché penso che bisognerebbe sempre sentirsi come se si partisse il giorno dopo, o come se si fosse appena tornati. Tutto diventa più prezioso; quello che si lascia e quello che si trova. Il dolore è facile da ascoltare, quello ti arriva addosso, urla, ha una voce terribile, è sempre lui a raggiungerti. La speranza ha una vocina sottile, bisogna andarla a cercare da dove viene, guardare sotto il letto per poterla ascoltare. O venire in una stazione.

—I suoi sono discorsi da pomeriggio estivo,—disse il Silenzioso consultando l'orologio, —ma mandare avanti un paese è molto difficile.

—Ne convengo—disse il vecchio sorridendo.—Mi scusi se le ho attaccato un bottone, vedo che lei sta partendo. Beh, spero che vada in un bel posto e che passi una bella vacanza.

—Grazie—disse l'uomo, e si allontanò, fendendo deciso la calca.

—È difficile parlare con un uomo che ha gli occhiali neri,—pensò il vecchio—non si vede mai cosa pensa davvero. Forse l'ho annoiato. O forse il mio discorso lo ha toccato. Sembra che a certuni parlar di speranza metta paura. Eppure a me questa gente che parte e torna mette allegria. Sì, saran avidi, nervosi, pigri, disordinati, cialtroni, si spingono e si rubano il posto ma hanno diritto di provarci un'altra volta, han diritto di cercarsi un posto migliore, o di tornare a casa e ricominciare. Sì, ricominciare almeno una volta prima di rassegnarsi. Non è molto, ma è qualcosa.

Una famiglia gli passò davanti di corsa, il treno stava arrivando. Un bambino correva goffo, trascinando un triciclo rumoroso. La bimba teneva la mano sul cappello di paglia per non perderlo. Il padre aveva un gilè da pescatore a trenta tasche e naturalmente non trovava più il biglietto. La madre lo perquisiva rimproverandolo. Il barbone, guardando la scena, rise. Il nero addormentato si svegliò sbadigliando come un leone.

Il vecchio aveva finito la birra, si asciugò la fronte e uscì, un po' barcollante, sulla pensilina del primo binario. Venendo dall'aria condizionata del bar, fu come tuffarsi nel brodo. Vide il Silenzioso che si avviava verso l'uscita. Gli sembrò che non avesse più la valigia, ma non ci fece troppo caso. Era troppo incantato a guardare la gente. Gli sembrava di aver scoperto qualcosa, qualcosa di importante che gli sarebbe servito per quello che gli restava da vivere.

"Se avessi con me un quaderno ce lo scriverei sopra" pensò.

"Oggi, stazione di Bologna, due agosto di un anno vicino al duemila, ore dieci e venti del mattino, tutti sono allegri perché partono, e faccio finta di partire anch'io."

Ora lavoriamo sul testo

COMPRENSIONE

1. Descrivi con parole tue il bar della stazione di B.: chi sono le persone che si affollano nel bar? Perché sono lì? Come si comportano?
2. Quali sono le differenze nell'aspetto tra il Parlante e il Silenzioso? Cosa ci dicono di loro queste differenze?
3. Come reagisce il Silenzioso ai tentativi di attaccare bottone del Parlante? Come definiresti il suo atteggiamento?
4. Perché al Parlante non dispiace la folla di quel giorno?
5. Perché la gente parte, secondo il Parlante? E perché lui non parte? Se non parte, perché va alla stazione?
6. Quali sono le scene che il Parlante ama vedere alla stazione?
7. Quali sono le ipotesi che il Parlante fa sul carattere del Silenzioso?
8. Come reagisce il Silenzioso al "comizio" del Parlante?
9. Cosa pensa il Parlante dell'atteggiamento del Silenzioso?
10. Dove va alla fine il Silenzioso? E cosa fa il Parlante?

ANALISI E INTERPRETAZIONE

1. Come definiresti il tono con cui Benni descrive la gente nel bar della stazione? Motiva la tua risposta con esempi tratti dal testo.
2. Perché il Parlante e il Silenzioso sono come "separati dalla folla da un velo invisibile"?
3. Secondo te, perché Benni chiama così i due personaggi?
4. Quali possono essere le ragioni per cui il Silenzioso non parla mai dei propri viaggi? Che lavoro pensi che faccia? Su cosa basi la tua ipotesi?
5. Cosa significa vivere in una città con molti abitanti per il Parlante? E invece qual è la visione del Silenzioso? A quale ti senti più vicino tu?
6. Perché il Parlante dice che al giorno d'oggi le persone hanno una scadenza come lo yogurt? Cosa vuol dire questo paragone?
7. Perché il Silenzioso non parte? E perché quando si allontana non ha più la valigia con sé? Fai delle supposizioni: cosa ci sarà stato nella valigia?
8. Qual è la cosa importante che il Parlante crede di scoprire?
9. Secondo te, alla fine del racconto cosa succede rispettivamente al Parlante e al Silenzioso?
10. Qual è il messaggio della storia che ha voluto raccontarci Benni? Confronta le tue idee con quelle dei compagni.
11. Benni è uno scrittore satirico. Dopo aver discusso con i compagni la definizione di "satira", cerca le parti del testo che potrebbero costituirne un esempio.
12. Perché il racconto si intitola così? Cosa significa per te l'aggettivo "qualunque"?

Nota culturale

Il racconto di Benni, che chiude la raccolta *Bar Sport Duemila*, fa riferimento ad uno degli avvenimenti più traumatici della recente storia italiana, la strage di Bologna, avvenuta, proprio come registra il Parlante alla fine della storia, il 2 agosto del 1980. Alle 10,25 nella sala d'aspetto della stazione di Bologna esplose una bomba lasciata in una valigia abbandonata, uccidendo 85 persone e ferendone 200. Quel giorno la stazione era affollata di turisti e di persone in partenza per le vacanze estive.

13. Ora che conosci il fatto reale che ha ispirato questo racconto, ritorna sulla domanda numero 12 e, con l'aiuto dell'insegnante, discuti nuovamente il titolo scelto dall'autore per il racconto.

14. Secondo te, perché l'autore non svela subito al lettore che il racconto si svolge nella stazione di Bologna il giorno della bomba? Cosa sarebbe cambiato se lo avesse fatto?

Per scrivere

1. Il finale del racconto, che hai letto nella sua completezza, è in un certo senso aperto. Scrivi tu una conclusione diversa per questa storia. Cosa succede dopo che il Silenzioso è andato via? Cosa fa il Parlante?

2. Immagina che il Parlante abbia avuto con sé il quaderno di cui parla nelle ultime righe della storia. Continua il suo racconto usando la prima persona.

3. Il terrorismo è una realtà con cui molti paesi del mondo sono costretti a convivere. Come è cambiata la tua vita dopo l'11 di settembre?

4. Vai in una stazione dei treni o dei pullman oppure in un aereoporto. Guardati attorno finché non vedi una persona che ti colpisce o incuriosisce. Prova a immaginare chi è, come è la sua vita, da dove sta venendo e dove sta andando. Dai al tuo personaggio un nome che ne indichi la personalità, come ha fatto Benni, e scrivi una composizione creativa!

5. Le vacanze possono anche essere fonte di stress, invece che di relax. Usando la tua fantasia, descrivi una scena dettagliata e inventa un dialogo tra più personaggi intrappolati in una vacanza da incubo. Cerca di includere anche qualche neologismo creato da te!

Internet

1. Vai al sito ufficiale dello scrittore Stefano Benni e leggi le sinossi di alcuni dei suoi romanzi. Di che cosa parlano, quali sono i personaggi e qual è lo stile prediletto dallo scrittore per raccontare le sue storie?

2. Fai una ricerca sulla strage di Bologna. Cosa è successo veramente? Chi sono i responsabili e perché è stata compiuta? Che impatto ha avuto sull'opinione pubblica italiana?

3. Cerca informazioni sugli anni di piombo. Considera: perché si chiamano "anni di piombo", chi sono i protagonisti di quegli anni, quali sono le stragi che li hanno resi tristemente famosi, quali sono state le conseguenze politiche e giudiziarie.

4. Bologna è una delle città più antiche e più belle d'Italia, sede della prima università d'Europa. Visita il sito ufficiale della città, scegli un evento che vi si svolge e presentalo alla classe.

5 • Pino Cacucci
Palle di carta

Chi è l'autore

Pino Cacucci è nato in Piemonte, ad Alessandria, nel 1955 e ha frequentato l'università a Bologna, studiando al DAMS (Discipline delle Arti, della Musica e dello Spettacolo). Negli anni ottanta ha viaggiato molto ed è vissuto in Francia, in Spagna e in Centroamerica, soprattutto in Messico, paese a cui è particolarmente legato. Oltre alla propria narrativa, tra cui ricordiamo i libri *Outland rock* (1988), *Tina* (1991), *La polvere del Messico* (1992), *Demasiado corazón* (1999), *Mastruzzi indaga* (2002) e *Nahui* (2005), Cacucci ha pubblicato svariate traduzioni dallo spagnolo. Dal suo romanzo *Puerto Escondido* (1990) Gabriele Salvatores ha tratto nel 1992 il film omonimo.

Prepariamoci a leggere

1. A cosa ti fa pensare il titolo del racconto? Secondo te, quale sarà l'ambientazione della storia? E cosa saranno le "palle di carta"?

2. Parliamo di scuola. Dove hai fatto la scuola elementare? In quale zona della città si trovava la tua scuola? Come ci andavi? Com'era l'edificio?

3. Ti ricordi chi e com'erano i tuoi compagni? Puoi descriverne qualcuno? Sei ancora in contatto con qualcuno di loro?

4. E com'erano gli insegnanti? Ricordi qualcuno in particolare? Per quale motivo?

5. Da scolaro, ricordi episodi di comportamento scorretto in classe? Tu tiravi le palle di carta o eri quello a cui le tiravano?

6. C'erano i bulli? Ricordi un episodio particolare per cui alcuni studenti siano stati sospesi dalla scuola?

7. Sai se nel tuo paese, oggi, ci sono frequenti episodi di violenza o di vandalismo anche nelle scuole elementari o medie? Quali sono le cause?

8. In Italia, dove la maggioranza delle scuole sono pubbliche, si parla molto di privatizzazione, seguendo il modello americano. Cosa pensi del sistema scolastico nel tuo paese? Pensi che tutti gli studenti abbiano le medesime opportunità? Cosa fa la differenza?

9. Quali sono stati i tuoi sacrifici per entrare nella scuola dove studi adesso? Che ruolo ha avuto la tua famiglia in questa scelta?
10. Come immagini la periferia di una grande città italiana? Nel tuo paese si preferisce generalmente vivere in un centro cittadino o in zone residenziali? Perché? E tu cosa ne pensi?

Un po' di vocabolario

sbirciare = (qui) guardare cercando di vedere meglio

lo spiraglio = stretta apertura, fessura

l'appannamento = (qui) offuscamento, perdita di trasparenza

il parabrezza = elemento trasparente in vetro o plastica che protegge il guidatore di un veicolo

lugubre = che esprime o genera tristezza, molto triste

spoglio = nudo, (qui) senza foglie

adunco = uncinato, piegato in punta

l'assideramento = condizione causata dal freddo, congelamento, intirizzimento

le corna = (qui) simbolo di infedeltà in amore

bocciato = (qui) respinto agli esami scolastici

sgattaiolare = uscire rapidamente da un'apertura, come un gatto

il mozzicone = pezzetto, (qui) estremità della sigaretta

la facciata = parete o muro anteriore di un edificio dove è l'entrata principale

formicolare = essere intorpidito, dare la sensazione di molte piccole punture

bestemmiare = imprecare contro la divinità usando espressioni ingiuriose

il teppista (plurale "i teppisti") = chi commette atti violenti, vandalici

il companatico = ciò che si mangia insieme al pane, il cibo in genere

l'immondizia = spazzatura, rifiuti

lo scalpiccio = rumore dei piedi che camminano sul pavimento, passi

il selciato = pavimento di strade, piazze, cortili

il vano = spazio vuoto

affannato = ansante, agitato

acchiappare = afferrare, agguantare

incazzarsi = (volgare) arrabbiarsi, adirarsi

l'indugio = l'esitazione

il ceffone = lo schiaffo, la sberla

rassegnato = (qui) sottomesso, obbediente

il guaito = lamento

spavaldo = troppo sicuro di sé, senza paura

arrancare = camminare, avanzare con difficoltà, (qui) partire a fatica

bonario = indulgente, mite

il vigile = (qui) agente di pubblica sicurezza

il poliziotto = agente di polizia

il semaforo = apparecchio di segnalazione luminosa per la regolazione del traffico

ingranare = (qui) innestare, inserire una marcia

la prima = (qui) marcia del cambio degli autoveicoli

ustionarsi = bruciarsi, scottarsi

pisciare = (volgare) urinare, fare la pipì

fare la spia = riferire informazioni che possono danneggiare altri

intrufolarsi = entrare, introdursi di nascosto

la borchia = (qui) disco, chiodo di metallo con funzione di ornamento o chiusura per abiti in pelle

mettere in fuga = far fuggire, far allontanare

lo sprezzo = disprezzo, noncuranza

NOTE CULTURALI

la Simca = marca di autovettura economica usata negli anni settanta

la Questura = ufficio dell'amministrazione statale che espleta anche funzioni di polizia

Sostituisci all'aggettivo il suo contrario.

uno studente promosso =

una corsa tranquilla =

un albero verdeggiante =

un individuo timido =

un naso diritto =

un posto allegro =

una persona aggressiva =

un atteggiamento ribelle =

Completa le frasi con la parola giusta.

1. Il ragazzo, arrabbiatissimo con il compagno, gli diede un _____ sulla faccia.

2. Il _____ dell'automobile era appannato e non si vedeva niente.

3. La moglie decise di separarsi dal marito perché lui le faceva le _____.

4. Anche se non poté arrestarli, il poliziotto riuscì almeno a _____ i criminali.

5. Il caffè era troppo caldo e non si poteva bere senza _____.

6. La _____ della scuola era dipinta di un colore chiaro.

7. Mio fratello ha detto alla mamma che io avevo rotto il vaso. Perché deve sempre

   _____?

8. La gamba era tutta intorpidita e cominciò a _____.

Sottolinea la parola che non c'entra con le altre e spiega il perché.
sgattaiolare / intrufolarsi / arrancare / sbirciare
il poliziotto / il vigile / il teppista / la Questura
bestemmiare / incazzarsi / acchiappare / picchiare
la Simca / il parabrezza / lo spiraglio / la prima
spavaldo / rassegnato / affannato / adunco
la facciata / il selciato / il semaforo / la borchia

Il testo

(da *Mastruzzi indaga*, Milano: Feltrinelli, 2002)

Pulì il vetro con la manica del cappotto e sbirciò nel buio. Poi aprì uno spiraglio anche nell'appannamento del parabrezza: un'auto attraversava l'incrocio a un centinaio di metri, per sparire nei parcheggi dei lugubri ammassi di cemento grigio confusi nella nebbia. Da quella distanza la scuola era ben visibile, illuminata dai lampioni che rendevano i pochi alberi spogli delle strane sculture filiformi e adunche. Accendendosi un'altra sigaretta ne approfittò per sbirciare l'orologio: quasi mezzanotte. Soffiò il fumo in alto, e si guardò intorno. Il problema era il principio di assideramento ai piedi, che per riattivarne la circolazione continuava a battere uno contro l'altro facendo tremare tutta la macchina. Da fuori, qualcuno poteva pensare che lì dentro stessero consumando un frettoloso adulterio di periferia, cioè uno dei fatti criminosi che rappresentavano la principale fonte di sostentamento per un investigatore del suo lignaggio.

Sorrise. O meglio, storse la bocca da una parte e ci infilò dentro la sigaretta. Riprese a fissare l'entrata della scuola. Una volta tanto, non si trattava di corna. Il direttore era un suo vecchio conoscente, compagno di liceo per due anni prima che lui fosse bocciato e decidesse di dedicare allo scaricamento di frutta e verdura anche le ore dello studio. Qualcosa che era successo almeno trentacinque anni prima, in una Bologna che non era meglio di com'era adesso ma prometteva di diventarlo.

Scorse un'ombra che sgattaiolava fra i cespugli. Mastruzzi lasciò cadere il mozzicone sul tappetino, cercando di spegnerlo con il tacco senza distogliere lo sguardo dalla facciata dell'edificio. Quando sentì il rumore di vetri rotti, aprì lo sportello e mise fuori un piede, che prese a formicolare senza dargli modo di appoggiarci sopra il resto del corpo. Bestemmiò sottovoce. Quando finalmente riuscì a muovere i primi passi, dalla scuola arrivarono dei tonfi sordi, come di oggetti buttati in terra da qualcuno che non aveva abbastanza forza per rovesciare i mobili. Dunque quell'oca morta del direttore aveva ragione. La sua paura dei teppisti distruttori di scuole non era una comoda paranoia che forniva a Mastruzzi il companatico degli ultimi dieci giorni, come si stava ormai convincendo dopo tante notti trascorse nella sua Simca parcheggiata dietro i cassonetti dell'immondizia.

Avvicinò il naso alla vetrata. Poi si spinse fino alla finestra sfondata, e da lì potè sentire lo scalpiccio di passetti concitati e carte strappate, quasi che dentro ci fosse un topo infuriato che stava facendo a pezzi tutto quanto riuscisse a raggiungere con le sue zampette frenetiche. Mastruzzi andò a piazzarsi nel retro, dove si mise a battere i piedi sul selciato cercando di farsi sentire dall'intruso. Tornò verso la finestra, trattenendo la tosse e il fiatone per i cinquanta metri di corsa affannata. Pochi secondi dopo, una testolina ricciuta si sporse dal buco nel vetro, e Mastruzzi scivolò nel vano dell'entrata. Poi si buttò in avanti, e acchiappò il ragazzetto per le spalle, trascinandolo fuori di peso. Avrà avuto otto o nove anni, ma scalciava e menava pugni in aria come un ossesso e con un vigore tale da far scivolare sulle ginocchia Mastruzzi, che per la botta nella terra gelata dell'aiuola si incazzò quanto bastava a perdere ogni indugio. Lo sollevò con uno strattone tenendolo sospeso per i due estremi del giubbino, lo infilò in macchina, e quando si sedette al volante gli aprì la mano davanti alla faccia dicendo:

"Adesso piantala che ti prendi due ceffoni".

Il ragazzino lo fissò inerte, improvvisamente rassegnato: non mostrava né paura né odio, e soltanto a quel punto Mastruzzi si rese conto che non aveva mai emesso un suono, un gemito, un guaito, niente. Lo guardò attentamente. Non era malvestito, e non aveva l'aspetto di un figlio di poveracci. Solo la sua faccetta, che continuava a restare fieramente esposta all'eventualità di uno schiaffo, aveva un'espressione in verità triste e ben poco spavalda. Mastruzzi girò la chiave e aspettò pazientemente che il motore arrancasse con la fatica di sempre, poi si avviò verso il centro.

"Avanti, come ti chiami?" gli domandò sforzandosi di parlare in tono bonario.

Il ragazzino non accennò il minimo movimento, e neppure spostò lo sguardo che gli teneva incollato addosso.

"Va bene, se non vuoi dirlo a me, lo dirai ai vigili."

Dopo cinque minuti buoni, sentì un filo di voce che diceva:

"E che c'entrano i vigili?"

Mastruzzi si voltò di scatto.

"Perché, preferisci che ti porti in Questura?", gli chiese fermandosi a un semaforo.

Quello si strinse nelle spalle, e aggiunse:

"Allora non sei un poliziotto..."

Mastruzzi scosse la testa, indicò con un gesto la Simca intorno, e disse:

"Ti sembra una macchina della polizia, questa?".

Ingranando la prima con una lancinante grattata, lo sentì dire sottovoce:

"Gastone... Ti fa ridere?".

Mastruzzi fece una smorfia vaga.

"E perché dovrebbe farmi ridere?".

"Boh", mormorò imbronciato, "tanto ridono anche per il resto..."

Passando davanti alla stazione, parcheggiò e prese Gastone per mano.

"Vieni, facciamoci una cioccolata calda."

Gastone lo seguì docilmente, senza resistere e senza voglia. La cioccolata era bollente e al primo sorso il ragazzino si ustionò il palato. Poi soffiò a lungo sulla tazza e ci riprovò. Mastruzzi gli chiese:

"E vale la pena sfasciare tutto solo perché ridono?".

Gastone sembrò pensarci su, e dopo un balbettio incerto disse:

"Tanto non ci torno più, lì".

"E dove vorresti andare?"

"Non lo so... In una scuola dove non mi conoscono, dove la maestra non mi piglia in giro quando sbaglio... Dove il bidello non mi tira per l'orecchio perché ho pisciato dietro la lavagna..." Mastruzzi si impose di non ridere, e assunse un'espressione severa.

"Certo che anche tu, metterti a pisciare dietro la lavagna..."

"E dove dovevo farla? La maestra mi ci ha messo perché credeva che avevo tirato una palla di carta sulla cattedra, e quando è suonata la ricreazione non mi ha dato il permesso di uscire. Ma a me scappava, te lo giuro."

Mastruzzi bevve un altro sorso di cioccolata.

"Neanche la palla di carta, l'avevi tirata tu?"

"No, è stato quello davanti a me."

"E non potevi dirglielo, alla maestra?"

Gastone lo squadrò risentito.

"Non faccio la spia, io."

"Capisco. E loro, invece, la fanno sempre, non è vero?"

Gastone abbassò lo sguardo sulla sua tazza.

"Sì. Prima siamo tutti d'accordo quando facciamo qualche scherzo, poi danno la colpa a me. E la maestra gli dà pure i premi, perché dice che fare i nomi dei cattivi non è fare la spia, ma è un dovere civico... Io non ci torno, lì."

Mastruzzi pagò alla cassa, e passando il braccio sulle spalle di Gastone, lo condusse fuori, fino alla macchina. Avviandosi, gli chiese l'indirizzo di casa. Il ragazzino glielo diede dopo un attimo di incertezza. Era dalle parti della scuola, in uno dei cubi di cemento tutti uguali, uguali tra loro e uguali a quelli di tante altre periferie. Quando stava per imboccare il viale che portava al suo condominio, Mastruzzi gli chiese:

"Cosa hai rotto, là dentro?".

"Un po' di cose... e il registro. Mi ha messo una nota perché ho tirato un libro in faccia a un compagno. E a quello, che mi ha punto con il compasso, niente."

Dopo essersi fatto guidare fino al portone, Mastruzzi suonò il citofono, e lasciò Gastone nell'ascensore dicendogli:

"Domani tornaci, lì. Io verrò a fare due chiacchiere con la maestra, uno di questi giorni. E magari anche con tuo padre, che ti lascia andare in giro a quest'ora."

Gastone si intrufolò nella cabina, e prima di schiacciare il tasto disse:

"Mio padre non c'è mai. E la maestra... Boh, lasciala perdere..."

Mastruzzi risalì sulla sua Simca, e guidando fino a casa pensò a cosa raccontare al direttore, una storia di una feroce banda di guerrieri della notte armati di mazze, tutti vestiti di pelle e borchie, da lui messi in fuga con grande sprezzo del pericolo.

Ora lavoriamo sul testo

COMPRENSIONE

1. In quale momento della giornata si svolge la storia?
2. Dove si trova Mastruzzi all'inizio della vicenda?
3. Che professione fa il protagonista?
4. Chi sono i suoi clienti abituali?
5. Chi ha richiesto i suoi servizi in questo caso? Perché?
6. Che scuola ha frequentato Mastruzzi? E dopo aver lasciato la scuola che lavoro ha fatto?
7. Cosa sta succedendo nella scuola quando Mastruzzi decide di intervenire?
8. Quando e come viene catturato il colpevole?
9. Cosa fa Mastruzzi con il colpevole dopo averlo catturato?
10. Quando e perché Gastone dice finalmente il suo nome a Mastruzzi?
11. Perché Mastruzzi parcheggia la macchina vicino alla stazione?
12. Quali sono i motivi per cui Gastone non vuole più tornare a scuola?
13. Qual è il dovere civico a cui accenna la maestra?
14. Quali sono i danni causati da Gastone nella scuola?
15. Cosa promette Mastruzzi a Gastone?
16. Cosa racconterà invece Mastruzzi al direttore? Perché?

ANALISI E INTERPRETAZIONE

1. Da quali elementi intuisci il periodo dell'anno in cui approssimativamente si svolge la vicenda?
2. Quanti anni potrà avere, più o meno, Mastruzzi? Da cosa lo capisci? Che tipo è, secondo te?
3. Cosa vuol dire "Bologna... non era meglio di com'era adesso ma prometteva di diventarlo"?
4. Prima che Mastruzzi catturi Gastone, quali elementi linguistici ti fanno capire che il colpevole non è un adulto?
5. Come giustifichi il titolo del racconto?

6. Perché, secondo te, Gastone ha fatto quello che ha fatto? Come descriveresti la sua personalità?

7. Qual è, secondo te, la sua situazione familiare? Cosa te lo fa capire?

8. A tuo modo di vedere, Mastruzzi fa bene il suo mestiere? Perché? Inoltre, ti sembra che abbia tutti i requisiti necessari per la sua professione?

9. Quali sono gli elementi tipici di una *detective story*? Quali di questi trovi nel racconto appena letto?

10. Secondo te, esistono componenti ironiche in questo testo? Quali?

Per scrivere

1. Scrivi il rapporto che Mastruzzi invia al direttore della scuola elementare, inventando un'avventura molto più pericolosa di quella realmente accaduta e facendo in modo di sottolineare i grandi meriti del proprio operato.

2. Mastruzzi torna alla scuola di Gastone e decide di affrontare la maestra. Immagina il colloquio tra i due e ricorda che la maestra darà la sua versione della storia.

3. Sono passati quindici anni da questo episodio. Mastruzzi incontra Gastone un'altra volta in una occasione simile: scrivi il loro dialogo.

4. Immagina che Gastone scriva su un blog le sue prove di coraggio per vendicarsi della scuola, della maestra e dei suoi compagni. Scrivi tu il messaggio di Gastone, poi rispondi come se fossi un lettore del blog, dicendo quali sono le tue opinioni in proposito.

5. Violenza a scuola. Negli ultimi anni, ci sono stati sconcertanti episodi di violenza nelle scuole degli Stati Uniti, ad esempio al liceo di Columbine in Colorado e al Virginia Tech di Blacksburg in Virginia. Racconta i fatti e le possibili ragioni che hanno dato origine a tali episodi, poi aggiungi il tuo commento personale.

Internet

1. Trova una cartina di Bologna e un po' di informazioni sui principali cambiamenti della città negli ultimi anni. Visita anche il sito ufficiale del Comune e raccogli gli elementi che ti sembrano più significativi.

2. Trova la foto di una Simca e preparati a descriverla in classe ai tuoi compagni.

3. Cerca dei siti, magari dei blog, gestiti da studenti che si occupano dei problemi inerenti alla scuola e fai una lista di quelli che ti sembrano i più pressanti.

4. Raccogli tutte le informazioni che riesci a trovare sulle funzioni della Questura di una grande città italiana e poi presentale alla classe.

6 • Andrea Camilleri
La scomparsa della vedova inconsolabile

Chi è l'autore

Andrea Camilleri è oggi l'autore di gialli più letto in Italia. Nato nel 1925 a Porto Empedocle in provincia di Agrigento e molto legato alla Sicilia, spesso usa il dialetto nella scrittura dei suoi particolarissimi gialli mediterranei. Il suo personaggio più amato è il commissario di polizia Montalbano dalle cui avventure è stata anche tratta una popolare serie televisiva. Tra i romanzi di maggiore successo ricordiamo *La forma dell'acqua* (1994), *Il birraio di Preston* (1995), *Il ladro di merendine* (1996), *La pazienza del ragno* (2004), *La vampa d'agosto*, *Le ali della sfinge* (2006), *Maruzza Musumeci* (2007) e *Il campo del vasaio* (2008). I libri di Camilleri sono stati tradotti in numerose lingue e hanno venduto più di dieci milioni di copie.

Prepariamoci a leggere

1. Questo racconto si svolge a bordo di una nave da crociera. Sei mai stato/a in crociera? Qualcuno della tua famiglia ci è stato? Secondo te, chi sceglie questo tipo di vacanza, perché lo fa e quali sono le mete preferite?

2. In gruppo con alcuni compagni, valuta e discuti i pro e i contro di una vacanza in crociera. Cosa faresti per passare il tempo a bordo e cosa non potresti invece fare? Cosa ti mancherebbe della terraferma?

3. Pensa ora ad altri tipi di vacanza (campeggio, albergo, casa in affitto) e decidi con i compagni quale sarebbe la vostra vacanza ideale.

4. Pensi che andare in viaggio sia un modo efficace di curare una depressione? Se avessi un/a amico/a depresso/a, cosa gli/le consiglieresti di fare?

5. Il protagonista di una storia gialla è l'*investigatore,* che di solito è una persona eccezionale: molto astuto, intelligente, deduttivo... Puoi pensare ad altri aggettivi che descrivano l'investigatore ideale?

6. Ora confronta i tuoi aggettivi con quelli dei compagni e tra tutti scegline solo uno che secondo te rappresenta una dote indispensabile a un investigatore per risolvere un caso intricato.

7. Tu hai un nomignolo? Se sì, da dove viene, chi lo ha inventato? Ti piace? Che funzione hanno i soprannomi, secondo te? Perché li si dà ?

8. Come è considerato il tradimento nella tua cultura? È molto diffuso? Secondo te, il giudizio della gente è diverso se è una donna a tradire il marito invece che il contrario? Se sì, perché?

9. Come sono ritratte dai media le donne che tradiscono? Qual è la tua opinione in proposito?

10. Sei un tipo geloso? Cosa pensi della gelosia in un rapporto di coppia?

Un po' di vocabolario

affibbiare = dare qualcosa di sgradito o spiacevole

il nomignolo = soprannome

il commendatore = persona a cui è stato assegnato il titolo cavalleresco della commenda da parte dello Stato Italiano

inconsolabile = triste, che non può essere consolato/a da niente e da nessuno

il crocierista = persona che va in vacanza su una nave da crociera

il luminare = grande esperto nel suo campo, (qui) un medico

vegeto = in buona salute

la mestizia = tristezza, malinconia

palpabile = che si può palpare, toccare

pardon = (francese) scusa, scusi, scusate, scusino!

esimio = di elevate e nobili qualità

prosperoso = pieno di salute, sano

cervicale = che appartiene alla cervice, vertebra del collo

la scenata = litigio violento

il centralinista = persona che risponde al telefono e smista le chiamate alle varie linee

il ricevitore = cornetta del telefono

l'addetto = persona che è assegnata a fare un determinato lavoro

il *passepartout* = (francese) chiave universale che apre le serrature di tutte le porte

il sonnifero = pillola che induce il sonno

la cannonata = colpo sparato da un cannone

la manovra = (qui) il complesso di operazioni necessarie per modificare la posizione di una nave

sparlare = parlare male di qualcuno, fare pettegolezzi su qualcuno

atterrire = spaventare a morte

ESPRESSIONI IDIOMATICHE E FRASI FATTE

conoscere vita, morte e miracoli = sapere tutto riguardo a una persona

cucirsi i panni addosso = criticarsi, sparlare l'uno dell'altro

due novembre = giorno in cui si ricordano i morti

spassarsela = divertirsi

fare storie = lamentarsi, tergiversare

neanche per sogno = espressione colloquiale dal significato di "assolutamente no"

colpo di genio = idea improvvisa e brillante

fregarsene = (gergale) non provare alcun interesse, infischiarsene

"Madonna santa!" = esclamazione di sorpresa, "mamma mia!"

NOTE CULTURALI

Georges Feydeau = drammaturgo francese (1862–1921) considerato uno dei più grandi
autori del teatro comico francese e, da molti critici, il vero erede di Molière; le sue
commedie sono storie di tradimenti coniugali, da cui la celebre battuta della moglie
scoperta in flagrante con l'amante "Cielo! Mio marito!"

Dai le definizioni secondo il modello che segue.

Esempio: chi sono i crocieristi? Sono le persone che vanno in crociera

1. Chi sono i ciclisti?

2. Chi sono i farmacisti?

3. Chi sono gli oculisti?

4. Chi sono i salutisti?

5. Chi sono i musicisti?

6. Chi sono i giornalisti?

7. Chi sono gli archivisti?

8. Chi sono gli arrivisti?

9. Chi sono i camionisti?

10. Chi sono i professionisti?

E adesso prova a rispondere: secondo te, cosa hanno in comune...

1. ... un ciclista e un salutista?

2. ... un oculista e un farmacista?

3. ... un giornalista e un archivista?

4. ... un musicista e un camionista?

Dai la definizione delle seguenti parole formate dal suffisso "-bile" e poi aggiungi un nome che può essere usato con l'aggettivo.

Esempio: palpabile = che si può palpare; una superficie è palpabile

narrabile =

bevibile =

guardabile =

percorribile =

fattibile =

sopportabile =

presentabile =

apribile =

sostituibile =

riconoscibile =

Cerca sul dizionario il significato delle seguenti espressioni e poi spiegale con parole tue.

colpo di sonno =

colpo di fortuna =

colpo d'occhio =

colpo di spugna =

colpo di sole =

colpo di scena =

colpo di stato =

colpo di testa =

colpo di mano =

colpo di fulmine =

Ora scrivi una frase di senso compiuto per ognuna delle espressioni di cui hai appena spiegato il significato.

Collega ogni parola in dialetto siciliano della colonna a sinistra con il suo significato in lingua italiana nella colonna a destra.

il sittantino	si presentò—arrivò
macari	donna
la trentacinquina	parve (passato remoto di "parere")
taliare	chiese (passato remoto di "chiedere")
il mascolo	scomparve (passato remoto di "scomparire")
tanticchia	uomo
la facenna	riuscì
s'appresentò	guardare
parse	uscì
la fimmina	uomo di settant'anni
scomparse	un tantino, un po'
raprì	anche
spiò	aprì
niscì	la faccenda
arriniscì	donna di trentacinque anni

Il testo

(da *Le inchieste del commissario Collura*, Pistoia: Libreria dell'Orso, 2002)

[Il commissario siciliano Cecè Collura, il suo vice, il triestino Scipio Premuda, e un non meglio identificato "napoletano", amico di Premuda, svolgono mansioni di sicurezza a bordo di una nave da crociera.]

A pensarci bene, chi sono i crocieristi? Sono gli abitanti di un piccolo paese provvisorio e in movimento. Passati sì e no tre giorni di navigazione, tutti conoscono vita, morte e miracoli di tutti, vizi privati e pubbliche virtù. E comincia quel cucirsi i panni addosso che, dalle parti di Cecè Collura, è chiamato "sparlatina". Il napoletano amico di Premuda era poi uno specialista nella finissima arte dell'affibbiare nomignoli: il commendator Gaudenzio Pirolli, calvo, grassissimo, gambette invisibili, divenne subito "rolling stone"; la noiosissima signora Tarantino, che quando t'attaccava discorso non la finiva più, la "mosca cavallina". E via di questo passo. La signora Gemma Ardigò venne invece soprannominata la "vedova inconsolabile". Va detto subito che il marito della vedova, Mario Vittorio Ardigò, luminare della chirurgia cardiovascolare, era vivo e, relativamente al fatto di essere sittantino, macari vegeto. Allora perché chiamare vedova inconsolabile la signora Gemma? Perché non solo vestiva sempre di nero, ma era perennemente malinconica e diffondeva intorno a sé una mestizia quasi palpabile. Era una trentacinquina di gran classe, ma uno la doveva taliare a lungo prima di rendersi conto che era di soprendente bellezza. Però nessun mascolo in cerca d'avventura aveva mai osato avvicinarsi a lei durante la crociera e del resto la signora non dava confidenza a nessuno. Tra i paesani, pardon, tra i crocieristi si era diffusa la voce che la signora Ardigò fosse reduce da una grave crisi depressiva le cui cause erano ignote. A convincerla a fare quella crociera, dicevano i soliti beneinformati, era stato il marito luminare non tanto per finalità terapeutiche quanto piuttosto per avere tanticchia di sollievo dall'atmosfera da due novembre che trovava a casa quando tornava stanco dal lavoro. "Le cose non stanno così"—era intervenuto il commendator De Cristofaris—"Io lo conosco benissimo l'esimio professor Ardigò. Ha due segretarie giovanissime e prosperose che indossano minigonne cervicali e con le quali se la spassa. Ma è gelosissimo della moglie, quando torna a casa le fa scenate, la tratta peggio di uno schiavista, se non tiene la povera signora Gemma legata con una corda alla caviglia, poco ci manca".

Nella notte precedente l'arrivo nel porto che rappresentava la tappa conclusiva della crociera, il centralinista ricevette una chiamata per la signora Gemma. Era da poco passata la mezzanotte, il centralinista rimase stupito: l'unico a telefonare alla signora era il marito, puntualmente, ogni mattina alle nove. Macari questa volta riconobbe la voce del luminare, ma rispose come gli era stato ordinato di rispondere: "La signora non vuole che le si passino telefonate dalle 10 di sera alle 9 del mattino". "Sono il marito, non faccia storie. È una faccenda urgente". Il centralinista provò e il telefono della cabina 90, quella della signora Gemma, risultò occupato. "Sta ancora parlando, signore".

"Aaarrrgghhh!.."—urlò il chirurgo—"Ritelefonerò tra dieci minuti!". Il centralinista riprovò per conto suo, voleva evitare di rimetterci l'udito per sopravvenuta rottura del timpano. Il telefono della cabina 90 restò ostinatamente occupato. Il centralinista chiamò Premuda, che era di guardia al commissariato, e gli riferì la situazione. "Perché ti preoccupi?"—fece il vicecommissario—"Probabilmente la signora, volutamente o involontariamente, ha staccato il ricevitore". Svegliò l'addetta al piano, le disse di recarsi alla cabina 90, di bussare discretamente e d'avvertire la signora Ardigò di rimettere il ricevitore a posto perché il marito desiderava parlarle. Non passarono neanche cinque minuti che l'addetta richiamò il commissariato. "Ho bussato insistentemente. Non risponde nessuno. Che faccio? Apro col passepartout?". "Neanche per sogno"—disse Premuda—"Quella sicuramente avrà preso qualche sonnifero e non si sveglia manco a cannonate". Poi, al centralinista: "Quando il marito ritelefona, ci parlo io". Quasi non riuscì a terminare la frase, il professor Ardigò era tornato alla carica. "Sono Premuda, vicecommissario di bordo. Le volevo dire che non credo che il telefono sia occupato, penso che il ricevitore sia stato staccato dalla signora stessa che vuole riposare". "Ma mi faccia il piacere! Mandi qualcuno a bussare alla porta della cabina!". "Già fatto, professore. La signora non ha risposto. Probabilmente ha preso qualche sonnifero..." "Ma non dica sciocchezze! Io ho proibito a mia moglie di prendere sonniferi! E lei ubbidisce ai miei ordini! Non si prova a discutere nemmeno! Faccia aprire quella maledetta porta e veda cosa è successo!". "Senta, professore, noi non possiamo violare la privacy...". "Me ne frego della privacy della signora! È mia moglie! Che privacy vuole che abbia con me? Richiamo tra dieci minuti". I modi di quell'uomo avevano urtato Premuda che reagì con un colpo di genio, inventandosi una cosa che poteva avere una sua plausibilità. "Eh, no. Da questo momento in poi e fino alle otto di domani mattina non si può comunicare con la nave. Tutte le comunicazioni dovranno restare a disposizione per le manovre d'accostamento. Mi dispiace, buona notte". L'aveva fatto per una sorta di antipatia verso il professore, ma in realtà c'indovinò.

Alle cinque del mattino in commissariato s'appresentò Cecè Collura, aveva capito che le procedure per lo sbarco dei crocieristi sarebbero state complesse e, per quanto possibile, voleva dare una mano d'aiuto al suo vice. Senza dare nessuna importanza alla facenna, Premuda l'informò delle telefonate a vuoto del professor Ardigò. S'aspettava che Collura reagisse con un certo divertimento e invece vide che il commissario parse di subito preoccupato.

"Senta, Premuda, ma siamo certi che possiamo stare tranquilli? Lei lo sa com'è la signora Ardigò, no? La chiamano la vedova inconsolabile! E se avesse veramente preso dei sonniferi, contrariamente agli ordini del professore?". "Beh, sarei contento per lei, dimostrerebbe una certa indipendenza dal marito che, mi creda, commissario...". "Premuda, non mi sono spiegato bene. Volevo dire: e se avesse preso una dose eccessiva di sonniferi? Quella è una fimmina che pare sempre sull'orlo del suicidio!". Il sorriso scomparse dalla bocca di Premuda. "Madonna santa! Non ci avevo pensato!". Si fecero di corsa scalette, controscalette, corridoi, corridoietti e finalmente arrivarono davanti alla porta della 90 che Cecè Collura aprì col passepartout e con una certa ansia. Il microfono era staccato, le valigie erano già pronte per lo sbarco, ma della signora Gemma non c'era traccia. Premuda origliò alla porta del bagno, nessun rumore. Un terribile pensiero gli attraversò la mente. Pallido, si rivolse a Cecè Collura: "E se si è gettata in mare?". "Che ore sono?"—spiò Cecè. "Quasi le sei". "Abbiamo due ore prima che il professore ritelefoni. Diamoci da fare. Lei, Premuda, vada a parlare con gli uomini di guardia. Si faccia dire se hanno notato qualcosa d'anormale".

Premuda si precipitò. Cecè niscì dalla cabina e s'imbattè quasi subito nell'addetta al corridoio. "Senta un po'...". "Piglio servizio alle sette"—rispose l'addetta, sgarbata. "Va bene, ma potrei sapere qualcosa della signora del 90?". "E che vuole sapere? Quella va a letto alle nove e si sveglia alle otto". Cecè tornò nella cabina, pigliò un foglio di carta, scrisse poche parole: che la signora, una volta rientrata, telefonasse immediatamente al commissariato. Non credeva al suicidio: quella era il tipo di fimmina che, se si decideva a suicidarsi, avrebbe lasciato una lettera d'addio di centoventi facciate. E lettere così nella cabina non ne aveva trovate. Dopo manco mezz'ora ch'era in commissariato, arrivò Premuda, gli uomini di guardia non avevano niente da segnalare.

Alle sette e mezzo, la signora Gemma Ardigò telefonò dalla cabina, era molto seccata che qualcuno fosse entrato in sua assenza. Che avevano di tanto importante da dirle al commissariato? "Vengo giù io"—disse Cecè. Si fece scale, scalette, corridoi, corridoietti a passo svelto, c'era poco tempo prima della telefonata del luminare. La signora gli aprì la porta, melanconica sì, ma risentita. "Perché vi siete permessi...". "C'è un problema, signora. Stanotte ha telefonato suo marito...". "Cielo! Mio marito!"—fece la signora Gemma come nelle migliori commedie di Feydeau. Da quella battuta famosa e dal fatto che la faccia pallida di suo della signora arriniscì ad essere ancora più pallida alla notizia, Cecè ebbe la rivelazione inaudita. "Era in un'altra cabina, vero? Con un amico?". "Sì"— ammise la vedova inconsolabile abbassando pudicamente gli occhi. Ma li rialzò subito, aggiungendo: "Le cose però non stanno come lei può pensare". (...)

Ora lavoriamo sul testo

COMPRENSIONE

1. Chi sono i crocieristi secondo Camilleri?
2. Cosa si intende secondo te con "sparlatina"?
3. Da dove nascono i soprannomi che hanno i crocieristi?
4. Perché la signora Gemma è in crociera da sola?
5. Dov'è il marito? Cosa sappiamo di lui? Che lavoro fa? Com'è la sua personalità?
6. Cosa succede quando il marito chiama e non trova la moglie?
7. Quante e quali persone cercano la signora Gemma sulla nave? Quali ipotesi fanno circa il fatto che la donna non è reperibile?
8. Cosa pensa in particolare il commissario Collura? Perché?
9. Come reagisce la signora Gemma quando scopre che la stanno cercando?
10. Dove si trovava la signora? Con chi era?

ANALISI E INTERPRETAZIONE

1. Ora che hai letto la storia, prova a riassumerla in circa trenta parole, cercando di coglierne tutti i passaggi essenziali. Poi leggi il tuo riassunto alla classe.
2. Descrivi i personaggi principali con almeno due aggettivi ciascuno, poi confrontali con un/a compagno/a e infine con il resto della classe.
3. Rileggi il paragrafo iniziale del racconto. A chi appartiene il pensiero espresso nelle prime righe?
4. Perché la signora Gemma viene soprannominata "la vedova inconsolabile"? Quali sono presumibilmente le ragioni della sua mestizia?
5. Secondo te, quale potrà essere la faccenda urgente per cui il dottor Ardigò sta cercando insistentemente di rintracciare sua moglie?
6. Che tipo di investigatore è il commissario Collura? E come definiresti questo caso che si trova a risolvere?
7. Secondo te, la signora Gemma ha davvero tradito il marito? Per quale motivo lo avrebbe fatto? Prova a immaginare e a descrivere la persona con cui la signora Ardigò ha trascorso la notte.
8. Sottolinea le parti del testo in cui ti sembra di cogliere ironia da parte dello scrittore. Cerca poi di giustificare le tue scelte.

9. Come definiresti il tono complessivo del racconto?

10. Commenta l'uso delle parole in dialetto siciliano: impediscono la comprensione, a tuo avviso? Quale effetto avrà voluto creare l'autore scegliendo di usarle?

11. Secondo te, qual è l'atteggiamento dell'autore nei confronti dei suoi personaggi?

Per scrivere

1. Prova ad inventare una storia che abbia come protagonista Gaudenzio Pirolli detto "rolling stone", oppure la signora Tarantino detta invece "mosca cavallina". Quali avventure protrebbero vivere nel corso della crociera?

2. Immagina che la signora Gemma decida di scomparire di nuovo e scriva una lettera al marito. Inizia così: *Caro Mario...*

3. Giallo sul campus... Scrivi una storia ambientata nella tua università: puoi immaginare un furto, la scomparsa di uno studente o di un professore oppure persino un delitto, ma ricorda che ci deve essere un abile investigatore per risolvere il mistero!

4. La storia che hai letto è praticamente conclusa, ma non del tutto perché manca l'ultima pagina: scrivila tu!

5. Immagina che il commissario Collura non riesca a trovare la signora Gemma a bordo. Con un po' di immaginazione crea tu un finale alternativo per la storia della vedova inconsolabile.

6. Con l'aiuto di altri studenti, prepara una sceneggiatura a partire dal testo e poi mettilo in scena o realizzane un breve film.

Internet

1. Andrea Camilleri fa un uso costante del dialetto siciliano nelle sue opere. Fai una ricerca su questo dialetto e sulle diverse lingue e culture che nel corso della storia possono averlo influenzato.

2. Trova informazioni sulla storia della Sicilia, sulle sue tradizioni, i suoi monumenti più notevoli e sulla sua cucina.

3. Il più famoso personaggio nato dalla penna di Camilleri è l'ispettore Montalbano. La Rai Radiotelevisione Italiana ha prodotto una serie di film tratti dai romanzi di Camilleri che hanno come protagonista Montalbano. Cerca sul sito della Rai notizie su questi film e, se ti riesce, guardane alcuni spezzoni. Che tipo di investigatore è Montalbano? Descrivilo fisicamente (l'interprete è l'attore Luca Zingaretti) e nel suo modo di comportarsi e di parlare. È simile ai *detective* americani protagonisti di tante serie televisive?

7 • Gianrico Carofiglio
Testimone inconsapevole

Chi è l'autore

Gianrico Carofiglio è nato a Bari nel 1961 e di professione fa il magistrato antimafia. Ha esordito nella narrativa inaugurando il filone del giallo a sfondo legale nel 2002 con *Testimone inconsapevole*, un libro che ha avuto un grandissimo successo sia di critica che di pubblico, ha vinto numerosi premi letterari ed è ormai tradotto in diverse lingue. Gli altri suoi romanzi sono *Ad occhi chiusi* (2003), *Il passato è una terra straniera* (2004) e *Ragionevoli dubbi* (2006).

Prepariamoci a leggere

1. Secondo te, che rapporto c'è fra i vestiti che si indossano e la propria personalità? Puoi fare un esempio che illustri la tua risposta?
2. Nel tuo paese è frequente associare un certo tipo di abbigliamento o alcuni capi specifici a determinate nazionalità o gruppi sociali? Fornisci almeno due o tre esempi.
3. Ci sono comportamenti molto diffusi che trovi particolarmente detestabili nei tuoi compagni di università? Quali?
4. Puoi fare una lista di espressioni cliché, di luoghi comuni usati dalla tua generazione? Ci sono delle frasi fatte che anche tu usi frequentemente?
5. Tu usi mai parolacce o espressioni volgari? Se sí, in quali occasioni? Come giudichi chi le usa di continuo?
6. Puoi fare una lista di espressioni o di esclamazioni che si possono sostituire a specifiche parolacce per evitare di usarle?
7. Sai che cosa è una canottiera? Chi la indossa nel tuo paese? A quale nazionalità o livello sociale la si associa di solito?
8. Cosa vuol dire per te essere politicamente corretto? Come giudichi le persone che usano un linguaggio non politicamente corretto?
9. Trovi che nel tuo paese sia ancora difficile per una donna far carriera in professioni prestigiose e tradizionalmente svolte da uomini? Fornisci esempi specifici per giustificare la tua risposta.

Un po' di vocabolario

l'udienza = durata giornaliera delle fasi di un processo di giustizia

la pancetta = diminutivo di pancia

il *gilet* = (francese) indumento maschile portato sotto la giacca, panciotto

la canottiera = maglietta senza maniche e scollata, di lana o di cotone, indossata sulla pelle

il sudore = liquido prodotto dalle ghiandole sudorifere, di solito quando si fatica o fa caldo

lo spiffero = soffio di vento, di aria, in genere fredda, proveniente da strette aperture

il copricellulare = contenitore per proteggere e trasportare il telefonino cellulare

il preservativo = anticoncezionale, *condom*

il portafoglio = contenitore, busta, spesso in pelle, per banconote

l'alito = il respiro, il fiato

il borotalco = polvere di talco usata sulla pelle come sostanza assorbente e rinfrescante

il collutorio = medicinale per sciacquare la bocca e fare gargarismi

pestare = calpestare, fare pressione con un piede

la cacca = (popolare) escrementi

in anticipo = prima del tempo normale

il gomito = parte tra il braccio e l'avambraccio in corrispondenza dell'articolazione

il ginocchio = regione della gamba dove questa si articola con la coscia

la caviglia = parte tra la gamba e il piede in corrispondenza dell'articolazione

il callo = ispessimento della pelle, in particolare di mani e di piedi

rimettere a posto = aggiustare, riparare

insopportabile = intollerabile

l'imprecazione = parolaccia, insulto

le spalle = le due parti del corpo tra il collo e il braccio

il processo = svolgimento dell'attività giudiziaria

la storiella = aneddoto, barzelletta

ESPRESSIONI IDIOMATICHE E FRASI FATTE

fare il culo a qualcuno = (volgare) rimproverare

prendersi un accidente = ammalarsi, prendersi un malanno, una malattia

dire le cose in faccia = parlare chiaramente a qualcuno

parlare da dietro = parlare alle spalle, sparlare, parlare male di qualcuno in sua assenza

il principe del foro = avvocato di grande fama

mettere a disagio = mettere in imbarazzo, imbarazzare

tagliare i ponti = rompere ogni rapporto, isolarsi

fare storie = protestare, lamentarsi

farla franca = sfuggire alle proprie responsabilità, alla cattura, alla pena

la merdata = (volgare) atto, discorso spregevole

NOTE CULTURALI

il pubblico ministero = magistrato che rappresenta gli interessi della collettività innanzi a una corte di giustizia e, insieme ai suoi sostituti, promuove l'azione penale

la Controriforma = movimento riformatore con cui la chiesa cattolica reagì nei secoli
    sedicesimo e diciassettesimo alla Riforma protestante
il codice di procedura penale = raccolta delle norme che regolano il processo penale
il massone = appartenente alla Massoneria, associazione segreta diffusa in varie parti del mondo
il sostituto procuratore della repubblica = ogni magistrato che esercita le funzioni di
    pubblico ministero presso il tribunale

Riscrivi la frase sostituendo la parola o l'espressione in corsivo con quella equivalente scelta dalla lista del vocabolario.

1. Ieri sono uscito senza maglione e faceva molto freddo, spero di non essermi preso *una malattia.*

2. Mario mi ha aiutato a *riparare* la bicicletta.

3. Quello studente è veramente una persona *intollerabile.*

4. Chiudi quella finestra, c'è *corrente!*

5. Sono andato in farmacia a comperare *gli anticoncezionali.*

6. Detesto le persone che non sono capaci *di dire quello che pensano veramente.*

7. Hai una caramella? Mi sento in bocca *un gusto* terribile.

8. Mi hanno raccontato *una barzelletta* davvero divertente, la vuoi sentire?

9. Ma perché devi *protestare* tutte le volte che ti chiedo un piccolo favore?

10. Ieri l'udienza per *il caso* Mancini è durata sei ore.

11. Quei suoi commenti maschilisti mi hanno proprio messo *in imbarazzo.*

12. Luisa si è trasferita a Palermo e *ha rotto tutti i rapporti* con il suo passato milanese.

Aiutandoti con un dizionario, abbina ciascuno dei seguenti modi di dire alla situazione in cui lo puoi usare.

1. Peggio che andar di notte =

2. Mi sembra ieri =

3. Sbagliando s'impara =

4. A buon rendere =

5. Finché c'è vita c'è speranza =

a. Qualcuno ti fa un favore.

b. Ti rimproverano per un errore.

c. Una situazione complicata diventa più difficile nonostante i tuoi sforzi.

d. Vuoi consolare una persona in gravi difficoltà.

e. Incontri un caro amico che non vedevi da molto tempo.

Completa le frasi con la parte del corpo appropriata tra quelle elencate qui di seguito ricordando di usarle tutte una volta sola. Fai attenzione agli accordi grammaticali.

la faccia, la mano, il polso, le spalle, il gomito, il ginocchio, la caviglia, il piede

1. Aveva un maglione vecchissimo, tutto strappato sui _____.

2. È molto alla moda portare una collanina attorno alla _____.

3. Quelle scarpe nuove gli facevano molto male ai _____.

4. È un uomo piuttosto corpulento, con le _____ molto larghe.

5. Invece di portare l'orologio al _____, aveva l'abitudine di metterlo in tasca.

6. Era entrato in casa con la _____ tutta rossa dopo aver fatto le scale di corsa.

7. A forza di giocare a tennis, gli era venuta una forte infiammazione a un _____.

8. Il _____ sinistro mi fa così male che non riesco quasi a camminare.

Per ciascuna delle situazioni date usa una delle imprecazioni seguenti. Aiutati con il dizionario.

Non rompere le spalle! Vaffanbagno! Non mi prendere per i fondelli! Porca trota!

1. Cadi per strada e ti fai male a un braccio.

2. Un compagno di classe continua a darti fastidio mentre cerchi di concentrarti.

3. Tuo fratello ti prende in giro.

4. Un amico ti ha appena insultato.

Il testo

(da *Testimone inconsapevole*, Palermo: Sellerio, 2002)

Avevo udienza quella mattina, ma prima dovevo andare a parlare con il consigliere Cervellati. Il pubblico ministero che si occupava del caso Abdou. Non era propriamente il magistrato più simpatico degli uffici giudiziari. Non era alto e nemmeno basso. Non magro e nemmeno esattamente grasso. La pancetta comunque era sempre coperta, d'inverno e d'estate da orribili gilet marroni. Occhiali spessi, pochi capelli, lasciati sempre un po' troppo lunghi, giacche grigie, calzini grigi, colorito grigio.

Una volta una mia collega simpatica, parlando di Cervellati disse che era *uno con la canottiera*. Le chiesi cosa significasse e mi spiegò che si trattava di una categoria dell'umanità che aveva elaborato lei.

Uno con la canottiera—metaforica—è innanzitutto uno che in piena estate, a 35 gradi, indossa la canottiera—vera—sotto la camicia, "perché assorbe il sudore e non mi prendo un accidente con certi spifferi". Una variante estrema di questa categoria è costituita da quelli che mettono la canottiera sotto la t-shirt.

Uno con la canottiera ha il copricellulare di finta pelle con un gancio per la cintura, il pomeriggio arriva a casa e si mette in pigiama, conserva il suo vecchio cellulare e-tacs perché sono sempre quelli che funzionano meglio. Usa le mentine per profumare l'alito, il borotalco e il collutorio.

Talvolta ha un preservativo nascosto nel portafoglio, non lo usa mai e però prima o poi la moglie lo scopre e gli fa il culo.

Uno con la canottiera dice frasi come: pestare una cacca porta fortuna; oggigiorno è impossibile trovare parcheggio in centro; oggigiorno i ragazzi non hanno interessi a parte la discoteca e i videogiochi; (...) condoglianze vivissime; destra e sinistra sono tutti la stessa cosa, sono tutti ladri; io lo capisco in anticipo quando cambia il tempo, mi fa male il gomito / il ginocchio / la caviglia / il callo; sbagliando si impara; a buon rendere; io non parlo da dietro, le cose le dico in faccia; sbaglia chi lavora; peggio che andar di notte; bisogna alzarsi da tavola con un po' di appetito; finché c'è vita c'è speranza; mi sembra ieri; devo decidermi a imparare internet / andare in palestra / mettermi a dieta / rimettere a posto la bicicletta / smettere di fumare eccetera eccetera, eccetera. Ovviamente uno con la canottiera dice che non esistono più le stagioni intermedie e che il caldo / il freddo secco non è un problema, è il caldo / il freddo umido che è insopportabile.

Le imprecazioni dell'uomo con la canottiera: porco zio; porca pupazza; porca madosca; porca trota; porca paletta; perdindirindina; non rompere le spalle; mannaggia a li pescetti; non mi prendere per i fondelli; vaffanbagno; vaffatica; vaffancapo.

Chiunque lo avesse conosciuto sarebbe stato d'accordo. Cervellati era uno con la canottiera. (...)

"Il fatto è che abbiamo voluto il processo all'americana, ma ci manca la preparazione degli americani. Ci mancano le basi culturali per il processo accusatorio. Guardate gli esami ed i controesami che ci sono nei processi americani, o inglesi. E poi guardate i nostri. Loro sono capaci, e noi no. Non lo saremo mai, perché noi siamo figli della controriforma. Non ci si può ribellare al proprio destino culturale". Parlava così, nella pausa di un processo in cui eravamo codifensori, l'avvocato Cesare Patrono. Principe del foro. Miliardario e massone. Gli avevo sentito esprimere quel concetto un centinaio di volte da quando, nel 1989, era entrato in vigore il nuovo codice di procedura penale. Era sottinteso che *gli altri* erano incapaci. Gli altri avvocati—non certo lui—e soprattutto i pubblici ministeri.

A Patrono piaceva parlare male di tutto e di tutti. Nelle conversazioni di corridoio—ma anche in udienza—gli piaceva umiliare i colleghi e, soprattutto, gli piaceva intimidire o mettere a disagio i magistrati. Per qualche misterioso motivo io gli ero simpatico, era sempre stato cordiale con me e a volte mi associava alle sue difese. Il che era un grosso affare, dal punto di vista economico.

Aveva finito di esprimere il suo punto di vista sull'attuale processo penale quando dall'aula di udienza uscì, ancora con la toga sulle spalle, Alessandra Mantovani, sostituto procuratore della repubblica. Era di Verona, e aveva chiesto di venire a Bari per raggiungere un fidanzato. A Verona aveva lasciato un marito ricco e una vita molto comoda.

Quando si era trasferita il fidanzato l'aveva lasciata. Le aveva spiegato che lui aveva bisogno dei suoi spazi, che le cose fra loro erano andate bene, fino a quel punto grazie alla distanza, che impediva la noia e la routine, che aveva bisogno di tempo per riflettere. Insomma, tutto il repertorio classico delle merdate.

La Mantovani si era ritrovata a Bari, da sola, con i ponti tagliati alle spalle. Era rimasta senza fare storie. Mi piaceva molto. Era come dovrebbe essere un bravo pubblico ministero, o un bravo poliziotto, che è più o meno la stessa cosa.

Prima di tutto era intelligente e onesta. Poi non le piacevano i delinquenti—di qualsiasi tipo—ma non passava il suo tempo a rodersi pensando che la maggior parte di loro l'avrebbe fatta franca. Soprattuto quando aveva torto era capace di ammetterlo, senza fare storie.

Eravamo diventati amici, o qualcosa di simile. Abbastanza, insomma, da andare a pranzo insieme qualche volta e raccontarci qualcosa delle nostre storie. Non abbastanza perché succedesse altro, anche se la nostra presunta relazione era uno dei tanti pettegolezzi che circolavano nel tribunale.

Patrono detestava la Mantovani. Perché era magistrato e perché era più intelligente di lui. Anche se, naturalmente, non l'avrebbe mai ammesso.

"Venga signora—chiamava signora, non dottoressa o giudice, le donne magistrato per farle innervosire e metterle a disagio—senta questa storiella. È nuovissima, veramente graziosa".

Ora lavoriamo sul testo

COMPRENSIONE

1. Che professione fa Cervellati? Come ci viene presentato fisicamente?
2. Quale motivo fornisce uno con la canotteria per giustificare di indossarla anche d'estate?
3. Perché conserva il vecchio tipo di telefono cellulare?
4. Quando indossa il pigiama?
5. Quali sono per lui i soli interessi dei giovani di oggi?
6. Quali prodotti usa per l'igiene e la cura del proprio corpo?
7. Cosa pensa dei politici del suo paese, sia di destra che di sinistra?
8. Cosa capisce, se gli fa male una certa parte del corpo?
9. Che rapporto ha con l'Internet?
10. Che tipo di clima lo infastidisce?
11. Chi è Alessandra Mantovani? Di dove è originariamente? Perché è a Bari?
12. Cosa è successo tra lei e il suo fidanzato?
13. Perché piace al narratore?
14. Perché Patrono la detesta?
15. In che modo Patrono cerca di mettere a disagio le donne magistrato?

ANALISI E INTERPRETAZIONE

1. Che professione fa il narratore?
2. Perché, secondo te, "uno con la canotteria" nasconde un preservativo nel portafoglio?
3. Puoi spiegare perché l'espressione "condoglianze vivissime" è ridicola?
4. Per te, l'uomo con la canotteria è una persona tollerante? Giustifica la tua risposta.
5. Cosa sappiamo, implicitamente, del suo stile di vita?
6. Cosa implica la frase "sbaglia chi lavora"?
7. Che opinione ha di se stesso l'uomo con la canotteria? Spiega con esempi la tua risposta.
8. Cosa hanno di caratteristico le imprecazioni usate dall'uomo con la canotteria?
9. Quali di queste hai già sentito e quali di esse assomigliano a altre che conosci?
10. Tra i comportamenti dell'uomo con la canotteria quali trovi più irritanti? Quali invece non sono un problema per te?
11. Come potremmo riassumere la personalità di Cervellati?
12. Quale atteggiamento complessivo ha il narratore nei confronti di Cervellati e di Patrono? Quali sono invece le differenze nel modo di trattare i due? Giustifica le tue risposte con esempi precisi.
13. Qual è il ritratto psicologico della Mantovani che ci viene presentato?
14. Quale immagine ti sei fatto della personalità del narratore?
15. Secondo te, che tipo di storiella racconterà Patrono alla Mantovani?
16. Quale giudizio complessivo ti sembra di poter dare sull'ambiente di lavoro, il tribunale di Bari, in cui sono ambientati i due brani letti? Giustifica la tua risposta.

Per scrivere

1. Sul modello del testo di Carofiglio, scrivi un brano in cui metti in ridicolo un particolare capo di abbigliamento e la tipica persona che lo porta.
2. Scrivi una lunga lettera indignata all'autore esprimendo tutto il tuo disappunto per il modo in cui nel libro si prende in giro chi porta la canottiera, un indumento che anche tu indossi regolarmente.
3. Scrivi una lettera a Alessandra Mantovani in cui esprimi la tua solidarietà con chi, come lei, deve lavorare in un mondo di uomini spesso pieni di pregiudizi nei confronti delle donne.
4. Prepara una lettera per l'avvocato Patrono chiedendogli di giustificare il suo atteggiamento nei confronti delle colleghe e spiegandogli i problemi che avrebbe a lavorare nel tuo paese.
5. Scrivi un saggio sugli stereotipi che negli Stati Uniti vengono associati agli uomini che portano la canottiera.

Internet

1. Trova alcune recensioni a *Testimone inconsapevole* e presentale alla classe.
2. Cerca un'intervista all'autore, riassumine i punti principali e presenta in classe il tuo lavoro.
3. Scopri di cosa trattano gli altri libri di Carofiglio, in particolare le altre avventure di Guido Guerrieri, il protagonista di *Testimone inconsapevole*.
4. Trova informazioni sulla storia di Bari, sui suoi monumenti principali e sulla vita di oggi nella città capoluogo della Puglia, dove si svolgono principalmente le azioni di Guerrieri.
5. Fai una ricerca sulla Massoneria italiana e sulla sua storia, poi presenta in classe i risultati del tuo lavoro.

8 • Patrizia Cavalli
Aria pubblica

Chi è l'autrice

Patrizia Cavalli è nata nel 1947 a Todi, in Umbria, ma dal 1968 vive a Roma, dove, oltre a scrivere, si occupa di traduzioni, in particolare di testi teatrali. La sua prima raccolta si intitola *Le mie poesie non cambieranno il mondo* ed è stata pubblicata nel 1974. Il libro successivo è *Il cielo* (1981), poi incluso insieme al precedente e ad altri testi inediti in *Poesie 1974–1992*. Con *Sempre aperto teatro* (1999) ha vinto il prestigioso premio letterario Viareggio Répaci. Nel 2006 è uscito *Pigre divinità, pigra sorte* che raccoglie anche *La guardiana*, pubblicato nel 2005.

Prepariamoci a leggere

1. Qual è la piazza principale della tua città? Puoi descriverla in dettaglio? Ci sono monumenti? Quali?
2. In una città, qual è la funzione principale di una piazza, secondo te? Credi che ci siano delle differenze importanti tra una piazza italiana e una americana? Quali?
3. Ci sono attività economiche o eventi politici che non consideri legittimo svolgere in una piazza? Quali? Quali attività sono per te invece appropriate?
4. A te piace passare tempo in una piazza? Quando? A fare che?
5. Qual è la piazza più bella che tu abbia mai visto? Dove si trova?
6. Credi che una poesia possa avere una funzione sociale? Giustifica con esempi la tua risposta.

Un po' di vocabolario

ossia = ovvero, cioè, vale a dire
irrevocabile = non revocabile, che non si può ritirare, annullare o modificare
ingombrato = occupato in modo disordinato
lucroso = redditizio, che dà guadagno, denaro
l'agio = condizione di comodità o benessere

innalzare = levare in alto, elevare verticalmente dal suolo

il delegato = rappresentante di qualcuno, incaricato di una attività da parte di altri

lo slargo = luogo, punto in cui una strada si allarga, diventa più ampia

il marciapiede = la parte della strada, in genere un po' più alta, destinata a chi va a piedi

la rientranza = parte che rientra verso l'interno

la gabbia = contenitore formato da sbarre usato per rinchiudere animali

fatuo = frivolo, vacuo, vuoto

solerte = che adempie con cura ai propri compiti

l'animatore = chi anima, organizza, promuove attività

fervere = ardere, essere agitato, pieno di intensità

lo scroscio = rumore forte e continuo fatto dall'acqua che cade

inghiottire = mandare giù cibo o liquidi

torvo = storto, minaccioso

la ferraglia = rottami di ferro

l'inciampo = ostacolo contro cui un piede può urtare

la merce = prodotto destinato al commercio, alla vendita

ESPRESSIONI IDIOMATICHE E FRASI FATTE

a memento = a / in ricordo

dar credito = (qui) dare reputazione

NOTE CULTURALI

Batista = Il generale Fulgencio Batista (1901–1973), presidente di Cuba considerato da più parti un dittatore e deposto da Fidel Castro

Club Méditerranée = associazione che gestisce villaggi vacanze in tutto il mondo

AMA = Azienda Municipale Ambiente, gestisce i servizi di igiene urbana, o raccolta rifiuti, della città di Roma

Con l'aiuto di un dizionario fornisci i sostantivi da cui derivano i seguenti aggettivi e scrivi una breve frase che ne illustri il significato.

Esempio: prestigioso = il prestigio; fare l'avvocato può essere un lavoro di grande prestigio

irrevocabile =

solerte =

lucroso =

ingombrato =

stabile =

Lavorando con un compagno, fai una lista di tutte le parole che riesci ad associare a quelle date.

Esempio: casa = stanza, camera da letto, bagno, finestra...

piazza

marciapiede

slargo

ferraglia

animatore

Riscrivi le frasi che seguono sostituendo la parola o le espressioni in corsivo con il corretto equivalente tratto dalla lista del vocabolario. Ricordati di fare anche tutti i necessari cambiamenti grammaticali.

1. Nei giorni di mercato quella strada è tanto *riempita* da bancarelle e da venditori che si fa

   fatica a camminarci.

2. Tutto *il materiale* venduto in quel negozio è di pessima qualità.

3. Sergio ha intrapreso un'attività *molto redditizia* ma non ha più tempo di fare altro che

   lavorare.

4. Ho così tanto mal di gola che non riesco a *mandar giù* niente.

5. *La persona responsabile* della sezione del partito non è potuta intervenire al congresso.

6. Nello stadio *è fremente* l'attesa del pubblico per il grande concerto di questa sera.

Abbina il modo di dire sulla destra con il suo significato corretto.

fare piazza pulita	fare conoscere a tutti
scendere in piazza	sgomberare totalmente
mettere in piazza	dimostrare pubblicamente

Il testo

(da *Pigre divinità, pigra sorte,* Torino: Einaudi, 2006)

L'aria è di tutti, non è di tutti l'aria?
Così è una piazza, spazio di città.
Pubblico spazio ossia pubblica aria
che se è di tutti non può essere occupata
perché diventerebbe aria privata.   5
Ma se una piazza insieme alla sua aria
è in modo irrevocabile ingombrata
da stabili e lucrose attività,
questa non è più piazza e la sua aria
non è che mercantile aria privata.   10

(Non c'è più Pantheon e non c'è più Navona,
Campo de' Fiori è Cuba di Batista).

Cos'è una piazza, cos'è quel dolce agio
che raccoglieva i sensi di chiunque
abiti a Roma o fosse di passaggio?   15
È un vuoto costruito a onor del vuoto
nell'artificio urbano del suo limite.
Se si riempie è per tornare al vuoto,
non fosse vuota infatti non potrebbe
accogliere chi passa e se ne va.   20
Per dargli maggior credito s'innalzano
fontane e statue: certo sono belle
e grazie al vuoto vantano splendore.
Ma c'è qualcosa che è più della bellezza,
è il loro appartenere necessario   25
a quel sicuro chiaro spazio vuoto.
E questo è più orgoglioso grazie a loro.
Un vuoto generoso di potere,
una salute certa dello spirito,
un bene di città fatto interiore.   30
Poveri quelli cui mancano le piazze.

(I delegati a conservare il bene
di tutti, cittadini e forestieri,
fuggono il vuoto come peste nera,
per loro il vuoto è vuoto di potere. 35
Non c'è piazzetta slargo o marciapiede
strada o rientranza che, sequestrata,
non si trasformi in gabbia. Da riempire.
Che cosa la riempie non importa:
chiasso puzze concerti promozioni 40
i cinquemila culturali eventi
fiere-mercato libri chioschi incensi
corpi seduti o in piedi nella mischia,
purché sia tutto pieno, dura festa. 45
Sì, li commuove il numero, e per loro,
i fatui e solerti promotori,
gli animatori Méditerranée,
vita che ferve è il numero di birre
che viene consumato in una notte 50
—si ferma il sangue alle bottiglie rotte
che a scrosci inaspettati l'AMA inghiotte,
sadica AMA, a memento della notte).

È naturale che si vada in piazza,
ci vanno tutti, e certo non c'è piazza 55
che si attraversi in fretta: quasi una timidezza
rallenta i passi alle fontane, all'acqua
che fa il suo giro e torna su se stessa.
La mente sosta insieme al corpo e guarda
lo spazio e l'aria del riposo, ossia 60
la piazza.

(Ora è una fuga torva verso casa
fra stretti corridoi di ferraglie,
ora è l'inciampo, l'ostacolo, il disgusto,
l'inimicizia, l'odio degli oppressi). 65

Dunque una piazza va lasciata in pace,
non è merce da farne propaganda.
Ci pensa lei da sola ad animarsi,
quello che importa è che sia pubblica piazza.

Si vuota si riempie e poi si vuota,   70
accoglie chi sta fuori e lo contiene
finché sta fuori, che prima o poi dovrà
tornare dentro. E se non è così
non è più piazza, è privata terrazza
o lugubre infinito lunapark.   75
(...)

Ora lavoriamo sul testo

COMPRENSIONE

1. Qual è la prima definizione data di piazza?
2. Cosa hanno in comune una piazza e l'aria?
3. Cosa succede a una piazza se è ingombrata da attività commerciali?
4. Perché, come si dice al verso 16, la piazza è un vuoto?
5. A che servono le fontane e le statue?
6. Perché sono poveri quelli che non hanno le piazze?
7. Chi possono essere i "delegati" a cui si accenna al verso 32? Qual è la loro paura?
8. Che cosa rischia di diventare una gabbia?
9. Quali e quanti esempi negativi di modi di riempire gli spazi urbani vengono dati?
10. A chi si riferisce il pronome "li" del verso 46? Chi sono esattamente queste persone?
11. Perché una piazza non si dovrebbe attraversare in fretta?
12. Perché una piazza va lasciata in pace?
13. Cosa succede se una piazza non si vuota mai?
14. A cosa si può riferire il "dentro" del verso 73?

ANALISI E INTERPRETAZIONE

1. Qual è la funzione della domanda nel primo verso?
2. Perché, secondo te, Campo de' Fiori è paragonato alla Cuba di Batista?
3. Perché non si dovrebbe occupare una piazza?
4. Che vuol dire davvero che "Non c'è più Pantheon e non c'è più Navona"?
5. Ai versi 29 e 35 si parla di due diversi vuoti di potere. In che modo sono diversi e perché?
6. Quali sono invece i motivi per cui si parla di una "fuga torva verso casa"?
7. Perché un "lunapark infinito" è lugubre?
8. In quante stanze, o strofe, è suddiviso il testo? Sono di lunghezza uguale? Perché?
9. Cosa può voler dire, secondo te, il fatto che alcune di esse siano tra parentesi?
10. Il senso, la funzione di una piazza ha a che fare con il rapporto tra vuoto e pieno. Puoi dare tutti gli esempi usati dal testo per spiegare questa dinamica?
11. Tra le definizioni di piazza che trovi nel testo tu quale preferisci e perché?
12. Tu sei d'accordo con l'analisi dello spazio urbano proposto dalla Cavalli? Perché?
13. Questo testo ha un valore politico, secondo te? Perché sì, perché no?
14. In quale modo si potrebbe concludere logicamente questa poesia?

15. Esistono nei versi che hai letto schemi riconoscibili di rime o di altre strutture tradizionali di un testo poetico? Se sì, quali?

Per scrivere

1. Scrivi una lettera di protesta al sindaco di Roma chiedendo un maggiore rispetto degli spazi pubblici e indicando, in riferimento al testo che hai letto, quali sono i comportamenti oggi molto diffusi che per te, come per la Cavalli, sono inammissibili.
2. Continua tu la poesia della Cavalli aggiungendo una strofa di almeno una decina di versi.
3. Dalla piazza più bella che tu abbia mai visitato, manda una lettera a un amico / un'amica e descrivi in modo molto dettagliato quello che ti circonda.

Internet

1. Trova una cartina di Roma e identifica le piazze menzionate dal testo, poi cerca informazioni sulle loro caratteristiche specifiche.
2. Trova informazioni su altre famose piazze romane.
3. Cerca altri testi della Cavalli e presenta in classe ai tuoi compagni quello che preferisci, giustificando le ragioni della tua scelta.
4. Trova un'intervista all'autrice, leggila, riassumi le cose che ti hanno colpito o sorpreso di più e discutine con i compagni.
5. *Piazza Grande* di Lucio Dalla è una celebre canzone italiana. Cercane il testo e spiega in classe quale immagine di piazza ne emerge.

9 • Carmen Consoli
In viaggio verso Atlantide

Chi è l'autrice

Carmen Consoli è nata il 4 settembre 1974 in provincia di Catania. Dal padre ha imparato a suonare la chitarra all'età di nove anni e a quattordici già si esibiva in alcuni club catanesi. Nel 1992 si è trasferita a Roma dove per due anni ha suonato e composto canzoni (sia i testi sia le musiche) poi confluite nel suo primo album *Due parole*. Ha partecipato al Festival della canzone di Sanremo nel '96, nel '97 e nel 2000 e nel frattempo ha girato l'Italia presentando il suo repertorio. Il suo singolo intitolato *L'ultimo bacio* ha offerto lo spunto e la colonna sonora al regista Gabriele Muccino per il film omonimo. Nel 2000 è uscito l'album *Stato di necessità* e nel 2002 *L'eccezione*. Nel 2006 Carmen, soprannominata dai fans la "cantantessa", ha pubblicato *Eva contro Eva* che contiene il singolo *Il sorriso di Atlantide* di cui si parla nell'articolo qui proposto.

Prepariamoci a leggere

1. Se pensi alla parola "acqua", quali associazioni ti vengono in mente?
2. Ti capita mai di fare un sogno o un incubo ricorrente? Se sì, quale? Descrivilo in dettaglio.
3. Hai mai sentito parlare di Atlantide? A cosa ti fa pensare? Conosci dei luoghi reali o fantastici resi celebri dalla letteratura o dalla leggenda?
4. Sai chi è il capitano Nemo? Cosa sai di lui? Quali sono altri navigatori o viaggiatori creati dall'immaginazione di celebri autori e poeti?
5. Il Sud: cosa evoca per te questa parola?
6. Come giudichi i ritmi di vita nella tua città? Ti riconosci in questi o preferiresti ritmi più lenti o, al contrario, più veloci?
7. Come immagini essere la giornata tipica di un romano? In che cosa differirebbe dalla giornata tipica di qualcuno della tua città?
8. Immagina di fare un viaggio da sogno. Dove andresti, con chi e perché?

Un po' di vocabolario

la fobia = paura irrazionale e incontrollabile

sommerso = (infinito "sommergere") coperto dalle acque

l'abisso = (qui) profondità marina

raggiante = splendente, luminoso

la sordità = mancanza dell'udito o più in generale di sensibilità

inestimabile = di valore incalcolabile

la pigrizia = assenza di voglia, indolenza

l'immaginario = repertorio individuale o collettivo di fantasie e di miti

la contaminazione = (qui) fusione di elementi di diversa provenienza

il marmo = roccia usata per rivestimenti e decorazioni

favoloso = (qui) di favola

isolano = nativo di un'isola

l'acqua dolce = acqua dei laghi e dei fiumi

l'acqua salata = acqua dei mari e degli oceani

sottoposto = (infinito "sottoporre") costretto

il buco nero = ultimo stadio della vita di una stella

galleggiare = stare a galla sulla superficie dell'acqua

il mal di mare = malessere causato dal trovarsi in mare su una barca

corrispondere = (qui) essere conforme a, accordarsi a

l'ulivo = albero della zona mediterranea che produce le olive

la lentezza = assenza di velocità

la rilassatezza = condizione di essere rilassato

imprenditoriale = relativo a un'attività economica organizzata al fine della produzione

intraprendere = incominciare, avviare

l'esigenza = necessità

il friscaletto = strumento artigianale siciliano simile al piffero

l'amianto = materiale incombustibile

la maldicenza = (qui) abitudine di parlare male degli altri

i connotati = segni caratteristici

altrui = delle altre persone

famelico = avido, affamato

la volgarità = grossolanità, indecenza

la malvagità = cattiveria, perfidia

depilarsi = eliminare i peli superflui del corpo

il coglione = (volgare) deficiente, stupido

ESPRESSIONI IDIOMATICHE E FRASI FATTE

sui generis = (latino) persona o qualità singolare

mordi-e-fuggi = che si consuma in velocità

la via di mezzo = una soluzione intermedia

le "bocche d'amianto" = persone che amano le cose piccanti

essere in grado di = essere capaci di

cancellare con un colpo di spugna = eliminare rapidamente

NOTE CULTURALI

l'avanguardia = movimento artistico che si propone di sperimentare nuove forme espressive in contrasto con la tradizione

il Simeto = fiume siciliano

pirandelliano = relativo alle opere e allo stile letterario di Luigi Pirandello, scrittore e drammaturgo siciliano, vincitore del Premio Nobel per la letteratura nel 1934

verghiano = relativo alle opere e allo stile letterario di Giovanni Verga, scrittore siciliano ed esponente del Verismo, vissuto tra la metà dell'Ottocento e il primo ventennio del Novecento

la Lecciso = Loredana Lecciso, chiacchierata *show-girl* della televisione italiana

Indica se le coppie di parole seguenti sono tra loro sinonimi o contrari.

sommerso / affondato

famelico / inappetente

abisso / vetta

fobia / timore

volgarità / raffinatezza

lento / svelto

isolano / continentale

sordità / indifferenza

esigenza / bisogno

intraprendere / concludere

Con l'aiuto di un buon dizionario o dell'insegnante, cerca il significato delle seguenti espressioni idiomatiche.

avere occhio =

avere orecchio =

avere testa =

avere cuore =

avere stomaco =

avere fegato =

Collega ogni espressione idiomatica a sinistra con la definizione corrispondente a destra.

stare con i piedi per terra	essere sempre presente e di intralcio a qualcuno
partire con il piede sbagliato	essere sul punto di morire
su due piedi	procurarsi danno da sè
in punta di piedi	evitare di prendere una posizione precisa
andare con i piedi di piombo	cominciare male
tenere un piede in due staffe	in modo silenzioso
essere tra i piedi	perdere le proprie certezze
darsi la zappa sui piedi	procedere con cautela
mancare il terreno sotto i piedi	essere una persona concreta e realistica
avere un piede nella fossa	senza preavviso

Per ognuna delle espressioni seguenti inventa una frase che le contenga.

Esempio: a bordo di = non ho mai viaggiato a bordo di una gondola

mordi-e-fuggi

la via di mezzo

il mal di mare

l'acqua dolce

un colpo di spugna

Il testo

(da *D La Repubblica delle donne*, 17 luglio 2006. Testo raccolto da Monica Capuani)

Può anche far paura, amplificare le nostre fobie, ma il sogno conduce per mano ciascuno di noi verso la sua oasi ideale. Ho sempre pensato che se fossi riuscita a leggere attraverso le righe, avrei avuto la rivelazione del mio mondo interiore. Il mio sogno è sempre stato Atlantide. Alcuni studiosi sostengono che questa terra sommersa sia esistita davvero. Grazie ai racconti di mio padre, questa perfetta città sottomarina mi ha affascinata fin dall'infanzia. Atlantide è intatta sotto gli abissi, ma per raggiungerla bisogna soffrire, cercarla a nuoto, in apnea. È un sogno ricorrente, per me. Divento una specie di capitano Nemo. *Il sorriso di Atlantide,* la canzone che chiude il mio nuovo album, *Eva contro Eva,* è proprio il racconto di questa visione. Procedo sott'acqua, a occhi aperti, e devo superare l'avversità di correnti contrarie. Alla fine mi appare questa città meravigliosa, raggiante, prodigiosamente conservata in una bolla d'aria, come se si fosse autoesclusa dal mondo e rintanata nella sordità degli abissi. Dopo mille fatiche, raggiungo questo mondo a parte e riesco ad approdare, fermandomi a vivere nella città dai tesori inestimabili. La canzone fa: "E sopravviverò a questa mancanza di ossigeno, malgrado le insidiose correnti arriverò in fondo agli abissi tra antichi splendori di un mondo sommerso da migliaia di anni. Stupidamente ho temuto l'immensa e spietata bellezza, la profondità dei tuoi occhi. Questo pensiero rende soave il risveglio scomodando il torpore, la consueta pigrizia. Rivivono fragranze estinte, tramonti d'incanto, le grandi speranze travolte dall'ira di oceani in tempesta, avvolta da una prodigiosa atmosfera, Atlantide". Nella mia testa, l'immaginario di Atlantide è molto legato alla Grecia: templi, uomini vestiti come gli antichi greci, civiltà raffinata, qualcuno che in barba alla cronologia indossa un orologio. Mescolo elementi creando una stranissima contaminazione. Gli abitanti hanno sviluppato il loro lato spirituale costruttivo. Nel sogno, io mi fermo lì e, a poco a poco, cominciano ad arrivare le chitarre elettriche, gli amplificatori, i miei genitori, casa mia, gli amici, tutti quanti. E sogno di camminare tra questi marmi, queste architetture favolose, questa avanguardia di migliaia e migliaia di anni, questa superiorità di percezione. Atlantide ha il suo mare cristallino dentro il mare, e ha il vulcano, dunque come Catania, la mia città, vive il contrasto tra fuoco e acqua. Io sono isolana e ho bisogno della prospettiva del mare, dell'acqua salata. D'altra parte, l'acqua ha una memoria. Un mio amico artista, Cristiano Pintaldi, tre anni fa mi ha parlato di questa teoria elaborata da uno scienziato cinese. Sembra che l'acqua reagisca alle frequenze alle quali viene sottoposta creando bellissimi cristalli, come quelli della neve, oppure buchi neri. Alla parola "grazie", in tutte le lingue del mondo, l'acqua reagisce creando cristalli meravigliosi. Noi umani siamo formati al settanta per cento d'acqua e quindi il nostro rapporto con questo elemento è molto più forte di quello che pensiamo. Chi ci dice che la nostra reazione a un colore non venga registrata dall'acqua che ci costituisce prima ancora che dalla vista? Io ho sempre avuto la sensazione di questa percezione più profonda. Ho scritto una canzone, *Sulla mia pelle,* in cui Marianna Ucrìa, sorda, avverte tutto grazie alle frequenze, colori muti sulla pelle. Da un punto di vista religioso, l'acqua è alla base di tutte le religioni, dal fonte battesimale per il Cristianesimo al Gange per gli induisti. E poi è l'unico elemento liquido che allo stato solido galleggia, perché è più leggero. Sembra una sostanza ultraterrena, ci suggerisce qualcosa che va al di là della terra. Per tutte queste ragioni ho dedicato il tour che si è appena concluso—e che ho intitolato *Dal Simeto al Tamigi*—ai fiumi e alla loro acqua dolce che abbraccia e si ricicla nelle acque salate. Mentre il mare conserva la memoria dei grandi navigatori, il fiume ha quella delle città, delle civiltà divise dalle sue acque, dei grandi spostamenti che sono avvenuti viaggiando su di sé. Ho fatto questo tour a bordo di un autobus e non di una barca perché sono un'isolana sui generis: soffro il mal di mare. Devo stare con i piedi per terra. L'andamento lento del viaggiare in pullman era qualcosa che volevo assolutamente recuperare. La velocità di oggi non mi corrisponde affatto, anzi mi deprime. Ho bisogno dei ritmi sani di Catania, dove siamo capaci di stare cinque ore al ristorante, dove gli psichiatri devono espatriare perché per loro non c'è lavoro. Siamo un popolo sereno. Mio padre a settant'anni pianta un ulivo e di lì tira fuori tutta una filosofia sul fatto che probabilmente non ne vedrà i frutti, ma va bene lo stesso. Non viviamo giornate mordi-e-fuggi, la lentezza è il rituale che ci consente di godere di ogni gesto. Non ci capiterà mai di dimenticarci cosa abbiamo fatto ieri. In questo senso, sento Roma molto vicina a questo modo di concepire la vita. Anche il senso dell'umorismo dei romani somiglia a quello dei catanesi. Roma, dove abito spesso, è la giusta via di mezzo: ha la rilassatezza del Sud e la capacità imprenditoriale del Nord. È proprio una grande capitale, alla quale negli ultimi anni molti riconoscono una grande importanza anche nella valorizzazione della propria cultura. E poi c'è il Tevere... Ma in realtà sono affezionata a tutte le città d'Italia. Ed è proprio il fatto di essere stata molto in tour all'estero, in Europa e in America, che mi ha fatto intraprendere—con l'album *Eva contro Eva,* scritto dopo tre anni e mezzo di silenzio—un viaggio mentale di ritorno alle origini. Alle origini della Madre Terra, addirittura, che è l'Africa, l'Etiopia di cui parlava Bob Marley. È stata quasi un'urgenza, un'esigenza di riscoprire anche certi strumenti tipici della mia terra siciliana, come il friscaletto o il mandolino. E ho avuto voglia di raccontare certi personaggi come Maria Catena, una vittima innocente delle "bocche d'amianto" della maldicenza. Siamo tutti vittime dell'aspettativa dell'ambiente che ci circonda, sono temi pirandelliani, verghiani. Ho sempre cercato di descrivere la provincia che ha i connotati siciliani che conosco bene, ma che si estende poi a una provincia mentale che è quella che ha ucciso la principessa Diana. Quel bisogno di nutrirsi della vita altrui, l'invadenza di quegli occhi famelici che danno l'assalto a questo banchetto dell'esistenza degli altri per inquinarlo e distruggerlo con la volgarità e la malvagità. C'è una tale anestesia delle coscienze oggi, in Italia. C'è più interesse per come si depila la Lecciso che per la nostra politica estera. Stiamo delegando sempre di più altri ad agire per nostro conto, ma abbiamo perso ogni capacità critica, non siamo più neanche in grado di capire se davvero i nostri rappresentanti agiscano in nome della democrazia o si nascondano dietro quella parola vuota. Ma secoli d'arte, una lingua sofisticata come la nostra, la cultura e la tradizione che gli italiani hanno nel proprio Dna non si possono cancellare con un colpo di spugna. E neanche chi ci dà del coglione ci riuscirà mai.

Ora lavoriamo sul testo

COMPRENSIONE

1. Qual è il sogno ricorrente dell'autrice? Chi ha contribuito ad alimentare questa fantasia? Che cosa è diventata infine questa visione?

2. Chi c'è nel sogno? Che cosa fa la Consoli in questo sogno?

3. Cosa hanno in comune Atlantide e Catania?

4. Quale teoria sull'acqua sarebbe stata elaborata da uno scienziato cinese?

5. Perché gli esseri umani hanno un rapporto con l'acqua che è più forte di quanto non pensino?

6. Per quali diverse ragioni Carmen Consoli ha intitolato un suo recente tour *Dal Simeto al Tamigi?*

7. Perché la cantautrice ha deciso di fare il tour a bordo di un autobus?

8. Qual è il ritmo ideale di vita per lei?

9. Cosa pensa di Roma?

10. Che cosa ha spinto Carmen Consoli a intraprendere un "viaggio mentale di ritorno alle origini"?

11. Che cosa ha voluto riscoprire della sua terra siciliana?

12. Secondo l'autrice, che cosa ha ucciso la principessa Diana d'Inghilterra? Spiegalo con parole tue.

13. Che cosa teme Carmen Consoli riguardo al fatto che gli italiani hanno perso interesse per la politica?

14. Quali sono invece i punti forti degli italiani?

ANALISI E INTERPRETAZIONE

1. Questo testo si può dividere in almeno quattro parti: prova a dividerlo e a dare un titolo a ogni parte. Di cosa tratta ognuna di esse?

2. Quali sono gli elementi reali e quelli sognati?

3. Carmen Consoli descrive il viaggio verso Atlantide con una serie di immagini legate ad esperienze sensoriali precise: quali sono?

4. Il mare e il vulcano: cosa rappresentano e perché sono importanti per l'autrice?

5. Quali sono i valori simbolici dell'acqua, espliciti o impliciti, presenti nel testo?

6. "Devo stare con i piedi per terra": in che modo questa frase funge da cerniera tra la prima e la seconda metà del testo?

7. Descrivi il ritmo della scrittura: come procede? Fai alcuni esempi.

8. Il testo è narrato in prima persona ma verso il fondo si passa da un "io" a un "noi". Commenta questo passaggio dalla prima persona singolare a quella plurale: cosa può significare?

Per scrivere

1. Immagina di essere un/a giornalista. Descrivi una città o un paese con i suoi pregi e i suoi difetti. Cerca di utilizzare uno stile obiettivo e distaccato.

2. Immagina di essere un cantautore o una cantautrice e scrivi il testo di una canzone dedicata ad un luogo speciale per te. Cerca di utilizzare uno stile soggettivo e personale. Puoi anche indicare il tipo di musica che ti sembra più adatta alla canzone che hai scritto.

3. Il testo che hai letto è una collaborazione tra Carmen Consoli, cantante, e Monica

Capuani, giornalista, ed è probabilmente frutto di un'intervista, sebbene le domande non compaiano. Immagina di essere Monica Capuani e prova a formulare in modo esplicito le domande che hanno portato Carmen Consoli a fare le considerazioni qui riprodotte.

4. Prova a scrivere il racconto di un tuo viaggio immaginario ad Atlantide. Descrivi il luogo e le persone che incontri.

Internet

1. Visita il sito ufficiale di Carmen Consoli e descrivi la sua organizzazione. Credi che sia possibile migliorarlo? In che modo? Cerca se esistono anche siti creati da ammiratori e paragonali con quello ufficiale. Quale preferisci? Perché?

2. Cerca sul sito ufficiale di Carmen Consoli il testo di *Il sorriso di Atlantide,* o di un'altra sua canzone, e prova ad analizzarlo facendo attenzione ai contenuti ma soprattutto alla forma.

3. Carmen Consoli dice di aver scritto *Sulla mia pelle* facendo riferimento alla figura di Marianna Ucrìa. Fai ricerche su questo personaggio, protagonista di un romanzo della scrittrice Dacia Maraini e del film omonimo del regista Roberto Faenza. Poi trova il testo della canzone, leggilo e commentalo insieme all'insegnante e ai compagni.

10 • Paolo Crepet
I figli non crescono più

Chi è l'autore

Paolo Crepet, nato a Torino nel 1951, si è laureato in Medicina e Chirurgia all'Università di Padova e in Sociologia all'Università di Urbino; successivamente si è specializzato in Psichiatria. Dopo esperienze di studio e di lavoro sia in Italia che all'estero, ha svolto la professione psichiatrica combinando ricerca, didattica e consulenza ai massimi livelli. È autore di una vasta produzione saggistica sia scientifica che divulgativa, quest'ultima in particolare ha avuto un notevole successo di pubblico.

Prepariamoci a leggere

1. Che rapporto hai con i tuoi genitori? Cosa credi che si aspettino da te? Ti senti messo molto sotto pressione da loro?
2. Ci sono delle grandi differenze tra la situazione storica della tua generazione e quella dei tuoi genitori? Quali sono i problemi che, secondo te, loro non hanno dovuto affrontare? Quali invece quelli che loro hanno affrontato e tu no?
3. Quali sono le cose che i genitori devono ancora insegnare ai giovani della tua età? Quali invece quelle che, secondo te, possono essere superflue o addirittura controproducenti?
4. Hai coetanei che vivono in casa con i genitori? Ti sembra giusto farlo? In quali circostanze ti sentiresti autorizzato a farlo anche tu?
5. Hai conoscenti che hanno dato dei grandi problemi ai propri genitori? Cosa hanno fatto in particolare?
6. A quale età ti sembra giusto lasciare definitivamente la casa dei genitori? Puoi motivare la tua risposta?

Un po' di vocabolario

stemperare = diluire
il sudore = (qui) grande fatica, lavoro intenso

l'artigiano = (qui) chi lavora in proprio, lavoratore indipendente, imprenditore

l'azienda = impresa, ditta, società

il capannone = fabbricato industriale usato come officina, magazzino, deposito

insulso = futile, senza significato, sciocco

l'imprenditore = chi esercita un'attività lavorativa indipendente, artigiano che ha messo su un'azienda propria

arredare = ammobiliare, fornire di mobili

il commensale = persona che siede con altri a tavola, invitato

immedesimarsi = identificarsi con qualcuno

la rubrica = sezione, parte di giornale

vicentino = di Vicenza

sfuggire = evitare, schivare, sottrarsi

rinviare = posticipare, procrastinare, posporre, ritardare

il briciolo = quantità minima

il baccalà = merluzzo salato e essiccato, cibo povero tipico della zona di Vicenza

confabulare = parlare consultandosi con altri

ennesimo = corrispondente a un numero elevato e indefinito, ulteriore

la litigata = litigio violento, aspro contrasto verbale

l'iscrizione = registrazione, immatricolazione

il falegname = artigiano che lavora il legno, carpentiere

la serratura = meccanismo per chiudere porte, cancelli, ecc.

l'indomani = giorno dopo, giorno successivo

costretto = forzato, obbligato

trasferirsi = cambiare casa, domicilio

cullato = (qui) protetto e viziato

il benessere = agiatezza, prosperità, ricchezza

l'autostima = valutazione positiva o negativa di sé

intraprendere = dare inizio, cominciare una attività

scontato = (qui) prevedibile, ovvio

imbottito = (qui) pieno, riempito

cimentarsi = tentare di, provare a

il reddito = entrata in denaro realizzata in un determinato periodo di tempo

il decennio = un periodo di dieci anni

partorire = far nascere, dare alla luce

ESPRESSIONI IDIOMATICHE E FRASI FATTE

figuriamoci = (infinito "figurarsi") immaginarsi, con significato di "certamente sì" o "certamente no"

tutto sommato = tutto considerato, in conclusione

a malincuore = controvoglia, poco volentieri

Prova a spiegare con parole tue i modi di dire che seguono, poi per ciascuno scrivi una frase che ne esemplifichi il senso.

mettere su famiglia =

mettere in piedi =

mettere con le spalle al muro =

dare una mano =

andare a gonfie vele =

prendere a calci =

1.

2.

3.

4.

5.

6.

Completa le frasi con la parola giusta.

1. Dopo un _____ di duro lavoro, riuscì a comprarsi un appartamento.

2. Consultò la _____ telefonica e trovò il numero del dottore che cercava.

3. L'_____ al corso di informatica costava mille euro.

4. _____ un viaggio intercontinentale può essere faticoso.

5. Dopo l'_____ discussione decise di separarsi dalla moglie.

6. Il falegname cambiò la _____ della porta.

7. L'azienda di famiglia era collocata in un enorme _____ in periferia.

8. Era un imprenditore di successo il cui _____ annuo superava il milione di euro.

Sottolinea la parola intrusa e spiega il perché.

artigiano / falegname / autostima

commensale / baccalà / serratura

litigata / capannone / azienda

reddito / benessere / briciolo

cimentarsi / intraprendere / stemperare

insulso / scontato / imbottito

trasferirsi / sfuggire / confabulare

Il testo

(da *I figli non crescono più*, Torino: Einaudi, 2005)

Terminata la conferenza, stemperato il dibattito, gli organizzatori m'accompagnano a bere un bicchiere di vino e a mangiare qualcosa. Un artigiano si siede a fianco a me, la voce di chi ha voglia di confessare un problema grave. "Ci ho messo quarant'anni di fatica e sudore per tirare su un capannone, adesso dirigo un'azienda che funziona, vendiamo bene i nostri prodotti in tutto il mondo anche se in giro c'è crisi. Ho un figlio di ventotto anni, mi piacerebbe lasciare ciò che ho costruito a lui, ma se lo faccio quel capannone tra sei mesi non c'è più. E sa perché? Quel ragazzo non sa far niente, ha preso un diploma senza impegnarsi, è iscritto all'università e fa sì e no un paio d'esami all'anno, vive in casa con noi, ha una fidanzata che come lui pensa solo a divertirsi, non hanno nessuna intenzione di sposarsi figuriamoci di mettere su famiglia. Mia moglie è disperata come me ma lo difende sempre, lo chiama 'poverino'... Cosa dovrei fare, prenderlo a calci o abbandonarlo alla sua vita insulsa?"

Un altro imprenditore ascolta con particolare interesse, si unisce al lamento: "Anch'io sono nella stessa situazione. Mio figlio sta per compiere trent'anni e non fa nulla nemmeno lui. Con mia moglie abbiamo deciso di costringerlo ad andare a vivere per conto suo, sperando che così cominci a capire cos'è la vita. Gli abbiamo comprato un appartamentino nel nostro stesso quartiere, lui c'è andato con la ragazza, l'hanno arredato... poi l'ha affittato a un amico ed è tornato a casa da noi. Mia moglie, tutto sommato, non è dispiaciuta. Cosa dovrebbe fare un padre, con un ragazzo così?" Cerco di allargare la discussione agli altri commensali: risultano più o meno tutti nelle stesse condizioni.

Le ragioni del declino sociale ed economico del Paese non sono dunque nascoste soltanto nella globalizzazione o nell'improbabile concorrenza di Paesi dell'estremo Oriente, una ragione profonda, quasi indicibile ha invece a che fare con ciò che abbiamo voluto e saputo trasformare e con ciò che abbiamo voluto mantenere. Una radice che s'insinua e ramifica fin dentro le nostre case, nei salotti, nelle camere dei nostri figli.

Cerco d'immedesimarmi nel dramma di quell'artigiano imprenditore: il capannone è stato capace di tirarlo su con enorme fatica, ingegno e coraggio—e forse anche di ingrandirlo, ma ha fallito nella cosa più difficile: l'educazione dei propri figli. Lo guardo, mi chiedo se quell'uomo rappresenti un'eccezione o una regola deviata di una comunità mal cresciuta.

Temo il peggio. Mi torna alla mente la lettera di una signora toscana alla rubrica che tengo da tempo in un settimanale di grande diffusione. Vado a rileggerla. Fa impressione: il contenuto è straordinariamente coerente con il racconto dell'imprenditore vicentino. Vite analoghe, stesse preoccupazioni, stessa fragilità. Ne trascrivo un brano:

"... *mio figlio di ventitré anni ha smesso di frequentare l'università (ha dato sette esami) già alla fine dello scorso anno accademico. Da allora non si occupa più di niente, e all'invito: 'Cercati un lavoro' scappa via coprendosi le orecchie per non sentire; se insisto comincia a essere violento e diventa capace di rompere una porta a pugni. Non si vuole prendere la responsabilità di una persona adulta qual è... Io e mio marito abbiamo provato in tutti i modi a fargli capire che il lavoro è alla base del suo avvenire, ma lui sfugge o rinvia, e alla fine tutto rimane come prima: dorme fino a tardi, ascolta musica, fuma, vede tv e dvd. E basta. È così ormai da otto mesi e non vedo vie d'uscita. Mi dia un consiglio lei su come affrontare questa situazione e a chi eventualmente rivolgermi per essere aiutata...*"

Di solito, quando ascolto un'argomentazione così largamente condivisa, cerco di vedere dove si nasconde l'eccezione che la conferma: è un piccolo trucco che funziona per capire meglio le cose. Propongo quindi a quel gruppo di imprenditori di pensare se tra i colleghi ve ne sia uno con una storia familiare diversa, opposta. Confabulano un poco, poi uno mi dice: "Sì, ha ragione lei, uno ce n'è..." E mi raccontano la storia di Nello.

Nello è un artigiano come loro e come loro ha creato un piccolo patrimonio dal nulla: un lavoro da bestia per quarant'anni, un briciolo d'astuzia. Risultato: dal niente, da un piatto di baccalà a una florida azienda di macchinari di precisione venduti soprattutto negli Usa.

Nel frattempo a casa la famiglia cresce apparentemente tranquilla: la moglie che appena può dà una mano a tenere i conti dell'azienda; una figlia che presto si sposa; un figlio, Bruno, simpatico e un po' indolente. Finito il liceo, quest'ultimo si iscrive a Economia e Commercio, ovviamente a pochi chilometri da casa. Eppure non frequenta, non dà esami, in casa non collabora: sopravvive senza gioie e senza lamenti. Finché il padre, dopo l'ennesima litigata, lo mette con le spalle al muro: "Ti devo dare due notizie", lo avverte risoluto, "una peggiore dell'altra: la prima è che domani mattina verrà il falegname a cambiare la serratura della porta di casa, né io né tua madre ti daremo una copia delle chiavi, quindi tu sarai fuori. La seconda è che se vuoi sono pronto a pagarti viaggio e iscrizione al master negli Stati Uniti di cui abbiamo tanto parlato e che tu non hai mai preso in considerazione. Prendere o lasciare. Hai tutta la notte per pensarci, domani mattina presto voglio una risposta". L'indomani il ragazzo, molto a malincuore, comunica la decisione di partire per gli Usa. Tre anni più tardi, Bruno è tornato in città e ha messo in piedi un'azienda che adesso funziona a gonfie vele. L'unico vero valore aggiunto di quella generazione.

Andare, o essere costretti a trasferirsi all'estero implica un'esperienza fondamentale che impone una maturazione impensabile tra le quattro mura domestiche, cullati e viziati da benessere e comodità. Significa essere costretti a confrontarsi con realtà culturalmente e socialmente diverse, ad acquisire un punto di vista meno provinciale, a imparare a fare conto sulle proprie forze e capacità. Durante questo percorso non può che crescere l'autostima e il senso dell'intraprendere a essa correlato. Ma se queste osservazioni rischiano di essere scontate tanto sono condivisibili, perché un genitore deve arrivare a minacciare di cambiare la serratura di casa per fare in modo che il figlio si possa salvare dalla mediocrità grigia del quotidiano imbottito di privilegi e in cui si lascia vivere?

Naturalmente le responsabilità non vanno cercate solo nella generazione dei genitori: un fenomeno così articolato rimanda a una rete che comprende le omissioni dei figli, la disfunzionalità della scuola, la miopia delle istituzioni che governano e amministrano la nostra comunità. Il problema è che gli unici ad avere una qualche coscienza di ciò sembrano proprio i genitori: quegli uomini e quelle donne che nell'immensa sala della fiera di Vicenza ancora a mezzanotte continuavano a parlare, chiedersi, ascoltare, cercare e trovare le parole per mettere a fuoco, dire e stemperare dubbi, inquietudini.

Nessun cambiamento sociale, tanto meno quello complesso di cui stiamo parlando, può sperare di essere condotto verso una piena maturità senza che vi sia, al fondo, un processo che porta a una presa di coscienza. Questo normalmente chiedo a un paziente la prima volta che lo incontro: non mi interessa tanto di sapere del suo attuale disagio e delle radici prossime e remote del suo star male, quanto piuttosto della disponibilità a cambiare, magari anche solo un capello, la sua esistenza, qualsiasi sia la stratificazione di dolore da cui emerge. Ed è, lo dice l'esperienza, di gran lunga la cosa più difficile da ottenere da un individuo.

La famiglia si è fatta fragile; esattamente come il mondo che la circonda. Ogni tanto la politica si cimenta a parlare di aiuti, ma l'unico che riesce a pensare e a dire è il più banale e inutile: una beneficenza economica direttamente proporzionale al numero di figli o al reddito. Da decenni la politica non è riuscita a partorire nulla di diverso e meno umiliante della "cottimizzazione" della prole (di per sé agghiacciante).

Un pensiero progettuale dunque è necessario, ma prima di esprimere qualche idea a riguardo vorrei, senza ripetere ciò che autorevoli sociologi hanno descritto in questi ultimi quarant'anni, proporre qualche considerazione introduttiva.

Fino a che la famiglia ha dovuto funzionare come una agenzia che assicurava la sopravvivenza economica delle generazioni a venire, ha correttamente svolto il suo compito: era nella sua cultura, inscritto nel suo Dna. D'altra parte, l'idea di comunità è acquisizione recente, fino a pochi decenni fa era la rete familiare a surrogare ciò che la collettività sociale non era in grado di fornire.

La fragilità è emersa quando alla famiglia si è richiesto non più soltanto di provvedere alla sopravvivenza dei figli, ma di educarli: non potevano più bastare i soldi, la salute, gli studi, ma diventava fondamentale la costruzione delle fondamenta della comunicazione emotiva e dei legami affettivi. Esattamente ciò che per secoli era apparso del tutto opzionale.

Questa diversa e più complessa aspettativa è maturata proprio quando la struttura organizzativa della famiglia è mutata: da una logica gerarchica (una piramide con al vertice il maschio anziano e alla base i bambini), a una orizzontale (con un potere comparabile di tutti i membri).

Ora lavoriamo sul testo

COMPRENSIONE

1. Quali sono alcune delle cause del declino sociale ed economico dell'Italia secondo questo testo?
2. In cosa ha fallito l'artigiano imprenditore?
3. Come si comporta il figlio della signora toscana che ha scritto all'autore?
4. Cosa propone l'autore agli imprenditori che parlano con lui?
5. Chi è Nello?
6. Quali alternative dà Nello al figlio?
7. Cosa fa oggi Bruno?
8. Perché andare o trasferirsi all'estero sarebbe un'esperienza fondamentale?
9. Fino a che ora è durato l'incontro con gli imprenditori vicentini? Per quale motivo, secondo te?
10. Qual è la cosa più difficile da ottenere da un individuo, secondo l'esperienza dell'autore?
11. In quale modo reagisce la politica ai problemi della famiglia?
12. Quando e come si è manifestata la fragilità della famiglia?
13. Quale valore era in passato apparso opzionale nell'educazione dei figli?
14. Come è cambiata la struttura organizzativa della famiglia?

ANALISI E INTERPRETAZIONE

1. Quale poteva essere il titolo della conferenza tenuta dall'autore?
2. In quante parti potresti dividere questo testo? Giustifica la tua scelta e fornisci ad ogni parte un titolo che ne anticipi o ne riassuma il contenuto.
3. Quale funzione ha, per te, l'inserimento della lettera della signora toscana?
4. Come reagisce il figlio della signora toscana alle insistenze materne? Per quale motivo, secondo te? Ci sono differenze tra il suo comportamento e quello dei figli degli imprenditori vicentini? Quali?
5. Quali sono i tratti comuni ai genitori che vengono presentati dal testo?
6. Cosa pensi che voglia dire la parola "cottimizzazione" usata nel terzultimo paragrafo?

7. Qual è il giudizio complessivo sulla politica, sulle amministrazioni e sulle istituzioni in genere che sembra emergere dal testo?

8. Quali ti sembrano essere le conclusioni di Crepet? Sei d'accordo con lui? Perché?

9. Paolo Crepet è un medico psichiatra e un sociologo: secondo te, a quale dei due campi di specializzazione si possono ascrivere le storie riportate in questo testo? Perché?

10. Per quali motivi una persona dovrebbe rivolgersi a uno psichiatra? Per quali ragioni invece dovrebbe rivolgersi a uno psicanalista, per quali a un assistente sociale?

Per scrivere

1. Prepara una lettera all'autore e spiega quali sono i problemi dei giovani della tua generazione e quali, secondo te, le colpe dei genitori e quelle della società più in generale.

2. Immagina come sarebbe la tua vita se a trent'anni vivessi ancora a casa con i tuoi genitori. Racconta al tuo diario come è stata oggi la tua giornata, dove sei andato, quello che hai fatto, le persone che hai visto.

3. Scrivi una lettera al figlio della signora toscana menzionato dal testo e convincilo a cambiare la sua vita. Spiegagli come si vive nel tuo paese e cosa fanno i giovani alla sua età. Sii convincente!

4. Scrivi una lettera alla signora toscana immaginando di essere Paolo Crepet e cercando di darle dei consigli utili per risolvere la sua situazione.

Internet

1. Trova informazioni sull'economia delle regioni del Nord-Est dell'Italia e sul Veneto in particolare facendo riferimento alla florida economia odierna di queste zone.

2. Uno degli stereotipi più diffusi sui giovani italiani è che siano "mammoni". Fai una ricerca su questa parola e prova a stendere il ritratto del mammone italiano (quanti anni ha, cosa fa, come passa le sue giornate, ecc.).

3. Sul sito ufficiale dell'autore cerca tra le sue numerose opere quella il cui titolo ti interessa di più, trova informazioni sul suo contenuto e presentala alla classe.

11 • Andrea De Carlo
Giro di vento

Chi è l'autore

Andrea De Carlo è nato nel 1952 a Milano. Scrittore, sceneggiatore e fotografo, De Carlo ha viaggiato a lungo negli Stati Uniti ed è vissuto a Boston, New York e Santa Barbara. È stato assistente di Federico Fellini nel film *E la nave va* e ha scritto una sceneggiatura insieme a Michelangelo Antonioni per un film poi non girato. Il suo primo romanzo è *Treno di panna* (1981), pubblicato con una introduzione di Italo Calvino, mentre il più celebre è *Due di due* (1989), la storia di una forte amicizia tra due compagni di liceo nella Milano degli anni di piombo. Tra le altre sue opere, tradotte in più di venti paesi, ricordiamo *Tecniche di seduzione* (1991), *Pura vita* (2001), *Mare delle verità* (2006) e *Durante* (2008). Andrea De Carlo partecipa alla campagna di Greenpeace "Scrittori per le foreste" e fa stampare tutti i suoi romanzi su carta riciclata.

Prepariamoci a leggere

1. Quanto pensi che sia importante per una persona curare il suo aspetto fisico? E per una donna? A tuo giudizio, ci sono differenze tra uomo e donna nel guardare all'estetica del proprio corpo ed eventualmente nel cercare di migliorarla? Giustifica la tua risposta con esempi precisi.
2. Alessio Cingaro si depila il petto, si fa la lampada e usa creme raffinate. Questa descrizione corrisponde alla tua idea di uomo italiano? Se no, in cosa differisce?
3. Queste prime pagine del romanzo parlano anche di come la tecnologia ha cambiato la nostra vita. Quale ruolo ha la tecnologia nella tua vita?
4. Quali sono gli oggetti senza cui non potresti più sopravvivere? Il tuo computer portatile, il tuo iPod, il tuo cellulare? Quali di questi gioca il ruolo più importante nelle tue giornate?
5. La televisione ha una enorme importanza nella società italiana odierna. Propone modelli di comportamento e di immagine, crea persino nuove espressioni linguistiche. Qual è l'importanza della TV nella tua società? Ci sono programmi televisivi che sono così popolari da diventare un fenomeno sociale? Quali?

6. La TV di oggi confonde sempre di più realtà e finzione, tanto che risulta difficile capirne la differenza. Hai mai visto un *reality show*? Cosa pensi di questo tipo di programmi e delle persone che vi partecipano? Secondo te, cosa spinge una persona a partecipare? Tu lo faresti? Perché sì o perché no?

7. Qual è la tua definizione personale di "lusso"?

Un po' di vocabolario

il lusso = ricchezza negli agi della vita che denota un benessere economico, reale o ostentato

il guscio = involucro protettivo di uova e di alcuni semi e frutti

tamponare = asciugare, fermare una fuoriuscita di liquido

sfregare = fregare forte su una superficie con la mano o con un oggetto, strofinare

spalmarsi = cospargersi

la ceretta = sostanza usata per depilare a strappo

l'irsutismo = condizione di chi ha peli ispidi e folti

la basetta = parte dei capelli o striscia di barba lasciata crescere ai due lati del volto

saltabeccare = procedere a salti, senza un filo logico

il programma-contenitore = programma televisivo comprendente rubriche di vario genere, conversazione e musica

il cenno = breve segnale con gli occhi o con la mano fatto per indicare o comunicare qualcosa

la miscela = sostanza ottenuta mischiandone due diverse

goffa = senza eleganza e disinvoltura

il bordello = casa di tolleranza in cui svolgono la loro attività le prostitute

la soglia di attenzione = punto limite oltre il quale non si recepiscono più stimoli intellettuali o visivi

l'incentivo = stimolo, spinta, motivo che spinge ad agire

ESPRESSIONI IDIOMATICHE E FRASI FATTE

a furia di = insistendo, ripetendo di continuo la stessa azione

Collega le espressioni della prima colonna con una definizione della seconda.

giro di parole	passeggiare senza una meta precisa
giro turistico	perifrasi
giro di boa	fare circolare, diffondere
nel giro di	visita di una città o di una regione
essere fuori dal giro	non rimettere a posto
mettere in giro	non fare parte di un gruppo determinato
andare in giro	essere euforico
prendere in giro	entro un periodo di tempo
lasciare in giro	beffarsi di, schernire
essere su di giri	decisione o svolta decisiva

Scegli l'espressione corretta tra le due proposte.

1. Gli ospiti arriveranno (nel giro / fuori dal giro) di venti minuti.

2. Il mio compagno di stanza è molto disordinato: (lascia sempre in giro / mette sempre in giro) tutte le sue cose.

3. Massimo ha vinto mille euro alla lotteria! È (su di giri / fuori dal giro).

4. Marco e Claudia sono persone autoironiche, sanno (prendersi molto in giro / andare molto in giro).

5. Carlo è un vero pettegolo: (mette sempre in giro / lascia sempre in giro) voci sulle persone che conosce.

Usando il dizionario, trova il contrario dei seguenti aggettivi e poi scrivi per ciascuno una frase che ne esemplifichi il significato.

Esempio: bello—brutto; il film di ieri sera non mi è piaciuto, per me era proprio brutto

morbido

alto

lungo

goffo

simultaneo

supplichevole

leggero

duro

Il testo
(da *Giro di vento*, Milano: Bompiani, 2004)

Alessio Cingaro è seduto nel suo bagno, su una poltroncina dallo schienale ultrabasso vista e comprata d'impulso in un negozio di arredamento del centro non tanto perché gli piacesse o ne avesse bisogno ma perché la sua forma suggeriva un'idea di non funzionalità che lo attirava come un lusso. In ogni caso va bene per starci sopra adesso con la schiena dritta, la faccia a cento centimetri dallo schermo irradiante di una lampada a raggi UVA di ultima generazione, garantita a furia di sigle e acronimi secondo le più recenti norme europee. Sugli occhi ha un paio di gusci di plastica gialli da pollo d'allevamento che dovrebbero salvargli la vista senza lasciare aloni chiari troppo evidenti, e che come beneficio collaterale gli danno una buona simulazione di palpebre chiuse sotto il sole di una spiaggia tropicale. A portata della mano destra c'è un vaporizzatore pieno di acqua demineralizzata, da afferrare a tentoni ogni pochi minuti per idratare la faccia e il collo. Nel frattempo le ventose di un elettrostimolatore gli fanno contrarre i muscoli addominali, con un ritmo regolare abbastanza piacevole. È presto per dire se funzioni davvero, perché l'ha ricevuto contrassegno solo una settimana fa, dopo essersi fatto tentare da infinite telepromozioni in cui lo si vede applicato alla pancia di culturisti gonfi di estrogeni e al sedere di ragazzotte apparentemente inconsapevoli dell'effetto erotico dei loro glutei vibranti in primo piano. Dai due altoparlanti preamplificati ai lati della mensola esce musica scaricata la notte scorsa da Internet, anche se non saprebbe dire di chi è perché tende a fare i download troppo in fretta per ricordarsi i nomi dei musicisti. È una specie di ritmo medio della vita, gli fa oscillare la testa e muovere le ginocchia, batticchiare le mani alla base del collo dove le tiene incrociate per abbronzarle sui dorsi; lo aiuta a non rilassarsi troppo né diventare troppo ansioso. (...)

La suoneria del timer trilla, la lampada UVA e il ventilatore si spengono; Alessio stacca i terminali dell'elettrostimolatore, si asciuga faccia e stomaco con un asciugamano morbido, tamponando invece di sfregare. Non ha tempo per una seconda doccia dopo quella del mattino, ma si spalma con cura una crema idratante francese a base di ginseng siberiano e acido ialuronico e si spruzza deodorante sotto le ascelle, profumo ai lati del collo e all'interno dei polsi. Sono tutti prodotti della stessa linea, il che gli semplifica la vita e gli dà un'idea di completezza mentre scorre lo sguardo lungo i contenitori disposti sulla mensola sotto lo specchio. Il petto se l'è depilato un paio di giorni fa con le strisce di ceretta: è ancora liscio come quelli dei modelli che sorridono a se stessi sulle copertine delle riviste life-style che compra ogni tanto, senza tracce di irsutismo da uomo-scimmia del Mediterraneo. Infine si friziona i capelli con una fiala anticaduta e se li pettina in modo che gli stiano un po' alti, il che insieme alle basette lunghe serve a ovalizzargli la faccia e attenuare l'espressione da bambino di trentadue anni che gli viene quando sono schiacciati. Fa un ultimo controllo allo specchio, di fronte e di profilo. Muove le sopracciglia, si tocca la punta del naso, prova due o tre sorrisi standard: funzionano.

Passa nella camera da letto adiacente, dove un televisore con schermo al plasma da 42 pollici attaccato al muro è sintonizzato su un programma-contenitore del mattino, in cui alcuni ospiti di seconda scelta rispondono alle domande di un conduttore concentrato quasi esclusivamente sui cenni degli assistenti di studio fuori campo. Il pubblico è una miscela di casalinghe e pensionati e disoccupati cronici che tendono ad assopirsi appena non sono inquadrati, per risvegliarsi di scatto quando ricevono il segnale di applaudire.

La valletta invece ha una faccia da figlia goffa di mamma che contrasta bene con la sua guêpière rossa e nera stile bordello sudamericano; si sforza allo spasimo per tirare fuori le tre parole che le vengono richieste ogni tanto. Non sa mai bene verso quale telecamera guardare, si muove legnosa e ha gli occhi di un topo; non c'è da stupirsi che il suo calendario sexy abbia venduto meno di quelli delle sue colleghe. Sul monitor del computer invece scorre un film tutto macchine che sgommano e urla e colpi di pistola, di un canale satellitare che sarebbe pay-per-view ma che Alessio riesce a vedere gratis grazie a un semplice software scaricato dalla rete. I suoni dei due programmi si mescolano tra loro e con la musica che viene dal bagno, ma la cosa non gli dà fastidio né lo confonde: è abituato a saltabeccare tra informazioni simultanee, registrare qua e là solo i dati che gli interessano o che lo colpiscono per qualche ragione. Del resto non è niente rispetto alla sera, quando anche il televisore in cucina e quello in soggiorno sono accesi e in più c'è da rispondere alla posta elettronica e agli sms e alle telefonate sul cellulare e sul fisso, spesso in meno di un'ora prima di andare al ristorante o al cinema. Non lo preoccupa che la sua soglia di attenzione si stia abbassando di anno in anno, se non addirittura di mese in mese; è solo un incentivo in più a sfruttare al meglio il tempo, non lasciare spazi vuoti che possano venire occupati dalla noia o da riflessioni deprimenti. (...)

Quando sta per annodarsi la cravatta, la porta si apre e sua madre si affaccia con un'espressione supplichevole. Dice "Alessio li mangi due fili di spaghetti, prima di partire? Pomodoro e basilico, leggeri leggeri?".

"Mamma, te l'ho detto che non ho tempo!" risponde Alessio, abbastanza duro. D'altra parte è l'unico tono che lei capisce, sono le dodici e sarà la terza volta che lo assilla con la storia del mangiare.

Sua madre però non si arrende: dice "Non puoi metterti in viaggio a digiuno, Alessio! Ti faccio almeno una fettina di vitello e un po' di insalata".

"Mamma, non rompere!" grida Alessio, e gli sembra che a questo punto nessuno possa dargli torto. "Mangio qualcosa in viaggio, all'autogrill!".

"Ti danno solo delle porcherie, all'autogrill" dice sua madre. "È tutta roba di plastica".

"Lasciami vestire, che mi fai arrivare in ritardo dai clienti" dice Alessio a voce più bassa ma con più fermezza; la spinge fuori.

Poi mentre finisce di infilarsi le scarpe gli dispiace per la delusione che le ha letto negli occhi mentre le chiudeva la porta in faccia. Ma è un pensiero tra molti altri: alza con il telecomando il volume del televisore perché sullo schermo sono comparse alcune ragazzotte in bikini di paillette molto risicati che si muovono in un balbettamento di danza infantile studiata in base agli ingombri nello studio e per mettere in mostra le loro doti anatomiche. Alessio si infila la giacca e se la abbottona, muove qualche passo come se ballasse con loro: ondeggia le braccia, fa finta anche lui di cantare le parole della canzone in playback riciclata dall'estate.

Ora lavoriamo sul testo

COMPRENSIONE

1. In quale momento della giornata si svolge la scena narrata? Che cosa è impegnato a fare il protagonista?
2. Quali sono le ragioni per cui Alessio ha comprato una poltrona dallo schienale ultrabasso?
3. In cosa sono diversi i modelli delle riviste dal tipico uomo mediterraneo?
4. In che modo Alessio si prende cura del proprio corpo? Quali sono le tecniche che usa? E quali sono i prodotti di bellezza?
5. Che tipo di programma trasmette la televisione accesa? Quale programma televisivo proviene invece dal computer?
6. Chi interrompe le azioni di Alessio? Di cosa si preoccupa questa persona? Come reagisce il protagonista?
7. Perché Alessio preferisce il rumore al silenzio? Cosa ci dice questo della sua personalità?
8. Leggi e commenta lo scambio di battute tra Alessio e la madre. Come definiresti il loro rapporto?

ANALISI E INTERPRETAZIONE

1. Suddividi questo testo in paragrafi e dai un titolo ad ogni paragrafo. Qual è il tema di ognuno dei tuoi paragrafi? E qual è secondo te la posizione dello scrittore su questi temi? Da che cosa lo capisci?
2. Ci sono molti riferimenti alla vita di oggi nel testo, quali di questi ti sembrano esagerati e quali invece no? Secondo te, perché lo scrittore li esagera? Quale effetto cerca di produrre?
3. Ci sono aspetti solo *italiani* o la critica di De Carlo è valida anche per il tuo paese? Fai alcuni esempi.
4. Prova a selezionare le parti del testo in cui lo scrittore descrive le manie del personaggio. Secondo te, che giudizio dà De Carlo su Alessio Cingaro? E tu, cosa pensi di questo personaggio?
5. Lavoriamo sugli aggettivi. Con l'ausilio del dizionario, scegli due aggettivi positivi e due negativi per descrivere Alessio Cingaro. Preparati a spiegare le ragioni della tua scelta ai compagni.
6. Cerca nel testo le parole prese in prestito dalla lingua inglese: quali sono? Con quale scopo l'autore le avrà usate?
7. Secondo te, perché quando il protagonista si guarda allo specchio "prova due o tre sorrisi standard"? Che cosa significa? A che cosa servono questi sorrisi, con chi li userà secondo te?
8. Come definiresti il rapporto che ha Alessio con la tecnologia?

Per scrivere

1. Immagina che Alessio incontri una versione femminile di se stesso. Crea un dialogo tra di loro, visti i loro interessi e le loro personalità.

2. Sei Alessio Cingaro e scrivi sul tuo diario il resoconto della giornata appena trascorsa. Parti dal dialogo con tua madre che tenta di farti mangiare gli spaghetti. Inizia così: Caro diario, oggi mia madre era più irritante del solito...

3. Essenza e apparenza: scrivi una composizione in cui spieghi questi due concetti applicati alla vita di tutti i giorni e in particolare al mondo del lavoro.

4. Scrivi una lettera a un giornale lamentando la scarsa qualità dei programmi televisivi che si vedono nel tuo paese. Esprimi le tue idee su cosa dovrebbe o non dovrebbe essere trasmesso in televisione e dai suggerimenti su come alzarne il livello culturale.

Internet

1. Fai una ricerca per scoprire grazie a quali innovazioni e a quali inventori la tecnologia degli ultimi trent'anni ha cambiato la nostra vita. Cerca di reperire dati e fotografie da presentare alla classe.

2. Vai sul sito ufficiale della Rai e analizza i programmi televisivi che offre attraverso il suo portale: scegline due di genere diverso, poi illustrane il contenuto alla classe.

3. Cerca una fotografia di e notizie biografiche su Andrea De Carlo, poi paragona la sua vita a quella del suo personaggio Alessio Cingaro. Quale delle due ti affascina di più? Giustifica la tua risposta.

4. Hai appena letto l'*incipit* di un romanzo intitolato *Giro di vento*. Cosa ti suggerisce il titolo? Quale potrebbe essere la storia? Cerca notizie biografiche sull'autore, pensa alla sua vita e ai suoi interessi e immagina quali tipi di storie potrebbe scrivere.

12 • Erri De Luca
Naufragi e *Valore*

Chi è l'autore

Erri De Luca è nato a Napoli nel 1950. Da giovane è stato uno dei principali esponenti di *Lotta continua,* una formazione politica extraparlamentare di estrema sinistra. Nel corso degli anni De Luca è stato operaio, magazziniere, muratore ed è vissuto per diverso tempo all'estero svolgendo sempre lavori molto umili. Il suo primo libro è *Non ora non qui* (1989); tra i numerosi altri ricordiamo: *In alto a sinistra* (1994), *Pianoterra* (1995), *Tu, mio* (1999), *Montedidio* (2002), *In nome della madre* (2006) e *Chisciotte e gli invincibili* (2007). Ha anche tradotto direttamente dall'ebraico diversi testi biblici, dopo averne imparato la lingua da autodidatta. Oggi collabora ad alcuni giornali quotidiani ed è conosciuto soprattutto come prosatore. *Opera sull'acqua e altre poesie* (2002) è la sua prima raccolta di testi poetici.

Prepariamoci a leggere

1. Hai mai fatto un viaggio in nave o in barca? Da dove sei partito/a? Dove sei andato/a?
2. Sai nuotare bene? Hai mai dovuto aiutare qualcuno in difficoltà in acqua? Dove e quando?
3. Cosa sai della recente emigrazione verso l'Italia?
4. Credi che l'Italia sia accogliente verso gli immigrati? Perché?
5. Quali sono le cose e i comportamenti a cui dai più valore? Elenca i primi cinque che ti vengono in mente e confrontali con quelli dei tuoi compagni.
6. Quali sono i valori fondamentali che una società moderna deve assolutamente possedere?

Un po' di vocabolario

il naufragio = perdita di un'imbarcazione per affondamento
il migratore = animali, frequentemente uccelli, che cambiano *habitat* a seconda della stagione

il contadino = chi lavora la terra

affogare = annegare, morire per soffocamento a causa dell'acqua che entra nei polmoni

il cavo = cavità, incavatura, spazio vuoto all'interno di qualcosa

l'onda = oscillazione dell'acqua di mari, laghi, fiumi

impigliarsi = rimanere preso in qualcosa

il fondo = la parte inferiore, più bassa di qualcosa

spargersi = essere gettati qua e là

il solco = scavo nel terreno, scia di imbarcazioni

l'ancora = pesante strumento di ferro legato a una catena, usato per mantenere ferma la nave

l'aratro = strumento agricolo usato per rompere, frammentare il terreno

la fragola = piccolo frutto dal colore rosso e dal sapore dolce

il pasto = colazione, pranzo o cena

la stanchezza = condizione, stato di chi è stanco, affaticato

risparmiare = non consumare, non sprecare, fare a meno di qualcosa

ferita = taglio o lacerazione della pelle e dei tessuti, (figurato) un grave dolore

tacere = non parlare, restare in silenzio

accorrere = correre a, verso un luogo

asciugare = privare di acqua o di umidità

il bucato = la biancheria, gli indumenti lavati

il vagabondo = chi non ha fissa dimora e si sposta da un luogo a un altro

la clausura = l'obbligo di non uscire dal chiostro del convento, proprio di alcuni ordini religiosi

il condannato = chi ha avuto una condanna, spesso chi è in prigione

Abbina la definizione data con la parola corretta scelta dalla lista del vocabolario.

1. È utilizzato da chi lavora la terra =

2. Quelle del mare in tempesta sono enormi =

3. Non ha una casa né un lavoro fisso =

4. Si stende al sole ad asciugare =

5. È famoso quello del Titanic =

6. Si traccia nella terra per poi seminare =

7. Cominciare o mantenere il silenzio =

Con l'aiuto di un vocabolario trova l'utensile o l'oggetto utilizzati nell'attività indicata dal verbo e poi scrivi una frase che esemplifichi il senso del verbo.

Esempio: arare = l'aratro; in passato l'aratro era tirato da coppie di cavalli o di buoi zappare =

seminare =

concimare =

falciare =

trebbiare =

mietere =

imballare =

piantare =

spalare =

rastrellare =

Sempre con l'aiuto di un vocabolario trova il verbo, o i verbi, da collegare ai nomi che seguono.

la ferita =

il naufragio =

il solco =

il migratore =

il vagabondo =

l'ancora =

il pasto =

il fondo =

il condannato =

Per ognuna delle persone che seguono elenca una serie di attività appropriate.

il carcerato =

la monaca =

il vagabondo =

Per ognuna delle occasioni che seguono indica alcuni comportamenti appropriati.

1. Entri per la prima volta in casa di qualcuno che non conosci

2. Ricevi un regalo inaspettato

3. Senti un grido provenire dall'appartamento vicino

I testi

(da *Opera sull'acqua e altre poesie*, Torino: Einaudi, 2002)

Naufragi

Nei canali di Otranto e Sicilia
migratori senz'ali, contadini di Africa e di oriente
affogano nel cavo delle onde.
Un viaggio su dieci s'impiglia sul fondo,
il pacco dei semi si sparge nel solco   5
scavato dall'ancora e non dall'aratro.
La terraferma Italia è terrachiusa.
Li lasciano annegare per negare.

Valore

Considero valore ogni forma di vita, la neve, la fragola, la mosca.
Considero valore il regno minerale, l'assemblea delle stelle.
Considero valore il vino finché dura il pasto, un sorriso involontario, la stanchezza
    di chi non si è risparmiato, due vecchi che si amano.
Considero valore quello che domani non varrà più niente e quello che oggi vale
    ancora poco.
Considero valore tutte le ferite.   5
Considero valore risparmiare acqua, riparare un paio di scarpe, tacere in tempo,
    accorrere a un grido, chiedere permesso prima di sedersi, provare gratitudine
    senza ricordare di che.
Considero valore sapere in una stanza dov'è il nord, qual è il nome del vento che
    sta asciugando il bucato.
Considero valore il viaggio del vagabondo, la clausura della monaca, la pazienza
    del condannato, qualunque colpa sia.
Considero valore l'uso del verbo amare e l'ipotesi che esista un creatore.
Molti di questi valori non ho conosciuto.   10

Ora lavoriamo sui testi

COMPRENSIONE, ANALISI E INTERPRETAZIONE

Testo 1

1. Chi saranno in realtà i migratori del secondo verso? Cosa vorrà dire che sono senz'ali?
2. Da dove provengono? Dove vogliono andare?
3. Qual è la loro professione?
4. Cosa succede a un viaggio su dieci?
5. Cosa può essere il "pacco dei semi"?
6. Cosa vuol dire, fuor di metafora, la seconda frase del testo, da "Un viaggio" ad " aratro"?
7. Cosa vuol dire la parola "terrachiusa"?
8. Chi è il soggetto del verbo "lasciare" nell'ultimo verso?
9. A quali ambiti appartengono le immagini prevalenti nel testo?
10. Quale giudizio sembra dare il testo sull'atteggiamento dell'Italia verso questi migratori?
11. Secondo te, cosa si nega lasciandoli annegare?
12. A livello formale quali elementi costituiscono, secondo te, la qualità poetica del testo?

Testo 2

1. La neve, la fragola, la mosca appartengono a tre distinti ambiti della natura, quali?
2. Cosa evoca in te l'espressione "assemblea delle stelle"?
3. Perché, secondo te, per De Luca il vino ha valore solo durante il pasto?
4. I comportamenti elencati al verso 6 hanno qualcosa in comune? Se sì, cosa?
5. Puoi dare uno o due esempi dell'importanza di tacere in tempo?
6. In che modo una ferita può essere un valore?
7. Puoi dare esempi di cose che oggi valgono poco e di cose che non varranno niente in futuro?
8. Perché la posizione del nord può essere importante?
9. In cosa può consistere il valore del viaggio del vagabondo, della clausura della monaca e della pazienza del condannato?
10. Puoi spiegare che valore si dà nella tua lingua al verbo "amare" e dare esempi del suo uso? Cosa sai invece dell'uso del verbo "amare" nella lingua italiana?
11. Cosa implica che l'autore dia valore all'ipotesi che esista un creatore?
12. De Luca dice che non ha conosciuto molti dei valori che ha elencato. Quali sono invece quelli che tu ancora non hai conosciuto?
13. Tra i valori elencati dal testo, tu quali consideri più rilevanti?
14. A livello formale quali elementi costituiscono, secondo te, la qualità poetica del testo?
15. Che idea ti sei fatto dell'autore dei due testi? Che tipo di persona credi che sia?

Per scrivere

1. Scrivi un breve articolo di giornale in cui racconti del naufragio di un gruppo di profughi. Puoi ispirarti direttamente a un fatto di cronaca effettivamente accaduto dopo averne trovato notizia in rete. Cerca di mantenere un tono il più possibile neutro.

2. Immagina di dover emigrare per lavoro. Scrivi una lunga lettera ad un/a amico/a e spiega le ragioni che ti spingono a partire, racconta come speri che sarà la tua vita nel paese che hai scelto e quali sono le difficoltà che incontrerai.

3. Riutilizzando per nove volte la struttura "Considero valore ...", scrivi anche tu una poesia come quella di De Luca su quello che tu valuti maggiormente.

4. Scrivi un saggio riflettendo su quali valori pensi che oggi la tua società debba seriamente riconsiderare.

Internet

1. Identifica su una cartina geografica del Mediterraneo la posizione del canale d'Otranto e di quello di Sicilia, poi guarda quali sono i paesi nelle vicinanze e cerca di capire da quali di essi si emigra verso l'Italia e perché.

2. Trova informazioni sui vari romanzi di De Luca, possibilmente dei brevi riassunti, e confronta i tuoi risultati con quelli dei tuoi compagni.

3. Cerca notizie sulle traduzioni di De Luca dall'ebraico. Quali sono i libri che ha tradotto? Di che cosa parlano? Ne conosci qualcuno?

4. Scopri che cosa era esattamente *Lotta continua*, quali erano i suoi progetti politici e chi erano i suoi principali esponenti.

5. Trova una intervista con l'autore, leggila e riassumi per i tuoi compagni i temi principali trattati.

6. Cerca articoli che trattano di naufragi di profughi in viaggio verso l'Italia negli ultimi cinque anni e tenta di dare un bilancio provvisorio dell'entità della tragedia.

7. Trova informazioni sulla vicenda di immigrazione a cui fa riferimento il film *Lamerica* di Gianni Amelio e presentale in dettaglio alla classe.

13 • Umberto Eco
Il crocifisso, gli usi e i costumi

Chi è l'autore

Filosofo, narratore, saggista, critico letterario, giornalista, docente universitario, esperto di semiologia di fama internazionale, Umberto Eco è nato ad Alessandria il 5 gennaio del 1932. Tra le sue numerose pubblicazioni si ricordano *Il trattato di semiotica generale* (1975); i romanzi *Il nome della rosa* (1980, tradotto in quarantaquattro lingue e portato sullo schermo per la regia di Jean-Jacques Annaud sei anni più tardi) e *Il pendolo di Foucault* (1988); i testi di un ciclo di conferenze tenute presso la Harvard University ovvero *Sei passeggiate nei boschi narrativi* (1994); la raccolta di articoli precedentemente pubblicati su riviste e giornali nel periodo compreso tra il 2000 e il 2005 intitolata *A passo di gambero* (2006). Gli è stato conferito il titolo di Cavaliere di Gran Croce al Merito della Repubblica italiana e quello di ufficiale della *Légion d'Honneur* della Repubblica francese.

Prepariamoci a leggere

1. Alcuni oggetti possono avere un valore simbolico, come ad esempio la croce: quali diverse cose può rappresentare una croce?
2. Cosa pensi della religione: è importante nella tua vita personale? E nella vita delle persone che vivono intorno a te?
3. Conosci paesi in cui la religione ha un peso tanto grande da investire tutti gli aspetti della vita civile e sociale? Forniscine alcuni esempi.
4. La parola "tolleranza" a cosa ti fa pensare? Pensi che sia un concetto positivo o negativo?
5. Sei superstizioso? Cosa pensi della superstizione? Perché, secondo te, al giorno d'oggi le superstizioni esistono ancora in misura più o meno forte presso molti popoli del mondo?
6. Fai alcuni esempi di comportamenti o credenze dettati dalla superstizione.

Un po' di vocabolario

l'ondata migratoria = movimento, flusso di emigrazione

il crocifisso = immagine di Cristo in croce in forma di scultura o dipinto

il *chador* = velo che portano le donne di religione islamica per coprirsi il capo e il viso

legiferare = emanare leggi

il credente = chi professa una fede religiosa

giuridico = in relazione alla legge

il decreto = atto normativo emesso dal governo

regio = di pertinenza del re

imporre = ordinare, ingiungere

laico = (qui) con idee autonome rispetto a quelle imposte dall'autorità religiosa

ineccepibile = corretto fino al punto da non poter essere criticato

ateo = chi non crede in Dio, miscredente

scontrarsi con = urtarsi, entrare in collisione o in conflitto con qualcosa o qualcuno

sciagurato = disgraziato, malvagio

la scollatura = apertura sul collo di un abito femminile

salace = licenzioso, volgare

il calvario = collina su cui fu messo in croce Gesù; sofferenza, tribolazione

l'ombelico = punto del corpo in cui è stato reciso il cordone ombelicale

l'inguine = punto del corpo situato tra la coscia e l'addome

lo scempio = massacro, strazio

oltraggioso = offensivo

il crocicchio = incrocio, punto di incontro di più strade

la rotatoria = isola che obbliga le automobili a girarci intorno con un movimento circolare

la mezzaluna = (qui) simbolo dell'Islam

il cedimento = crollo, resa

l'essere = persona, individuo

anticlericale = che si oppone all'ingerenza della chiesa nella politica

agnostico = che non prende posizione riguardo alla religione o anche alla politica

tracannare = bere a grandi sorsi e con avidità

musulmano = che professa la religione islamica

il Corano = libro sacro dell'Islam

l'extracomunitario = immigrato proveniente da paesi che non fanno parte della Comunità Europea

il trattatello = opera che tratta in modo sistematico un argomento di una data disciplina

spregiativo = che esprime disprezzo

ESPRESSIONI IDIOMATICHE E FRASI FATTE

nudo e crudo = essenziale, senza fronzoli

oggi come oggi = al giorno d'oggi, di questi tempi

andare in tilt = soffrire di un improvviso blocco mentale, non capire più nulla

NOTE CULTURALI

Vittorio Emanuele III = penultimo re d'Italia che il 9 maggio 1946 aveva abdicato in favore del figlio Umberto II di Savoia, poco prima che il referendum del 2 giugno dello stesso anno ponesse termine alla monarchia in favore della repubblica

Palmiro Togliatti = nel 1921 fu uno dei fondatori del Partito Comunista Italiano (PCI) del quale divenne il segretario nel 1927, posizione che mantenne fino alla morte nel 1964

L'articolo 7 della Costituzione italiana = è quello che stabilisce la reciproca indipendenza e sovranità dello Stato italiano e della Chiesa cattolica

Charles Péguy = pensatore e saggista francese (1873–1914), fu dapprima seguace del socialismo per poi convertirsi al cattolicesimo

Léon Bloy = scrittore e saggista francese (1846–1917), fu un acceso anticlericale che in seguito si convertì al cattolicesimo

Lourdes = cittadina francese vicino ai Pirenei, meta di pellegrinaggi presso il santuario dedicato alla Madonna

Comunione e Liberazione (CL) = movimento della Chiesa cattolica originato a metà degli anni cinquanta e legato alla figura del sacerdote e teologo don Luigi Giussani

La Resistenza = movimento politico ed armato dei partigiani che combatterono contro i fascisti ed i Tedeschi che avevano invaso l'Italia durante le ultime fasi della seconda guerra mondiale

Adel Smith = italo-egiziano convertito all'Islam e fondatore dell'Unione Musulmani d'Italia, nel 2001 chiese che fosse rimosso il crocifisso dall'aula della scuola materna frequentata da uno dei suoi figli

Utilizzando la lista precedente, ad ogni coppia di parole già date, associane una terza che sia in relazione con le prime due.

il crocifisso, il calvario, _____

la mezzaluna, il Corano, _____

il decreto, legiferare, _____

oltraggioso, scempio, _____

laico, anticlericale, _____

la scollatura, l'inguine, _____

Rappresenta con un disegno i vocaboli seguenti tratti dal vocabolario preliminare.

un ombelico

un *chador*

una mezzaluna

un ateo

una rotatoria

un trattatello

Collega ogni prefisso con la spiegazione appropriata a destra.

anti   piccolissimo

extra   successivamente

mini   moltissimo

maxi   contrario a

super   inferiore, insufficiente

sotto   al di fuori di, oltre

dopo   grandissimo

Adesso prova a spiegare il significato dei sostantivi e degli aggettivi che seguono. Puoi pensare tu ad altri esempi?

anticonformista =

extraurbano =

minigonna =

maxischermo =

supermercato =

doposcuola =

sottoscala =

extracomunitario =

anticlericale =

Il testo

(da *A passo di gambero*, Milano: Bompiani, 2006)

Alcuni anni fa, e in parte su questo giornale, parlando dell'ondata migratoria che sta trasformando il nostro continente (migrazione di massa, non semplice immigrazione episodica) scrivevo che nel giro di trent'anni l'Europa sarebbe divenuta un continente colorato, con tutte le mutazioni, adattamenti, conciliazioni e scontri che ne sarebbero seguiti, e avvertivo che la transizione non sarebbe stata indolore. La polemica che si è aperta sul crocifisso nelle scuole è un episodio di questa transizione conflittuale, come lo è del resto la polemica francese sul *chador*.

La dolorosità della transizione è che nel suo corso non sorgeranno solo problemi politici, legali e persino religiosi: è che entreranno in gioco pulsioni passionali, sulle quali né si legifera né si discute. Il caso del crocifisso nelle scuole è uno di questi, tanto è vero che accomuna nelle reazioni (di segno opposto) persone che la pensano diversamente, credenti e non credenti.

Sulle questioni passionali non si ragiona: sarebbe come cercare di spiegare a un amante sull'orlo del suicidio perché è stato abbandonato o abbandonata, che la vita è bella, che al mondo ci sono tante altre persone amabili, che il/la partner infedele in fondo non aveva tutte le virtù che l'amante gli attribuiva. Fiato sprecato, quello o quella soffrono, e non c'è niente da dire.

Sono irrilevanti le questioni giuridiche. Qualsiasi regio decreto imponesse il crocifisso nelle scuole, imponeva anche il ritratto del re. E quindi se ci attenessimo ai regi decreti dovremmo rimettere nelle aule scolastiche il ritratto di Vittorio Emanuele III (Umberto non è stato formalmente incoronato). Qualsiasi nuovo decreto della repubblica che eliminasse il crocifisso per ragioni di laicità dello stato si scontrerebbe con gran parte del sentimento comune.

La repubblica francese proibisce l'esibizione di simboli religiosi nelle scuole dello stato, né crocifissi né *chador,* se il *chador* è un simbolo religioso. È una posizione razionalmente accettabile, giuridicamente ineccepibile. Ma la Francia moderna è nata da una rivoluzione laica, Andorra no, ed è curiosamente co-governata dal presidente francese e dal vescovo di Urgel. In Italia Togliatti ha fatto votare i suoi per l'articolo 7 della Costituzione. La scuola francese è rigorosamente laica, e tuttavia alcune delle grandi correnti del cattolicesimo moderno sono fiorite proprio nella Francia repubblicana, a destra come a sinistra, da Charles Péguy e Léon Bloy a Maritain e Mounier, per arrivare sino ai preti operai, e se Fatima è in Portogallo, Lourdes è in Francia. Quindi si vede che, anche eliminando i simboli religiosi dalle scuole, questo non incide sulla vitalità dei sentimenti religiosi. Nelle università nostre non c'è il crocifisso nelle aule, ma schiere di studenti aderiscono a Comunione e Liberazione. Di converso, almeno due generazioni di italiani hanno passato l'infanzia in aule in cui c'era il crocifisso in mezzo al ritratto del re e a quello del duce, e sui trenta alunni di ciascuna classe parte sono diventati atei, altri hanno fatto la resistenza, altri ancora, credo la maggioranza, hanno votato per la repubblica. Sono tutti aneddoti, se volete, ma di portata storica, e ci dicono che l'esibizione di simboli sacri nelle scuole non determina l'evoluzione spirituale degli alunni.

Quindi qualcuno potrebbe dire che la questione è irrilevante anche da un punto di vista religioso. Evidentemente la questione non è irrilevante in linea di principio, perché il crocifisso in aula ricorda che siamo un paese di tradizione cristiana e cattolica, e quindi è comprensibile la reazione degli ambienti ecclesiastici. Eppure anche le considerazioni di principio si scontrano con osservazioni di ordine che direi sociologico. Avviene infatti che, emblema classico della civiltà europea, il crocifisso si è sciaguratamente laicizzato, e non da ora. Crocifissi oltraggiosamente tempestati di pietre preziose si sono adagiati sulla scollatura di peccatrici e cortigiane, e tutti ricordano il cardinal Lambertini che, vedendo una croce sul seno fiorente di una bella dama, faceva salaci osservazioni sulla dolcezza di quel calvario. Portano catenelle con croci ragazze che vanno in giro con l'ombelico scoperto e la gonna all'inguine. Lo scempio che la nostra società ha fatto del crocifisso è veramente oltraggioso, ma nessuno se ne è mai scandalizzato più di tanto. Le nostre città fungheggiano di croci, e non solo sui campanili, e le accettiamo come parte del paesaggio urbano. Né credo che sia per questioni di laicità che sulle strade statali si stanno sostituendo i crocicchi, o incroci che siano, con le rotatorie.

Infine ricordo che, così come la mezzaluna (simbolo musulmano) appare nelle bandiere dell'Algeria, della Libia, delle Maldive, della Malaysia, della Mauritania, del Pakistan, di Singapore, della Turchia e della Tunisia (eppure si parla dell'entrata in Europa di una Turchia formalmente laica che porta un simbolo religioso sulla bandiera), croci e strutture cruciformi si trovano sulle bandiere di paesi laicissimi come la Svezia, la Norvegia, la Svizzera, la Nuova Zelanda, Malta, l'Islanda, la Grecia, la Finlandia, la Danimarca, l'Australia, la Gran Bretagna e via dicendo. Molte città italiane, magari con amministrazioni di sinistra, hanno una croce nel loro stemma, e nessuno ha mai protestato. Sarebbero tutte buone ragioni per rendere accettabile il crocifisso nelle scuole, ma come si vede non toccano affatto il sentimento religioso. Atroce dirlo a un credente, ma la croce è diventata un simbolo secolare e universale.

Naturalmente si potrebbe suggerire di mettere nelle scuole una croce nuda e cruda, come accade di trovare anche nello studio di un arcivescovo, per evitare il richiamo troppo evidente a una religione specifica, ma capisco che oggi come oggi la cosa sarebbe intesa come un cedimento.

Il problema sta altrove, e torno alla considerazione degli effetti passionali. Esistono a questo mondo degli usi e costumi, più radicati delle fedi o delle rivolte contro ogni fede, e gli usi e costumi vanno rispettati. Per questo una visitatrice atea è tenuta, se visita una chiesa cristiana, a non esibire abiti provocanti, altrimenti si limiti a visitare i musei. Io sono l'essere meno superstizioso del mondo e adoro passare sotto le scale, ma conosco amici laicissimi e persino anticlericali che sono superstiziosi, e vanno in tilt se si rovescia il sale in tavola. È per me una faccenda che riguarda il loro psicologo (o il loro esorcista personale), ma se devo invitare gente a cena e mi accorgo che siamo in tredici, faccio in modo di portare il numero a quattordici o ne metto undici a tavola e due su un tavolino laterale. La mia preoccupazione mi fa sorridere, ma rispetto la sensibilità, gli usi e i costumi degli altri.

Le reazioni addolorate e sdegnate che si sono ascoltate in questi giorni, anche da parte di persone agnostiche, ci dicono che la croce è un fatto di antropologia culturale, il suo profilo è radicato nella sensibilità comune. E di questo dovrebbe essersi accorto Adel Smith: se un musulmano vuole vivere in Italia, oltre ogni principio religioso, e purché la sua religiosità sia rispettata, deve accettare gli usi e costumi del paese ospite.

Se visito un paese musulmano bevo alcool solo nei luoghi deputati (come gli hotel per europei) e non vado a provocare i locali tracannando whisky da una fiaschetta davanti a una moschea. E se un monsignore viene invitato a tenere una conferenza in un ambiente musulmano, accetta di parlare in una sala decorata con versetti del Corano.

L'integrazione di un'Europa sempre più affollata di extracomunitari deve avvenire sulla base di una reciproca tolleranza. E colgo l'occasione per fare un'obiezione alla mia amica Elisabetta Rasy, che recentemente sul *Sette* del *Corriere della Sera* osservava che "tolleranza" le pare un'espressione razzista. Ricordo che Locke aveva scritto un'epistola sulla tolleranza e un trattatello sulla tolleranza aveva scritto Voltaire. Può darsi che oggi "tollerare" sia usato *anche* in senso spregiativo (io ti tollero anche se ti ritengo inferiore a me, e proprio perché io sono superiore), ma il concetto di tolleranza ha una sua storia e dignità filosofica e rinvia alla mutua comprensione tra diversi.

L'educazione dei ragazzi nelle scuole del futuro non deve basarsi sull'occultamento delle diversità, ma su tecniche pedagogiche che inducano a capire e ad accettare le diversità. E da tempo si ripete che sarebbe bello che nelle scuole, accanto all'ora di religione (non in alternativa per coloro che cattolici non sono), fosse istituita almeno un'ora settimanale di storia delle religioni, così che anche un ragazzo cattolico possa capire che cosa dice il Corano o cosa pensano i buddhisti, e gli ebrei, i musulmani o i buddhisti (ma persino i cattolici) capiscano come nasce e cosa dice la Bibbia.

Un invito ad Adel Smith, dunque, e agli intolleranti fondamentalisti: capite e accettate usi e costumi del paese ospite. E invito agli ospitanti: fate sì che i vostri usi e costumi non diventino imposizione delle vostre fedi.

Ma bisogna rispettare anche le zone d'ombra, per moltissimi confortanti e accoglienti, che sfuggono ai riflettori della ragione.

Ora lavoriamo sul testo

COMPRENSIONE

1. In quale contesto nasce la polemica del crocifisso nelle scuole?
2. A quale altra polemica la paragona l'autore?
3. Quali persone sono coinvolte nella controversia sul crocifisso nelle scuole?
4. Ai tempi della monarchia, cosa doveva essere messo in mostra accanto al crocifisso?
5. Se una legge della repubblica decretasse oggi l'eliminazione del crocifisso nelle scuole, che cosa succederebbe?
6. Perché in Francia le cose sono diverse?
7. Cosa dice l'autore delle grandi correnti del cattolicesimo moderno?
8. Come hanno trascorso l'infanzia almeno due generazioni di italiani?
9. In linea di principio, che cosa ricorda il crocifisso in aula?
10. Il crocifisso è solo ed esclusivamente un simbolo religioso?
11. Sulle bandiere di quali paesi appare la mezzaluna? Su quali si trova invece la croce?

12. Secondo l'autore, quale atteggiamento bisogna avere verso gli usi e i costumi?

13. Cosa fa l'autore quando visita un paese musulmano?

14. Quale obiezione fa Umberto Eco all'amica e collega Elisabetta Rasy?

15. Cosa sarebbe opportuno insegnare ai giovani studenti nelle scuole?

ANALISI E INTERPRETAZIONE

1. Questo testo si può dividere in diverse parti. Identifica i paragrafi che si possono ascrivere a ciascuna:
   a. introduzione al tema
   b. analisi di reazioni emotive e questioni giuridiche
   c. Francia e Italia a confronto
   d. evoluzione del crocifisso da simbolo cristiano a simbolo secolare e universale
   e. disquisizione su usi e costumi
   f. educazione alla tolleranza e alla diversità
   g. conclusione del saggio

2. Per quale motivo, secondo l'autore, la questione del crocifisso è difficile da dirimere?

3. Quali sono alcuni esempi che l'autore fa per dimostrare che la Francia laica è anche cattolica e che l'Italia cattolica è anche laica? Ti sembrano convincenti? Giustifica la tua risposta.

4. In che modo, secondo l'autore, il crocifisso si è "sciaguratamente laicizzato"? Quali ti sembrano i sentimenti dell'autore nei confronti di questa trasformazione? Sei d'accordo con lui oppure no?

5. Perché mai "oggi come oggi" mettere una croce "nuda e cruda" nelle scuole sarebbe visto come un "cedimento"? Prova a spiegarlo con parole tue.

6. Cosa significa la frase che "la croce è un fatto di antropologia culturale"?

7. Pensi che sia significativo oppure irrilevante che a un certo punto Umberto Eco parli di superstizione? Giustifica la tua risposta facendo attenzione al contesto.

8. Cosa pensa l'autore riguardo alla parola "tolleranza"?

9. Qual è il punto di vista dell'autore sul soggetto trattato? Da cosa lo si comprende?

10. Ripercorri velocemente il testo: da quali discipline o aree di studio provengono i vari esempi e i riferimenti citati dall'autore a sostegno della sua argomentazione?

Per scrivere

1. Scegli un soggetto di cronaca controverso tra quelli proposti e scrivi un saggio sul modello di quello di Umberto Eco:
   a. I matrimoni omosessuali
   b. La clonazione degli esseri umani
   c. Il diritto all'eutanasia
   d. La legalizzazione delle droghe leggere
   e. Un altro argomento di discussione proposto da te

2. Scrivi le tue riflessioni in risposta a questo articolo di Umberto Eco spiegando con degli esempi su quali punti sei oppure non sei d'accordo con lui.

3. Umberto Eco afferma di adeguarsi agli usi e ai costumi dei paesi che visita per rispetto agli abitanti e alle loro credenze e tradizioni. Descrivi un paese straniero in cui hai vissuto, che hai visitato o su cui hai raccolto informazioni e spiega quali usi e costumi di quella cultura sono diversi dai tuoi. Ti sarebbe facile o difficile adattarti a vivere in quel paese? Spiegane le ragioni.

Internet

1. Trova il sito ufficiale di Umberto Eco e cerca notizie dettagliate sui suoi libri. Poi scegli un'opera che sia presente nella tua biblioteca, oppure reperibile con il prestito interbibliotecario, e preparati a farne una breve presentazione orale alla classe.
2. Cerca notizie su Adel Smith e sulla vicenda che lo ha messo al centro delle cronache. Poi immagina di essere Adel Smith ed elabora una scaletta di punti per controbattere l'articolo di Umberto Eco.
3. Fai una breve ricerca su don Luigi Giussani e sugli obiettivi e le attività di Comunione e Liberazione. Cerca di scoprire qual è l'importanza, anche numerica, del movimento nell'Italia di oggi.
4. Visita il sito del Governo italiano, trova e stampa l'articolo 7 della Costituzione e preparati a discuterne il significato in classe insieme ai compagni e all'insegnante.

14 • Marco Tullio Giordana
La meglio gioventù

Chi è il regista

Marco Tullio Giordana è uno dei registi contemporanei più popolari. Nato a Milano nel 1950, ha cominciato a lavorare nel cinema nel 1977. I suoi film si distinguono per la capacità di riproporre sullo schermo alcuni tra gli eventi più drammatici e controversi della storia italiana recente. Tra i suoi lavori più famosi ricordiamo *Pasolini, un delitto italiano* (1995), *I cento passi* (2000), *La meglio gioventù* (2003) e *Quando sei nato non puoi più nasconderti* (2005). *La meglio gioventù* (premiato a Cannes nella sezione *Un certain regard*) è una saga familiare di forte impatto emotivo che comincia nel 1966 e termina ai giorni nostri; tra gli avvenimenti e i temi affrontati ci sono l'alluvione di Firenze, le rivolte studentesche, la lotta per l'abolizione dei manicomi, il terrorismo, la mafia e Tangentopoli.

Prepariamoci a leggere

1. Tu in che modo ti prepari per un esame o per un test importante? Hai delle abitudini o delle preferenze in fatto di tecniche di studio?
2. Come sono gli esami universitari nel tuo paese? Quale tipo di esame permette a te personalmente di dare il meglio? Discutine con un compagno.
3. Cosa sai del sistema universitario italiano? In che modo si rapporta al modello del tuo paese? Discutine prima con un gruppo di compagni e poi con l'insegnante.
4. Conosci qualcuno che ha passato un semestre o un anno in Italia? Cosa sai della sua esperienza nella scuola italiana?
5. Quali sono, secondo te, i vantaggi di studiare all'estero per un periodo di tempo? E gli svantaggi? Tu lo faresti?
6. Secondo te, quale rapporto c'è tra una sceneggiatura e la sua realizzazione filmica?
7. A cosa ti fa pensare il titolo del film, *La meglio gioventù*?

Un po' di vocabolario

impilato = disposto verticalmente in maniera da formare una pila

spento = (infinito "spegnere") estinto, che non arde più

sottolineare = dare risalto a una frase o parola scritta tracciando una linea sotto di essa

il compendio = riassunto, sintesi

la borsa di studio = somma in denaro per finanziare studenti meritevoli e bisognosi

interrogare = (qui) esaminare un/a candidato/a durante una prova orale

vergognarsi = avere vergogna, sentirsi mortificati

insofferente = irrequieto, nervoso

la pausa = interruzione

volgere = girare, indirizzare

l'occhiata = sguardo veloce e sommario

pacato = posato, calmo

l'epigono = imitatore, seguace, continuatore

il beccaio = macellaio

annoverare = elencare, includere in un gruppo, considerare

sgomento = turbato, spaventato

il chirurgo = medico che esegue operazioni chirurgiche

il dinosauro = (qui) persona influente con idee antiquate

la *claque* = (francese) gruppo di persone pagato per applaudire un attore a comando

ESPRESSIONI IDIOMATICHE E FRASI FATTE

prendere in giro = deridere, sbeffeggiare, canzonare

passare la voglia = restare senza alcun desiderio di qualcosa

di scatto = improvvisamente

montarsi la testa = credersi importante, diventare superbo

NOTE CULTURALI

l'assistente = ricercatore che aiuta il professore ordinario nelle sue funzioni didattiche

la maturità = esame comprensivo al termine del liceo o della scuola superiore in genere

il libretto universitario = documento in cui si registrano i voti degli esami sostenuti

il trenta = voto più alto che uno studente poteva ricevere ad un esame universitario

Completa le frasi seguenti con la parola adatta del vocabolario.

1. Quel pittore è tutt'altro che originale, al massimo lo si può definire un _____ del Caravaggio.

2. Mentre studiava, la studentessa _____ le parti salienti del libro di testo.

3. Mi è bastato dare un' _____ per capire che qualcuno aveva frugato tra le mie carte.

4. Dopo l'esplosione, la gente si guardava intorno con aria _____.

5. Prima il professore _____ lo studente, poi gli ha dato il voto.

6. Luigino ha una gran faccia tosta e non _____ mai di niente!

7. Maria è uscita sul terrazzo per fare una _____ e fumarsi una sigaretta.

8. Federico è uno studente straordinario e ha appena vinto una _____ per specializzarsi all'estero.

9. Dopo la festa, i piatti erano _____ disordinatamente nel lavandino.

10. La famosa attrice sembrava essere un po' _____ alle domande del giornalista.

Completa le frasi con l'animale giusto tratto dalla lista seguente:

asino; avvoltoio; dinosauro; maiale; oca; pappagallo; pecora; segugio; serpente; volpe

1. L'ispettore Morelli è un vero _____ nel dare la caccia ai criminali.

2. Nello è debole e vigliacco, una vera _____.

3. Vincenzo, invece, approfitta sempre delle disgrazie altrui, è un perfetto _____.

4. Il professor Rossi ha una cattedra all'università da quarant'anni e le cose che insegna sono sorpassate, è un _____ dell'accademia.

5. Il signor Verdi è una vecchia _____ e nessuno riesce mai a imbrogliarlo!

6. A tavola mio fratello ingurgita tutto facendo un sacco di rumori, è veramente un _____!

7. Il mio compagno di banco a scuola non studia mai, è un _____!

8. Devi smettere di ripetere tutto quello che senti dire in giro, sei un _____!

9. Mia suocera è subdola e maligna, un autentico _____.

10. Barbara spesso ride scioccamente e sembra un' _____, ma è colta e sensibile.

La lista che segue include espressioni idiomatiche o figurate formate da un verbo riflessivo e da una parte del corpo. Per ognuna di esse, trova il significato corrispondente.

Esempio: montarsi la testa = diventare superbi, inorgoglirsi

fregarsi le mani =

cavarsi gli occhi =

rodersi il fegato =

sgranchirsi le gambe =

cucirsi la bocca =

spremersi le meningi =

tapparsi le orecchie =

guardarsi le spalle =

legarsela al dito =

strapparsi i capelli =

Scegli tre espressioni idiomatiche dalla lista precedente e inventa altrettante frasi che le contengano.

Esempio: montarsi la testa = Gigi ha vinto la sua prima gara di nuoto e si è montato la testa

1.

2.

3.

Il testo
(da Sandro Petraglia e Stefano Rulli, *La meglio gioventù*,
Roma: Rai-Eri, 2004)

[Le tre scene proposte si svolgono a Roma nell'estate del 1966]

Scena 3.
Casa Carati. Stanza Matteo. Stanza Nicola. Int. giorno

Una lampada, i libri di letteratura italiana impilati sulla scrivania in disordine. Una finestra che illumina la stanza. Matteo—20 anni, alto, bello—sta studiando seduto alla scrivania. Si sente bussare alla porta, entra il padre, Angelo, con una sigaretta spenta tra le labbra.

Padre

Mi dai una mano? Devo portare giù il televisore.

Matteo

Sto studiando.

Padre

Due minuti, che ci vuole? Per favore.

Matteo

No, tra pochi giorni ho l'esame. Chiedilo a Nicola, che sta di là con Carlo.

Padre

(*quasi a se stesso*). Va bene, lo chiedo a Nicola, che sta di là con Carlo.
Si accende la sigaretta. Si avvicina a Matteo, legge il titolo del libro che Matteo sta sottolineando...

Padre

Natalino Sapegno "Compendio di Storia...". Chi è?

Matteo

È il professore di letteratura italiana.

Padre

È uno famoso?

Matteo

Beh, direi.

Padre

Te lo fa lui l'esame?

Matteo

No, ha un sacco di assistenti.

Padre

Assistenti? Ma lo sanno con chi hanno a che fare?

Matteo

Ma che vuoi che sappiano, papà!

Padre

Il tema tuo della maturità l'ha pubblicato pure "Il Messaggero". Tu ti devi fare interrogare da questo Sapegno. Quello, quando vede che genio sei, magari ti dà una bella borsa di studio, magari all'estero, che ne sai? Se vuoi t'accompagno, ci parlo io.

Matteo

Cosa fai tu... Parli con Sapegno?

Padre

E che sarà mai... Io mica mi vergogno.

Matteo

Tu no, ma io sì.
Il padre allarga le braccia sconsolato...

Padre

Oh, ragazzi, io più che mettermi a disposizione... (*sta per andare, poi ci ripensa*)
Quando partite per la Norvegia?

Matteo

Dopo gli esami.

Padre

Io conosco parecchia gente là. Vi posso dare gli indirizzi, magari hanno delle ragazze
della vostra età.
Matteo indica la porta accanto da cui arrivano delle voci...

Matteo

(*insofferente*). Parlane con loro, sono loro gli esperti.
*Il padre scuote la testa. Proprio non ci riesce a parlare con Matteo. Apre la porta che dà
sull'altra stanza, ma immediatamente viene richiamato da Matteo...*

Matteo

Papà?

Padre

(*alza gli occhi al cielo*). Sì, la porta!

Matteo

Grazie.
*Angelo si richiude la porta alle spalle. Alla scrivania sono seduti Nicola—il fratello di
Matteo—e Carlo, un suo amico. Anche loro preparano gli esami. Nicola è magro, capelli
neri, sguardo intenso. Carlo è più alto, col volto serio, concentrato sulla lettura del testo...*

Padre

Oh, ragazzi, ho una missione importantissima per voi due.

Carlo

Perfetto... volevamo giusto fare una pausa.

Scena 23.
Università. Aula Lettere. Int. giorno

Matteo sta facendo l'esame di letteratura italiana. L'aula è immersa nel silenzio. Altri studenti sono seduti, attenti, nei banchi alle sue spalle. Il professore volge verso Matteo un libro e gli indica alcuni versi...

Professore
Legga qui e commenti...
Matteo lancia alla pagina appena un'occhiata, poi solleva il capo.

Matteo
È una poesia di Sennuccio Del Bene.

Professore
Sì... certo. Ma cosa le fa venire in mente?

Matteo
Veramente niente.

Professore
(*lo guarda*). Niente? Perché niente?

Matteo
Perché è vuota. Anche Sennuccio Del Bene è vuoto.
Il professore riflette un attimo, cerca un tono pacato...

Professore
Allora mi faccia lei un esempio di poesia religiosa che l'abbia particolarmente colpita.
Matteo, calmo, senza emozione...

Matteo
Il beccaio.

Professore
(*irritato*). Vuole prendermi in giro? Secondo lei *Il beccaio,* un modesto epigono di Cecco Angiolieri, sarebbe da annoverare tra i rimatori religiosi? Uno che maledice il padre, la madre, il seme da cui è nato... le sembra un poeta religioso?

Matteo
A me sì.

Professore
Secondo me no. E se permette, qualcosa più di lei la so...
Matteo riprende il suo libretto universitario e si alza di scatto...

Professore

(*sgomento*). Cosa fa?

Matteo

M'è passata la voglia di stare qui.

Scena 31.
Università. Aula medicina. Int. giorno

Un libretto di esami su cui una mano scrive 'trenta' in corsivo e firma. Poi il docente—
sessantenne—allunga il libretto a Nicola...

Professore Medicina

Lei avrebbe meritato un ventotto, ventinove... le ho messo trenta perché ho applicato
quello che io chiamo il *quoziente di simpatia*. Poca cosa, ma quanto basta per farla
arrivare al trenta. Qualcuno trova da eccepire su questo mio *quoziente di simpatia*
(guarda i suoi assistenti), ma io credo che la simpatia—nel senso greco del termine:
sun-pàthein, condividere il pathos, la sofferenza altrui—è molto importante per un
medico. Ad altri applico invece il *quoziente antipatia* e tolgo due, anche tre punti.
L'antipatia è la cosa peggiore per un medico. Lei è meritevole comunque,
complimenti. Non si monti la testa, però. Ha ancora due esami da fare con me e sono
sempre in tempo a farla a pezzi!
Nicola sorride. Dietro Carlo e Berto esultano. Il professore li vede.

Professore Medicina

Quelli chi sono... amici suoi? Si porta dietro la claque?

Nicola

(*imbarazzato*). No, è che... siccome dovevamo partire... allora... sono venuti per...

Professore Medicina

Sono del mio corso? Non me li ricordo.

Nicola

No, Carlo fa Economia e invece Berto studia Filosofia.

Professore Medicina

Non mi racconti le loro biografie, mi basta sapere che elementi simili andranno a far
danno altrove. Economia, Filosofia... andiamo bene. Lei promette bene, le dicevo, e
probabilmente sbaglio. Comunque voglio darle un consiglio. Lei ha una qualche
ambizione?

Nicola

Ma...

Professore Medicina

E allora vada via, se ne vada dall'Italia. Lasci l'Italia finché è in tempo. Cosa vuol fare, il chirurgo?

Nicola

Non lo so, non ho ancora deciso.

Professore Medicina

Qualsiasi cosa decida. Vada a studiare a Londra, a Parigi, vada in America, se ha la possibilità. Ma lasci questo paese. L'Italia è un paese da distruggere. Un posto bello e inutile, destinato a morire.

Nicola

Cioè, secondo lei... tra un po' ci sarà un'apocalisse?

Professore Medicina

Magari ci fosse, almeno saremmo tutti costretti a ricostruire. Invece qui rimane tutto immobile, uguale, in mano ai dinosauri. Dia retta, vada via.

Nicola

E lei allora, professore, perché rimane?

Professore Medicina

Come perché? Mio caro, io sono uno dei dinosauri da distruggere!

Ora lavoriamo sul testo

COMPRENSIONE

1. Cosa sta studiando Matteo?
2. Per quale motivo il padre lo interrompe?
3. Perché il padre si offre di parlare con Sapegno?
4. Come reagisce il figlio di fronte a tale proposta?
5. Cosa pensa Matteo del poeta Sennuccio del Bene?
6. Perché, secondo il professore, *Il beccaio* non si può considerare un rimatore religioso?
7. Qual è la reazione di Matteo?
8. Che cosa intende il docente di medicina per "quoziente di simpatia"?
9. Quale consiglio dà a Nicola?
10. Come reagisce Nicola al suggerimento del professore?

ANALISI E INTERPRETAZIONE

1. Che tipo di persona è Matteo? Quali sono i suoi interessi e le sue abilità?
2. Che tipo di persona è invece suo fratello Nicola? Di cosa si occupa?
3. Come descriveresti il padre dei due ragazzi?

4. Che tipo di rapporto si instaura durante l'esame tra Matteo e il professore di lettere? Perché?
5. Qual è il tuo giudizio personale sul comportamento del professore?
6. Come credi che si sentirà Matteo dopo l'esame? Quali potranno essere le conseguenze?
7. Cosa pensi della teoria del "quoziente di simpatia" di cui parla il docente di medicina? Cosa suggerisce il fatto che sia stata applicata nei riguardi di Nicola?
8. Cosa pensi del suggerimento dato dal docente di studiare e specializzarsi all'estero? Pensi che sia valido anche oggi?
9. Quale immagine dell'Italia scaturisce da queste pagine?
10. Ogni personaggio ha un suo tono particolare: usa degli aggettivi per qualificare i diversi toni che in poche battute definiscono le differenti personalità.

Per scrivere

1. Scrivi un breve paragrafo in cui riassumi il contenuto delle scene qui proposte.
2. "Caro papà...": immagina che Matteo scriva una lettera al padre in cui spiega quali sono i suoi sentimenti verso lo studio e l'università, e in cui discute i suoi progetti per il futuro.
3. Nicola parte per la Norvegia con gli amici: scrivi il suo diario di viaggio.
4. Inventa una scena alternativa utilizzando i personaggi introdotti sin qui. Utilizza brevi didascalie alternate alle battute del dialogo così come richiede lo stile della sceneggiatura.

Internet

1. Trova informazioni sul sistema universitario italiano e sulle recenti riforme che lo hanno interessato.
2. Fai una piccola ricerca su Natalino Sapegno e sulla sua opera di critico letterario.
3. Cerca notizie biografiche su Cecco Angiolieri, poi scegli un suo sonetto da presentare e spiegare alla classe.
4. Cerca informazioni sui film girati da Marco Tullio Giordana, poi scegline uno e presentalo alla classe.
5. Trova una copia del film *La meglio gioventù*, poi guarda almeno una scena tra quelle qui proposte: sono simili o diverse da come le avevi immaginate? Quali informazioni trasmettono le immagini che il testo scritto non fornisce?
6. *La meglio gioventù* è il titolo di una raccolta di poesie in dialetto friulano di Pier Paolo Pasolini. Cerca informazioni sul poeta e sulla raccolta. Secondo te, per quale ragione Giordana ha scelto questo titolo per il suo film?
7. Cerca notizie su Sandro Petraglia e Stefano Rulli, gli sceneggiatori di *La meglio gioventù*. Scopri a quali altri film hanno collaborato, poi presentane due alla classe.

15 • Francesco Guccini
Sì, viaggiare

Chi è l'autore

Francesco Guccini è nato a Modena nel 1940 e si è trasferito stabilmente a Bologna nel 1960. Laureato in Lettere, ha insegnato per vent'anni la lingua italiana presso la sede bolognese del Dickinson College della Pennsylvania. Nel 1967 è uscito il primo di oltre venti album discografici che lo hanno reso un celebre cantautore. Guccini è anche lessicografo (nel 1998 ha pubblicato il *Dizionario del dialetto di Pàvana*, centro dell'Appennino pistoiese dove ha trascorso l'infanzia e parte dell'adolescenza), nonché attore occasionale e autore di fumetti. La sua attività di scrittore comprende, tra gli altri libri, *Croniche epafaniche* (1989), *Vacca d'un cane* (1993), *La legge del bar e altre comiche* (2005), *Tango e gli altri* (2007) e *Icaro* (2008).

Prepariamoci a leggere

1. Ti piace raccontare, scrivere o anche solo ascoltare delle storie? A tuo parere, quali sono le caratteristiche di una buona storia?
2. C'è qualcosa per cui non ti senti portato/a ma che devi fare lo stesso per il normale svolgimento della tua vita di ogni giorno?
3. Secondo te, cosa distingue un viaggiatore occasionale da uno esperto? Fai una lista di azioni, situazioni, atteggiamenti e confrontala con quella di un/a compagno/a.
4. Che tipo di viaggiatore ti consideri? In che modo ti organizzi per un viaggio? Cosa ti è indispensabile preparare e cosa ti sembra superfluo oppure inutile?
5. Ripensa a un viaggio che hai fatto: ti ricordi di una scenetta divertente oppure di un episodio che ti è capitato in una stazione, aeroporto, ecc...?

Un po' di vocabolario

il viaggiatore = chi viaggia
rifuggire = evitare
il pizzico = quantità che si può tenere tra la punta di due dita

calmucco = che si riferisce a una popolazione mongolica nomade dell'Asia centrale

la capra = animale con pelo liscio, brevi corna, barba al mento, allevato per il latte e la carne

stravaccarsi = (familiare) sedersi in maniera disordinata e indecorosa

la pantofola = scarpa comoda usata per camminare in casa

schiodarsi = (familiare) alzarsi, andarsene

la triremi = (più correttamente "trireme") antica imbarcazione a tre ordini di remi

angosciare = opprimere, tormentare, preoccupare

spingersi = arrivare, addentrarsi, osare

imprecare = insultare, maledire

frugare = cercare in modo dettagliato tra varie cose, rovistare

riporre = rimettere a posto

il controllore = persona addetta al controllo dei biglietti tra i viaggiatori sul treno

il complotto = intrigo, cospirazione

costringere = obbligare

covare = (qui) alimentare a lungo dentro di sé un pensiero o un sentimento negativo

ghignare = ridacchiare, ridere in modo sarcastico

gavazzare = gozzovigliare, far baldoria, divertirsi

aggirarsi = (qui) vagare, girare senza una meta

il trucco = (qui) espediente

niuiorchese = di New York

condotto = (infinito "condurre") accompagnato, portato

inusitato = inusuale, insolito

la svolta = curva, giro

spostarsi = cambiare posto

l'atterraggio = manovra con cui un aereo tocca terra

ESPRESSIONI IDIOMATICHE E FRASI FATTE

il tagliatore di teste = guerriero che mozza la testa ai nemici

confondere le idee = rendere le cose meno chiare

mettersi nelle mani di qualcuno = affidarsi a qualcuno

il giro della morte = manovra acrobatica con cui un aereo in volo scende in picchiata, compie un anello completo per poi ritornare in posizione orizzontale

lui qua = (gergale) questa persona

NOTE CULTURALI

Modena = città dell'Emilia Romagna a circa quaranta chilometri da Bologna

Completa le frasi seguenti con un termine tratto dalla lista. Coniuga i verbi al tempo giusto.

1. Il pilota ha eseguito un perfetto _____ anche se la visibilità era scarsa a causa

   della nebbia.

2. Il _____ ha fatto la multa al viaggiatore che si trovava sul treno senza biglietto.

3. Questa minestra è sciapa, bisogna aggiungere un _____ di sale.

4. Per molti anni l'assassino _____ un odio irrazionale verso la sua vittima.

5. Essendo già in forte ritardo, Filippo _____ quando si è accorto di avere sbagliato strada.

6. Dopo il lavoro, mio padre era solito _____ sulla poltrona con il pigiama e le _____ ai piedi.

7. Il ladro _____ per la casa e _____ dappertutto per trovare soldi e gioielli.

8. Mi piace _____ i miei indumenti ordinatamente in valigia prima di un viaggio.

9. Abbiamo capito il _____ che avete usato per arrivare a casa prima di noi: si tratta della scorciatoia che passa attraverso i campi.

10. Durante lo spettacolo, i miei amici ridevano e _____ come pazzi!

11. Non mi _____ a leggere il giornale perché le notizie, invece di distrarmi e divertirmi, mi _____.

12. Prima di un esame, dovresti riposarti invece di _____ al bar con i tuoi amici!

13. Per favore, Enrico, _____ da quel computer e vieni a fare una passeggiata con me!

14. Un cane-guida _____ sempre il suo padrone non vedente per le vie della città.

Collega l'espressione nella colonna a sinistra con la sua spiegazione in quella a destra.

non avere la minima idea	avere il proposito
farsi un'idea	avere progetti ambiziosi
avere le idee confuse	nemmeno per scherzo
non dare l'idea	non possedere nessun indizio
avere grandi idee	non trasmettere il concetto
neanche per idea	soltanto al pensiero
avere un'idea fissa	non capire chiaramente
solo all'idea	cominciare a capire
avere idea	in una concatenazione di pensieri
per associazione di idee	avere un'ossessione

Con un l'aiuto di un dizionario, ricava l'aggettivo della nazione e della città.

Esempio: Francia = francese; Parigi = parigino

1. America; New York

2. Italia; Roma

3. Germania; Berlino

4. Spagna; Madrid

5. Grecia; Atene

6. Austria; Vienna

7. Inghilterra; Londra

8. Russia; Mosca

9. Polonia; Varsavia

10. Svezia; Stoccolma

Il testo

(da *La legge del bar e altre comiche*, Milano: Mondadori, 2005)

Lo ammetto senza problemi: non sono un viaggiatore. Rifuggo anzi volentieri da quei sinistri personaggi che sono sempre pronti a gridare con macabra allegria: «Alé, uno spazzolino da denti, e via, per il mondo!» anche perché mi devono ancora spiegare a cosa serva uno spazzolino da denti contro oscure malattie tropicali, intere tribù di tagliatori di teste inferociti e, peggio di tutti, un cameriere medio francese che attende la mancia. Sarà che si può sempre morire con un bel sorriso sulle labbra.

Non solo, ma penso che gli italiani in genere, se si escludono Cristoforo Colombo e pochi altri che forse avrebbero fatto meglio a starsene a casa, non siano mai stati viaggiatori, almeno fino a pochi anni fa. Oggi invece c'è questa curiosa mania del turismo esotico: conosco persone che sono pronte a strangolare la moglie per un pizzico di sale in più o in meno nel brodo e improvvisamente ti parlano per ore del delizioso piatto calmucco assaggiato l'estate prima, vecchia capra bollita in latte acido e calzini sporchi servita con purè di fragole e radici amare. Altri, che appena tornati a casa si stravaccano in poltrona in canottiera, pantofolone e mutande e da lì non si schiodano, tanto che per un curioso effetto di mimetismo hanno assunto sulla pelle i colori della poltrona stessa, improvvisamente ti sorprendono parlando per ore della deliziosa esperienza compiuta in vacanza incatenati ai remi a bordo di una triremi romana vagante per il Mediterraneo, quattrocentomila al giorno (da pagare), dieta a base di ceci bolliti e scconditi compresa.

Capisco che ogni tanto un viaggio possa essere interessante, e anch'io a volte mi spingo fino in centro. È l'idea del viaggiare in sé che mi angoscia. Sono uno di quei tipi che, se devono prendere un treno poniamo da Bologna per Modena alle undici di mattina, si alzano tre ore prima, per essere certi di arrivare alla stazione almeno con un'ora d'anticipo per non perderlo. Il biglietto è stato naturalmente prenotato da mesi. Qui comincia l'interessante gioco del "Avrò sicuramente perso il biglietto!" e si cerca disperatamente per tutta la casa, imprecando perché gli altri non lasciano mai le cose al loro posto ecc. Finché, dopo aver frugato invano nel ripostiglio della biancheria sporca ed essersi immersi tre volte nel bidone della spazzatura in muta da sub, ci si avvia mestamente alla scrivania per rifare la prenotazione e lì si trova naturalmente il biglietto, dove era sempre stato. Lo si ripone allora in un posto sicuro, che si dimentica ovviamente cinque minuti dopo. Il gioco, se si è stati particolarmente previdenti nel prenotare (che so, a gennaio per un trasferimento a giugno) può durare mesi. Il giorno della partenza può iniziare un altro gioco, del tipo: "L'ho perso, no è qui in tasca, ma ora che l'ho rimesso in tasca però posso averlo perso" e così via, roba da far piangere Freud, o da far vivere lautamente uno fra i tanti dei suoi epigoni.

Una volta alla stazione si guarda per l'ennesima volta l'orario di partenza (che per altro si conosce benissimo, ma non si sa mai: ho letto *davvero* l'orario *giusto*?) e ci si avvia al binario, guardando più volte sulla fiancata del vagone la destinazione, e saliti a bordo si chiede sempre al controllore: «Mi sa dire per favore a che ora arriveremo a Modena?» non tanto per conoscere veramente l'orario di arrivo, quanto per sentirsi confermare che il treno va *realmente* a Modena e non si è saliti per sbaglio sull'Orient Express per Istanbul. Ma non è finita; e se il controllore facesse parte di un misterioso complotto e mentisse per confondere le idee?

Si può facilmente immaginare cosa accadde quando un destino avverso mi costrinse, per andare a New York, a salire su di un aereo per la prima volta nella vita.

Nel nuoto ero un po' fuori esercizio. Mi dicevo che abbiamo non solo il medico o l'avvocato di fiducia, ma persino l'idraulico, e siamo pronti invece a metterci nelle mani di uno sconosciuto pilota che magari cova istinti suicidi da sempre e la sera prima è stato piantato dalla fidanzata o la sua squadra ha preso cinque gol.

Ora naturalmente sono abituato, e al quinto whisky salgo su qualunque mezzo volante con grande sicurezza di me stesso, racconto ai vicini barzellette su disastri aerei, affermo ghignando che ho passato la notte a gavazzare col pilota e mi lamento a gran voce perché questi non fa, almeno una volta, il giro della morte. Quel giorno però ignoravo questo simpatico trucchetto delle bevande alcoliche e mi aggiravo per l'aeroporto come in trance. Non era tanto salire su un aereo che mi innervosiva, era *su quale* aereo salire, e come riuscire a farlo. Scorsi finalmente una coppia sicuramente da *jet set*, non solo parlavano con accento niuiorchese (o almeno avevano la faccia, da accento niuiorchese), ma sembravano le controfigure di Jacqueline Kennedy e Onassis (*lei*, assomigliava a Onassis). Loro mi avrebbero condotto! Mi misi a seguirli decisamente con tutti i trucchi del caso, sosta al cartellone, farsi sorpassare, sorriso, ripassare in testa ecc. Non capivo però le loro inusitate svolte e giravolte. Dopo mezz'ora mi accorsi che i due stavano seguendo me! Pregai allora a lungo, presi un tunnel a caso e mi trovai miracolosamente a bordo. Qui però non era finita, perché al mio posto stava seduto un distinto signore. Ora, mi era già capitato di salire su di un autobus e fare il tragitto in piedi, ma farlo fino a New York mi sembrava esagerato, anche perché gli aerei non hanno gli appositi sostegni. Ripassai in fretta il mio inglese (volavo TWA) e con molta calma dissi: «I beg your pardon, sir, but this seat is mine!».

«Really?» disse il signore squadrandomi.

«Really,» risposi «look at my ticket!»

«Oh, sure, you are right, I beg your pardon, sir.»

Mi sembrava di essere in una lezione d'inglese della televisione, quando il signore disse al vicino: «Gigi spostati, che ho preso il posto a lui qua».

Decisi che era meglio non parlare per il resto del viaggio, anche se quello che accadde dopo lo narrano ancora vecchie hostess ai nipotini nelle lunghe sere d'inverno. Ma questa è un'altra storia.

L'ho detto, non sono un viaggiatore. Ammetto che un viaggio ogni tanto possa far bene, anch'io a volte vado all'edicola a comprare il giornale. Mi sento però di poter affermare che l'uomo, nonostante tutto, non è nato per volare. Se il buon Dio avesse voluto farci volatori, avrebbe sicuramente creato un sistema per recuperare le valigie dopo l'atterraggio in un tempo molto più breve.

Ora lavoriamo sul testo

COMPRENSIONE

1. Cosa pensa l'autore degli italiani come viaggiatori? E di se stesso?
2. In cosa consiste il delizioso piatto calmucco?
3. Quali sono le caratteristiche della vacanza in barca sul Mediterraneo?
4. Cosa fa l'autore prima di prendere un treno da Bologna per Modena?
5. Quali sono i due giochi che riguardano il biglietto del treno?
6. Cosa fa l'autore il giorno della partenza quando si trova alla stazione ferroviaria?
7. Come affronta oggi i viaggi in aereo?
8. Cosa è successo all'aeroporto il giorno del suo primo viaggio in aereo?
9. Cosa è accaduto quando ha finalmente raggiunto il suo posto dentro l'aereo?
10. Perché, secondo l'autore, l'uomo non è nato per volare?

ANALISI E INTERPRETAZIONE

1. In quante parti è possibile suddividere questo testo? Trova un titolo per ognuna di esse.
2. Perché la frase «Alé, uno spazzolino da denti, e via, per il mondo!» irrita tanto lo scrittore?
3. Che cosa significa l'espressione "roba da far piangere Freud"? A cosa si riferisce l'autore?
4. Secondo te, a quale scopo Guccini usa la lingua inglese nel racconto?
5. Quali sono gli aspetti messi in ridicolo di chi si improvvisa viaggiatore?
6. Quali sono gli elementi che trovi più comici nell'aneddoto del viaggio in treno? Perché sono efficaci, a tuo avviso? Quali aspetti umani e psicologici mettono in evidenza?
7. Quali sono i dettagli che ti divertono di più nel racconto del viaggio in aereo? Quale dei due episodi preferisci? Giustifica la tua risposta.
8. Individua due esempi in cui lo scrittore è ironico verso i personaggi del suo racconto.
9. Lo scrittore usa l'ironia anche verso se stesso, dove?
10. Il titolo della raccolta da cui è tratto questo testo è *La legge del bar e altre comiche*. Secondo te, quale sarà la "legge del bar"?

Per scrivere

1. Narra la storia raccontata da una vecchia hostess al nipotino che ha per protagonista un viaggiatore italiano salito, per la prima volta in vita sua, su un aereo diretto a New York.
2. Immagina un dialogo tra Guccini e il suo vicino di posto sull'aereo dopo il primo scambio di battute in inglese. Cerca di mantenere il tono ironico.
3. Scrivi una storia in modo aneddotico seguendo l'esempio di Guccini e scegliendo tra le situazioni proposte: al supermercato; al ristorante; in un negozio di abbigliamento; al distributore di benzina; in farmacia; dal dentista; all'ufficio postale.
4. Immagina di essere un/a giornalista e di scrivere un articolo per una rivista di viaggi. Racconta una tua esperienza di viaggio, alternando descrizioni oggettive di luoghi e persone a riflessioni e osservazioni personali.

Internet

1. Visita il sito ufficiale di Francesco Guccini e poi presenta alla classe le informazioni che hai trovato interessanti.
2. Francesco Guccini è uno dei maggiori cantautori italiani. Cerca tra i testi delle sue canzoni uno che ti piaccia particolarmente, poi presentalo alla classe. Se ti è possibile, prova a reperire anche la canzone stessa per ascoltarla e farla ascoltare.
3. Cerca informazioni sui grandi viaggiatori ed esploratori italiani del passato (Cristoforo Colombo, Giovanni Caboto, Amerigo Vespucci, Giovanni da Verrazzano, Marco Polo, ecc...) e presenta alla classe i tuoi risultati.
4. Modena è una città ricca di storia, di tradizioni culinarie e di artigianato automobilistico. Fai una ricerca sulle risorse di Modena e presenta i risultati alla classe.
5. Vai sul sito dell'Alitalia oppure su quello delle Ferrovie dello Stato. Organizza un viaggio controllando gli orari dei voli oppure dei treni che ti servono per arrivare da un luogo di partenza a scelta a uno di destinazione.

16 • Pap Khouma
Sposatemi, sono una principessa

Chi è l'intervistatore

Pap Khouma è uno scrittore e giornalista senegalese che da molti anni vive in Italia. Il suo primo libro, *Io venditore di elefanti* (1990), scritto a quattro mani con il giornalista Oreste Pivetta, narra le esperienze di quelli come lui che sono arrivati in Italia dall'Africa in cerca di fortuna. Nel 2006 ha pubblicato *Nonno Dio e gli spiriti danzanti*, scritto in italiano, questa volta senza l'ausilio di un co-autore madrelingua. Pap Khouma è anche il fondatore della rivista on-line *El-Ghibli*. Oggi vive e lavora a Milano.

Chi è l'intervistata

Aminata Fofana è una modella, cantante e scrittrice originaria della Guinea ma di adozione italiana, infatti da alcuni anni vive a Roma. Il suo primo romanzo *La luna che mi seguiva* (2006) è stato scritto in italiano.

Prepariamoci a leggere

1. Sei mai stato in Africa? Quando pensi a questo continente quali sono le immagini che ti vengono in mente? Considera film, letture, documentari o racconti che conosci.
2. Sia l'intervistatore che la scrittrice intervistata hanno lasciato l'Africa per emigrare in Italia, dove attualmente vivono e lavorano. Pensa ad almeno cinque problemi che un emigrato africano si potrebbe trovare ad affrontare in Italia e scrivili sul tuo quaderno.
3. Ora discuti con i compagni le rispettive liste. Dopo aver valutato tutte le opinioni, scegli quelle che, secondo tutto il gruppo, sono le tre difficoltà maggiori di un immigrato africano in Italia. Uno studente del gruppo deve poi prepararsi a fare da portavoce e a spiegarle al resto della classe.
4. Secondo te, una donna africana come Aminata Fofana, che emigra in un paese occidentale, ha problemi maggiori da affrontare rispetto a un uomo oppure no? Giustifica la tua risposta con un paio di esempi.

5. Nella tua famiglia ci sono storie di emigrazione?

6. Hai mai conosciuto qualcuno che è immigrato nel tuo paese? Quali sono state per lui/lei le ragioni della partenza?

7. Nell'intervista si parla di ambientalismo. Quanto è importante questo tema per te? E come si riflette nelle scelte politiche del tuo paese?

8. Secondo te, quali aspetti del proprio paese di origine sono portati dagli immigrati nel paese di adozione?

9. Emigrare oggi. Cosa significa per te l'emigrazione oggi? Quali parole ti vengono in mente quando se ne parla?

10. Discuti con i compagni la politica del tuo paese in termini di immigrazione, legale e clandestina.

Un po' di vocabolario

complice = (qui) che rivela intesa

scalzo = che non indossa le scarpe, a piedi nudi

l'antenato = persona nata prima e vissuta nella stessa famiglia

congiungersi = venire a contatto, unirsi

svuotare = privare del contenuto; (figurato) privare di significato, valore o importanza

la radice = parte della pianta che affonda nel terreno e ve la fissa; (figurato) origine, principio

il sasso = frammento di pietra, ciottolo

l'ombra = immagine di un corpo raggiunto da una sorgente di luce che viene proiettata su una superficie e ne riproduce la forma

attillato = aderente, di solito riferito a un abito

la soggezione = sentimento misto di rispetto e timore

il cervello = organo racchiuso nella cavità del cranio; (figurato) intelligenza, ingegno

sottomessa = subordinata

temprato = fortificato, rafforzato nello spirito o nel corpo

lo sciamano = individuo a cui si riconoscono particolari poteri taumaturgici e divinatori, in particolare la facoltà di comunicare con il mondo degli spiriti

lo stemma = emblema figurativo

ESPRESSIONI IDIOMATICHE E FRASI FATTE

all'unisono = in totale accordo

NOTE CULTURALI

mandingo = lingua parlata da una popolazione sudanese che vive nell'Africa occidentale

Fiera del Libro di Torino = importante manifestazione nel campo dell'editoria che si svolge ogni anno, nel mese di maggio, nel capoluogo piemontese

Verdi = partito politico di sinistra, di forte vocazione ambientalista

boubou = tipico abito africano

la Bossi-Fini = legge del 2002 che prende il nome dai due politici che l'hanno promossa,

Umberto Bossi e Gianfranco Fini, per cui l'immigrazione in Italia viene consentita solo agli stranieri già in possesso di un contratto di lavoro

CPT = centri di permanenza temporanea ovvero quei centri che accolgono gli immigrati illegali mentre la polizia compie accertamenti sulla loro identità

Oriana Fallaci = nota scrittrice e giornalista italiana (1929–2006), celebre per le sue interviste e opinioni controverse

Trasforma le frasi secondo il modello dato.

Esempio: Aminata Fofana racconta = il racconto di Aminata Fofana

Aminata Fofana arriva in Italia =

Pap Khouma intervista Aminata Fofana =

Aminata Fofana si dichiara animista =

Aminata Fofana si era omologata allo stile europeo =

le donne africane sono sottomesse =

l'ambiente si ammala =

Aminata Fofana ha aderito ai Verdi =

Aminata Fofana si sente sola =

Aminata Fofana desidera sposarsi =

Scrivi tutte le parole che riesci ad abbinare a ciascuna delle seguenti.

Esempio: principessa = regina, re, castello, corona, ecc.

anima

sciamano

antenato

radice

magia

bellezza

moda

femminilità

ghetto

Tra i verbi dati, individua e metti tra parentesi il sinonimo che, secondo te, meglio può adattarsi al contesto di un'intervista a un'immigrata africana. Dopo la lettura, verifica e discuti con i compagni le tue scelte.

Esempio: arrivare = giungere, approdare, pervenire (giungere)

levarsi = togliersi, alzarsi, sollevarsi

girare = percorrere, roteare, aggirarsi

dichiararsi = manifestarsi, professarsi, rendersi chiaro

richiamare = citare, rimproverare, chiamare nuovamente

dedicarsi = applicarsi, consacrarsi, accudire

Il testo

(da *Vanity Fair*, 8 giugno 2006)

A Roma ci è arrivata a 17 anni dalla Guinea Conakry per una sfilata di moda (e si è subito innamorata), ora ci è tornata e ci vive. Aminata Fofana, 47 anni, non fa più la modella ma canta (in *mandingo*, ha inciso un disco remixato dai Massive Attack). Fa politica. Soprattutto, adesso, scrive storie di principesse che assomigliano a lei, che è di famiglia reale. Qui racconta episodi intimi e magici a un altro scrittore come me. E sul terreno della magia ci troviamo perfetti complici. L'appuntamento era alla Fiera del Libro di Torino, dove lei presentava *La luna che mi seguiva*, il suo primo libro, che sta per avere un seguito...

P: Lei è stata modella, cantante, principessa, ma poi ha pubblicato un romanzo ed è stata candidata dei Verdi alle ultime elezioni per il Parlamento. Chi è la vera Aminata Fofana?

A: Forse è quella che quando entra in casa si leva le scarpe, indossa il *boubou*, gira scalza, si mette davanti all'altare degli antenati e ringrazia della giornata trascorsa.

P: Si dichiara animista. Che cosa significa questo per un'africana?

A: Riconoscere l'anima in tutti gli esseri viventi, dalle pietre agli alberi. È una religione spontanea e non indotta. E attraverso questa forma di spiritualità riesco a congiungermi coi miei antenati. Mi ero omologata allo stile di vita europeo, alla moda, ai viaggi. Ma era una vita che mi svuotava. Solo quando mi sono ammalata ho ritrovato la spiritualità che mio nonno sciamano mi aveva trasmesso.

P: Come tanti altri africani musulmani o cristiani, anch'io ho riscoperto le mie radici animiste. Ma questa ricerca di identità non è soltanto un modo di mettersi al riparo dallo "scontro di civiltà" fra Islam e Occidente? Perché oggi essere "extraeuropei", e soprattutto musulmani, non è ben visto.

A: Non mi sono neanche posta questa domanda, nella malattia siamo tutti uguali. Fragili, e non possiamo fingere.

(...)

P: Che cos'hanno in comune animismo e ambientalismo?

A: Sono inseparabili. Il messaggio è lo stesso, perché gli ambientalisti si battono per il rispetto della natura... E vento, mare, sassi, alberi, fiumi sono un concetto animista. Quando il corpo si piega, anche la sua ombra si piega, diceva mio nonno.

P: Cosa vuol dire?

A: Che se l'ambiente si ammala, ci ammaliamo anche noi. Quindi per me è stato naturale aderire ai Verdi. Ma se da un lato mi sono candidata per far rispettare l'ambiente, dall'altro sognavo di far cambiare la Bossi-Fini, che è una legge disumana. E chiudere i CPT. E anche se non sono stata eletta, hanno votato per me tantissime persone che ringrazio.

(...)

P: La sua bellezza le ha aperto molte porte?

A: Nella moda sì. Per il libro no. Ho chiamato la casa editrice senza conoscere nessuno e ho lasciato un messaggio. Due giorni dopo sono stata richiamata per portare il romanzo. Mi sono presentata senza trucco né tacchi alti o vestito attillato. Dopo una settimana ho firmato il contratto.

P: E nella vita personale?

A: La mia vita personale è di profonda solitudine e malinconia.

P: Così bella e sola?

A: Una ragazza bella mette soggezione agli uomini, specie quando scoprono che hai un po' di cervello. Io non vedo l'ora di trovare un compagno e sposarmi, avere il mio orto...

P: La solitudine non è dovuta al fatto di essere nera in una realtà di bianchi?

A: Può darsi. Però adesso (*ridendo, grida*) sposatemi! Desidero essere sposata! Mandate un messaggio a www.sposateAminata...

P: Lo metto come titolo?

A: Sì, sì.

P: Nell'immaginario europeo la donna africana è sottomessa. Lei che visione ha?

A: Se vivi la situazione dall'interno noti le sfumature, è la donna africana che ama dedicarsi al suo uomo, cosa che lì non è vissuta come un'umiliazione. La donna africana è naturalmente geisha. Anch'io lo sono.

P: Che cos'è la femminilità?

A: Non è un bel trucco, un bel vestito, un bel massaggio. Non è una maschera.

P: Secondo lei le italiane hanno una femminilità repressa? A volte io lo penso.

A: Così stiamo generalizzando.

P: Ci dice del suo libro?

A: Parla di una bambina depositaria di uno stemma magico che apparteneva alla sua stirpe. C'è un'alleanza fra lei, il vecchio sciamano e la luna. Insieme partono per un lungo percorso di iniziazione nei mondi paralleli...

P: Ma crede veramente nell'esistenza di mondi paralleli, in questa società?

A: La razionalità è un limite, un "utensile" che va usato e "riappeso". Non credo negli effetti speciali. Credo nella magia dove lo spirito viene temprato e purificato per essere all'unisono fra cielo e terra.

P: Qual è la sua visione di una società multietnica? Perché ultimamente alcuni politici o intellettuali, penso a Oriana Fallaci, hanno stigmatizzato questo tipo di società?

A: Sì, credo in una società multietnica, dove però le persone non perdono le loro radici. Quando una persona perde la propria identità culturale, diventa un essere frammentato, un corpo senza ombra, e questo è pericoloso per la società.

P: Non si rischia il ghetto?

A: No: quando la propria cultura rappresenta un valore anche per l'altro, diventa interscambio e non un'arma.

Ora lavoriamo sul testo

COMPRENSIONE

1. Per seguire quale carriera Aminata Fofana è giunta in Italia?
2. Di che cosa si occupa attualmente? In quali attività è impegnata?
3. Cosa significa per lei essere "animista"?
4. Cosa le è successo quando si è ammalata? Come è cambiata la sua visione del mondo con la malattia?
5. Qual è il punto di contatto tra animismo e ambientalismo, secondo Aminata?
6. Perché Aminata Fofana ha deciso di entrare in politica?
7. Cos'è la bellezza per lei?
8. Cosa pensa Pap Khouma della condizione delle donne africane paragonata a quella delle italiane? Aminata Fofana è d'accordo con lui?
9. Cosa significa per Aminata essere sottomessa agli uomini?
10. Sintesi. Secondo te, quali di questi paragrafi meglio sintetizza l'intervista che hai appena letto? Se pensi che nessuno dei due sia una buona sintesi, scrivine una tu.
    a. Aminata Fofana è una scrittrice africana con forti radici nella sua terra. Per lei la natura è al centro della vita spirituale e religiosa. Emerge con grande forza da questa intervista la sua visione di una società multietnica in cui diverse culture e religioni coesistono in armonia.

b. Aminata Fofana è una scrittrice africana con forti radici nella sua terra. Per lei la natura è al centro della vita spirituale ma anche e soprattutto di quella politica. Per questo ha deciso di candidarsi con un partito ambientalista. Dal suo impegno in politica derivano anche la lotta contro i CPT e la sua attenzione ai problemi sociali legati all'integrazione.

ANALISI E INTERPRETAZIONE

1. Che cosa risponde l'intervistata alla domanda "chi è la vera Aminata"? Cosa significa?
2. Alla domanda "che cos'è la femminilità", Aminata Fofana risponde indicando ciò che per lei non lo è. Quale definizione daresti tu della femminilità in generale?
3. Che ruolo ha avuto la bellezza nella sua vita? La bellezza conta molto per te oppure no?
4. A quarantasette anni Aminata Fofana desidera sposarsi: secondo te dice sul serio? Giustifica la tua risposta.
5. Aminata Fofana dice di non credere tanto nella razionalità, che è un limite, quanto nella magia. Sei d'accordo con lei oppure no? Che cos'è la magia a tuo modo di vedere?
6. Sulla base dell'intervista appena letta traccia un breve ritratto di Pap Khouma e di Aminata Fofana.
7. Secondo te, qual è il tema prevalente in questa intervista? Scegli *uno* tra i seguenti temi e spiega la tua scelta alla classe: razzismo; ambientalismo; identità; identità femminile; religione.
8. Questa intervista tocca alcuni problemi della società contemporanea, non solo italiana. Quale pensi sia l'atteggiamento dell'intervistatore rispetto ai temi che emergono nell'intervista? Da cosa deduci la tua risposta?
9. Commenta insieme ai tuoi compagni la seguente frase di Aminata Fofana: "Quando una persona perde la propria identità culturale, diventa un essere frammentato, un corpo senza ombra, e questo è pericoloso per la società."
10. Secondo te, perché Pap suggerisce che la solitudine di Aminata Fofana sia dovuta a un problema razziale? Cosa pensi volesse sentirsi dire in risposta? E cosa pensi tu della replica di Aminata?
11. Qual è per Aminata Fofana una corretta definizione di "società multietnica"? E per te?

Per scrivere

1. Aminata Fofana e Pap Khouma si incontrano alla Fiera del Libro di Torino cinque anni dopo questa intervista. Molte cose sono cambiate. Immagina un dialogo tra i due.
2. Ora è il turno di Aminata Fofana! È lei ad intervistare Pap Khouma. Utilizzando le informazioni biografiche sull'autore ricavate da una ricerca in Internet, rispondi in modo congruo alle domande di Aminata e mantieni la struttura dell'intervista.
3. Sei Aminata Fofana e stai scrivendo il tuo secondo libro. Scegli un titolo e scrivine l'incipit.

Internet

1. Fai una indagine accurata sulla biografia e sui libri di Oriana Fallaci, poi presenta in classe il tuo lavoro.

2. Cerca informazioni dettagliate sulla legge Bossi-Fini che regolamentava i flussi di immigrazione in Italia. Considera: quando è entrata in vigore, per quanto tempo, come è stata accolta dagli italiani, quali sono state le conseguenze.

3. Visita il sito della rivista *El-Ghibli*, leggi uno dei racconti presenti e scrivine un commento.

17 • Elena Loewenthal
Lo strappo nell'anima

Chi è l'autrice

Elena Loewenthal è nata a Torino nel 1960. Dopo aver conseguito un dottorato di ricerca in Ebraistica, collabora ora con il quotidiano torinese *La Stampa* e traduce in italiano testi della tradizione ebraica. Con il suo primo romanzo, *Lo strappo nell'anima* (2002), ha vinto il Premio Grinzane Cavour per autori esordienti. Tra le sue opere ricordiamo *L'Ebraismo spiegato ai miei figli* (2002), il romanzo *Attese* (2004) e *Eva e le altre. Letture bibliche al femminile* (2005). Da alcuni anni, la scrittrice è al lavoro sull'edizione italiana dell'opera in sette volumi *Le leggende degli ebrei* di Louis Ginzberg.

Prepariamoci a leggere

1. Nel tuo paese si sono verificati di recente episodi di intolleranza razziale? Quali?
2. Pensi che la religione possa generare o contribuire all'incomprensione tra culture ed etnie diverse? Giustifica la tua risposta con esempi precisi.
3. Secondo te, la religione influenza la politica del tuo paese?
4. Cosa fanno o cosa dovrebbero fare le scuole per dare il giusto spazio a tutte le differenti tradizioni religiose e culturali senza creare discriminazioni? Fai degli esempi.
5. Cosa sai dell'ebraismo e delle sue tradizioni?
6. Nel tuo paese si insegna a scuola la storia dell'Olocausto? Cosa sai a questo proposito?
7. Secondo te, quanto è importante il ricordo di quanto è avvenuto per le generazioni future? Motiva la tua risposta.

Un po' di vocabolario

il vagone = veicolo con ruote per il trasporto su rotaie di persone o merci
accovacciarsi = mettersi a giacere rannicchiandosi, (qui) accucciarsi
i bisogni (plurale) = (qui) gli escrementi
il millennio = periodo di mille anni

la frusta = strumento costituito da un manico a cui è fissata una cordicella, usato per incitare
   gli animali da tiro

lo sbuffo = fumo o vapore emesso dalla locomotiva di un treno

lo spiraglio = piccola apertura in un muro o una porta in cui passano aria e luce

la fessura = apertura stretta, lunga e sottile

il tanfo = cattivo odore

il singhiozzo = succedersi rapido di inspirazioni ed espirazioni convulse provocate dal
   pianto

singhiozzare = piangere convulsamente con singhiozzi

gemere = lamentarsi

strisciare = passare sopra una superficie sfregandola

le stoviglie = insieme dei piatti, posate e vasellame che si usano in cucina

la stufa = apparecchio di metallo, terracotta o altro materiale in cui si bruciano combustibili
   per riscaldare un ambiente

la foca = mammifero marino dal corpo cilindrico con zampe a forma di pinne

l'alga = pianta che vive in acqua e in ambienti umidi

sgusciare = (qui) scivolare via

il fiotto = fuoriuscita improvvisa di un liquido

respingere = cacciare indietro, spingere lontano da sé

la guarigione = recupero della salute persa

contagiare = trasmettere una malattia a un individuo sano

il vezzo = abitudine, modo di comportarsi abituale

scacciare = allontanare con decisione

*A ognuna delle parole seguenti associa almeno altri due termini che appartengano alla stessa area
semantica.*

   Esempio: sogno = dormire, letto

treno

viaggio

dolore

famiglia

ricordo

freddo

*Tra le parole date e i loro possibili significati, fai previsioni su quali meglio possono adattarsi al
contesto di un viaggio in treno verso un campo di sterminio. Dopo la lettura, verifica con i
compagni le tue scelte:*

piombato: caduto dall'alto in modo violento / ricoperto di piombo

seduta: riunione di un'assemblea / atto dello stare seduto

vecchia: donna anziana / cosa di altri tempi e non più attuale

sordo: che ha perduto l'udito / cupo e grave

viola: strumento musicale della famiglia degli archi / colore scuro tipico del fiore
omonimo

pieghe: parti del tessuto ripiegate su se stesse / azione del piegarsi

cambio: sostituzione / il passare da una velocità all'altra

fantastico: che suscita ammirazione / immaginare con la fantasia

vuoto: spazio vuoto, cavità / (figurato) mancanza, carenza

Il testo

(da *Lo strappo nell'anima*, Milano: Frassinelli, 2002)

Che freddo che freddo dentro questo vagone piombato eppure siamo in tanti troppi non riesco neppure a mettermi seduta se non accovacciandomi come un animale che fa i suoi bisogni e invece del caldo tutti questi corpi insieme mandano solo un freddo che punge fa male e sono passati due giorni ormai che abbiamo lasciato casa e la neve e tutto bianco sembrava quasi bello malgrado la guerra e io mi sento vecchia come se fossero passati anni che dico millenni da quella mattina in cui ci hanno presi tutti e portati lì alla polizia dentro uno stanzone lì ho cominciato a sentire questo freddo che non mi passa non vuole passare e forse non passerà mai e poi qualche ora dopo come bestie su questo vagone a calci e colpi di frusta come se fossimo bestie anzi peggio molto peggio e caldo non ha dato nemmeno lo sbuffo del treno che partiva chissà quanto tempo dopo che avevano chiuso le porte con un rumore sordo e cattivo chissà se di notte o di giorno siamo partiti chissà se era buio o luce qualche spiraglio appena passa fra le fessure del legno ma niente che mi possa dire se è giorno o notte se fuori c'è la neve e dove siamo dove saremo solo questo freddo che non mi passa nemmeno se mi accuccio qui addosso a mamma che piange in silenzio come se avesse perduto la voce da quando siamo partiti da quel rumore sordo e dal fischio del treno che ci ha portati via con sé e saranno giorni ore o millenni il tempo non c'è più c'è solo questo freddo malgrado il tanfo e il respiro e il pianto le lacrime secche e bagnate dei grandi e i singhiozzi dei bambini di quelli più piccoli di me e una vecchia geme là in fondo come se il suo respiro fosse quello quanto bianco e quanta neve quella mattina presto in paese una neve quasi viola tanta era e le valigie che strisciavano per terra e la porta di casa che abbiamo chiuso piano piano come per non svegliarla come se mamma non volesse farle sapere alla casa e ai mobili e ai muri e alle nostre cose i libri le stoviglie le lenzuola negli armadi persino la stufa in cucina non volesse fargli sapere che noi andavamo via che non c'eravamo più tornare sì prima o poi ma forse no chi lo sa e che freddo lo sento dentro nelle ossa e ancora più in là sotto le ossa fra le pieghe di me più dentro ancora e non mi passa anzi peggiora forse stiamo andando al nord dove fa più freddo forse al polo nord con le foche e i pinguini come quelli dell'enciclopedia ecco certo e per questo anche il buio che non passa e chissà se è giorno o notte qui la notte è il sempre per questo perché stiamo andando in fondo al mondo dove non c'è giorno né notte in questa stagione ma solo un buio che copre tutto anche se qui dentro il vagone dovrebbe far caldo tanti siamo vecchi bambini come me mamme e papà in tanti non si possono nemmeno contare perché sono troppi braccia gambe e facce si confondono e quasi non vedo più le facce di mamma e papà sono le stesse facce di tutti gli altri eppure fa freddo e si respira male ed è notte e ancora notte e fame e sete e tutto e niente ecco stiamo andando al polo nord lo so perché adesso c'è anche l'odore di mare io l'ho sentito una volta sola l'ho visto una volta sola ch'ero piccola ma l'odore del mare me lo ricordo sì più della sua faccia più del colore e di tutto il resto e adesso qui l'odore del mare passa fra le fessure lo sento è lui adesso ci portano al polo nord dove non è né giorno né notte ma buio e sempre più freddo e tanto mare con questo odore di alghe o forse di pesci o forse degli abissi è l'odore che viene da giù dal fondo della terra e del mare.

Ma ero io, sarà mio questo ricordo non ricordo e perché mai e perché la neve non c'era la neve a Roma in autunno, in autunno chi ha mai visto la neve, a Roma. Da dove affiorano queste parole che mi sono sgusciate fuori dalla gola e dal pensiero come un fiotto lento inarrestabile? Chi sono chi ero quel giorno? Chi mi ha infilato dentro tutto questo e perché ora lo sputo fuori come se fosse stato sempre mio e non lo volessi più? Ma respingendolo lo riconosco, ecco.

Quante volte ho pensato che l'unica mia guarigione sarebbe stata—assurdo, osceno—quella di finirci anch'io ad Auschwitz. Molto meglio che patire quello che ho patito io, dentro e fuori di me, contagiando chi mi stava intorno per di più, molto meglio finire ad Auschwitz dentro un vagone piombato. Quante volte l'ho pensato, l'ho tenuto nascosto questo pensiero, e ora che lo articolo viene fuori questo vomito di dolore singhiozzato che non so se è mio o se mio non è. Una bambina in viaggio. Io? Non io.

(...) Sono nata nel 1940. Cosa darei in cambio di un ricordo limpido di quell'anno, e invece immagino soltanto. Non lo faccio per vezzo, ma perché la memoria per me è l'unica medicina. Debbo ricordare per scacciare il vuoto. E se non ricordo, fantastico. Come il sogno di quel viaggio che non ho mai fatto, ma forse sì.

Ora lavoriamo sul testo

COMPRENSIONE

1. Chi è l'io narrante nel testo che hai appena letto? Cosa sai di questa persona?
2. Dove avviene il fatto narrato? Cerca tutte le indicazioni spaziali nel testo.
3. Quando credi che avvenga? In quale anno, secondo te? Da cosa lo deduci?
4. Con parole tue, descrivi la scena che si svolge all'interno del vagone.
5. Perché la voce narrante dice di avere voluto essere tra i deportati ad Auschwitz?
6. Chi è la "bambina in viaggio"? Quali sono le sue sensazioni?
7. Perché ad un certo punto si parla di Roma? Che relazione c'è tra la città e la scena del vagone?
8. Perché per chi scrive è necessario ricordare?

ANALISI E INTERPRETAZIONE

1. Per facilitare l'analisi del testo, prova a mettere tu la punteggiatura dove manca. Se hai domande su come usare i diversi segni di interpunzione chiedi aiuto all'insegnante.
2. Ora prova a leggere il testo ad alta voce, come se provassi a recitare un monologo. Che effetto ti fa? Come definiresti queste pagine?
3. Secondo te, perché la scrittrice ha scelto questa tecnica di scrittura? Cosa non sarebbe stato possibile ottenere se avesse usato invece la punteggiatura?
4. Nel testo ritornano i riferimenti al freddo. Cerca tutti i punti del testo in cui si usano e interpretali. Di cosa è metafora qui il freddo? Ti sembra una metafora ben scelta?
5. Chi è la persona che ricorda nel testo? E perché il suo è definito un "ricordo non ricordo"? Quale sarà lo "strappo" di cui parla il titolo del romanzo?
6. Come è possibile per qualcuno che non lo è stato desiderare di essere stato deportato ad Auschwitz? Come giudichi il desiderio estremo della narratrice? Secondo te, quale sentimento la spinge a questo?
7. Commenta l'ultima frase del testo. Cosa significa quel "forse sì"?
8. Secondo te, chi è il narratore del testo? Cosa puoi immaginare della sua vita dopo quello che hai letto?

Per scrivere

1. Numerosi film e libri che trattano dell'Olocausto lo fanno attraverso gli occhi dei bambini. Scrivi una composizione in cui rifletti su questo. Secondo te, perché avviene? Perché si usa spesso un bambino per narrare la persecuzione razziale e l'orrore dei campi di sterminio?
2. Due film italiani che usano lo sguardo dei bambini per narrare l'Olocausto sono *La vita è bella* di Roberto Benigni e *Il cielo cade* dei fratelli Andrea e Antonio Frazzi. Guarda entrambi i film e scrivi un saggio in cui analizzi e confronti la prospettiva dei bambini nelle due storie, evidenziandone similarità e differenze. Se preferisci, puoi concentrarti sull'analisi di una sola scena esemplare per ogni film.

3. Uno dei temi più cari alla letteratura dell'Olocausto è l'importanza della memoria di quanto è avvenuto. Per te, cos'è la memoria? A cosa associ questa parola? Cosa significa nella tua vita di tutti i giorni ricordare, e in particolare ricordare il passato storico? Scrivi una composizione personale seguendo questa traccia.

4. Nell'ultimo secolo si sono verificati svariati episodi di genocidio in varie parti del mondo. Scrivi una composizione su questo tema analizzando le cause e le conseguenze di tali stermini e facendo qualsiasi altra considerazione personale al riguardo.

Internet

1. Compila una breve sintesi della storia italiana dall'ascesa al potere di Mussolini sino alla fine della seconda guerra mondiale.

2. Fai una breve ricerca sullo scrittore torinese Primo Levi. Trova il testo della poesia che apre il suo libro più noto, *Se questo è un uomo*, e preparati a commentare in classe il significato e il valore della memoria nelle parole di Levi.

3. Cerca il testo del *Manifesto della razza* del 1938. Cosa ti colpisce di questo testo? Cosa implica con la sua definizione di "razza"? Come sono definiti gli ebrei nel manifesto? Quali pensi siano state le conseguenze per gli ebrei italiani dopo la pubblicazione del manifesto?

4. Cerca informazioni sugli italiani deportati ad Auschwitz e in altri campi di concentramento. Quanti furono internati e quanti sopravvissero? Tra i sopravvissuti ci sono stati nomi noti per la cultura italiana (scrittori, intellettuali, politici)?

5. Una tra le più note canzoni del cantautore Francesco Guccini si intitola *Auschwitz* e ha come sottotitolo *La canzone del bambino nel vento*. Trova la canzone, ascoltala, analizzane il testo e preparati a discuterla in classe. Perché Guccini ha usato l'immagine del bambino nel vento? Quale effetto fa su chi ascolta l'uso della prima persona singolare? Qual è il sentimento prevalente nella canzone e qual è il suo messaggio?

18 • Carlo Lucarelli
C'è un insetto sul vetro

Chi è l'autore

Carlo Lucarelli, scrittore, giornalista, conduttore televisivo e sceneggiatore, è nato a Parma nel 1960. È uno degli autori di libri gialli più popolari e amati in Italia oggi. Il suo romanzo di maggiore successo, *Almost Blue* (1997), è stato tradotto in numerose lingue e ha avuto una trasposizione cinematografica firmata dal regista Alex Infascelli. Creatore del *Gruppo 13* (associazione di scrittori di romanzi gialli della Romagna), Lucarelli cura una rivista telematica, *Incubatoio 16,* ed è docente di scrittura creativa alla scuola Holden a Torino e nel carcere Due Palazzi di Padova. Il racconto che segue è tratto dalla raccolta *Il lato sinistro del cuore* (2003).

Prepariamoci a leggere

1. Hai paura degli insetti? In caso contrario, ce ne sono alcuni che ti piacciono particolarmente? Per quale ragione?
2. Nella tua cultura ci sono degli insetti che di solito vengono associati a una particolare caratteristica umana? Riesci a pensare a modi di dire o espressioni che abbiano insetti come termine di paragone?
3. In coppia con un/a compagno/a fai ipotesi sulla trama del racconto partendo dal suo titolo. Cosa pensi che stia facendo un insetto su un vetro? Come pensi che sia questo insetto? E dove pensi che sia il vetro di cui si parla?
4. Prova ad inventare una breve storia che possa corrispondere al titolo del racconto di Lucarelli e poi presentala alla classe.
5. Pensi che bere troppo sia un problema comune agli studenti nelle università del tuo paese? Se sì, perché si beve troppo?

Un po' di vocabolario

schifoso = che provoca disgusto o repulsione
rugoso = segnato da rughe, da pieghe della pelle

il neo = macchia della pelle di varie misure dovuta a eccesso di pigmentazione

la cartilagine = tessuto connettivo di consistenza elastica o fibrosa

rinsecchito = secco, magro

opaco = che non si lascia attraversare dalla luce

il tonfo = rumore basso e sordo

attutito = reso meno intenso, attenuato

lo scricchiolio = rumore secco e crepitante come di cosa dura e secca che si rompe

sgusciare = (qui) scivolare via in modo furtivo

l'antenna = appendice posta sul capo di molti insetti, sede delle funzioni sensoriali

il ribrezzo = disgusto, repulsione, schifo

ubriaco = intossicato dall'alcol, ebbro

tozzo = grosso e largo

riflettente = che rimanda una immagine, come uno specchio

il ventre = pancia

picchiare = colpire, battere ripetutamente, percuotere

udire = sentire

Per ogni aggettivo dato, trovane uno di significato contrario.

liscio

tozzo

lucido

rugoso

ubriaco

opaco

Per ogni aggettivo dato nell'esercizio precedente scegli il sostantivo che può abbinarsi ad esso tra quelli qui indicati.

lo studente

lo specchio

il caffè

l'anziano

le scarpe

le mani

Scegli l'aggettivo che tu associ istintivamente ad ognuno di questi insetti. Preparati a motivare le tue risposte.

la mosca

la farfalla

il ragno

lo scarafaggio

il grillo

la cavalletta

l'ape

la zanzara

la formica

il bruco

Gli animali sono spesso usati come termini di paragone. Prova a collegare ogni aggettivo della colonna A con un animale della colonna B.

A	B
forte come	un mulo
curioso come	un cane
viscido come	un toro
fedele come	una talpa
libero come	un serpente
testardo come	un uccello
cieco come	una scimmia
grasso come	un agnello
magro come	un pavone
vanitoso come	un'acciuga
lento come	un lupo
affamato come	un'ape
muto come	un maiale
laborioso come	un pesce
mite come	una lumaca

Il testo

(da Il lato sinistro del cuore, Torino: Einaudi, 2003)

C'è un insetto sul vetro.

Lo vedo da sotto, mi mostra la pancia e la punta delle zampette appoggiate sul piano liscio e trasparente. E adesso che lo guardo, abbassa la testa verso di me, come se si fosse accorto che ci sono.

È un insetto schifoso. La pancia rugosa, coperta di macchie che sembrano nei in rilievo. Cartilagini rinsecchite al posto del collo. Peli sulle zampe. E due macchie opache dove immagino abbia gli occhi.

Provo a mandarlo via. Picchio sul vetro con la punta di un dito ma lui non si muove. Anzi, ricambia il mio gesto, come volesse salutarmi. Non sento il rumore che fa ma riesco a immaginarlo così bene da udirlo. Il tonfo secco della zampa, attutito dai peli. Lo scricchiolio di carta vecchia delle cartilagini quando abbassa il muso verso di me. Perfino lo sgusciare liquido dei suoi occhi che mi fissano.

Non mi ero accorto delle antenne. Le vedo adesso che mi avvicino ancora di più al vetro, vincendo il ribrezzo, e lui abbassa ancora di più la testa verso quella che deve sembrargli una macchia enorme, sotterranea e speculare. Sono antenne lucide e nere, curve in avanti, e le sento, le immagino, toccare il vetro, sensibili e vibranti, nello stesso istante in cui sento anch'io il freddo della superficie liscia sotto la fronte.

Perché faccio questo? Perché non picchio più forte o non lascio perdere invece di giocare allo specchio con questo insetto schifoso? Sarà per tutto quello che abbiamo bevuto ieri sera. Io e Gregorio eravamo i più ubriachi e lui l'hanno dovuto anche portare a casa. A quest'ora sarà ancora a letto, beato, sdraiato sulla schiena ad aspettare che vengano a svegliarlo.

Faccio per andarmene e anche lui si allontana, come se avesse pensato la stessa cosa nello stesso momento. Ha aperto un paio di ali corte e tozze che gli ronzano sulla schiena e quando mi riavvicino al vetro per vederlo volare lui torna indietro e fa lo stesso. Accosto il volto e lo fa anche lui. Giro la testa per osservarlo meglio e anche lui la gira. Appoggio la fronte al vetro e lui le antenne.

È allora che mi accorgo che quello non è un vetro ma uno specchio. Non è la superficie trasparente di una finestra o di una porta, ma quella riflettente dello specchio del bagno.

Quell'insetto schifoso che mi mostra il ventre rugoso, la punta pelosa delle zampe, gli occhi opachi e le antenne, quell'insetto schifoso, sono io.

Ora lavoriamo sul testo

COMPRENSIONE

1. Descrivi l'insetto del racconto nei dettagli. Quanto è grande secondo te?
2. Quali sono le reazioni del narratore alla sua vista? Cosa prova e cosa tenta di fare?
3. Perché il narratore non riesce a smettere di fissare l'insetto?
4. Chi è Gregorio? Dove si trova adesso?
5. In che modo il narratore realizza chi è veramente l'insetto?

ANALISI E INTERPRETAZIONE

1. Quale è stata la tua prima reazione alla storia?
2. Come definiresti questo racconto? A quale genere letterario appartiene, secondo te?
3. Prova a descrivere lo stile di Lucarelli con due aggettivi e poi spiega la tua scelta ai compagni.
4. In coppia con un compagno, discuti quali possono essere stati gli avvenimenti della sera precedente: cosa sarà successo al narratore e al suo amico Gregorio? Dove saranno andati e con chi? Come è possibile che il narratore sia diventato un insetto? Usa un po' di immaginazione!
5. Adesso discuti con i tuoi compagni cosa succederà al povero narratore-insetto. Sarà possibile per lui ridiventare un essere umano? Come? Se no, come sarà la sua vita da uomo-insetto?
6. È possibile che Lucarelli ci voglia parlare solo di "diversità" estrema? Cos'è per te la "diversità"? In cosa consiste, invece, la conformità alle regole sociali?
7. Qual è la tua interpretazione della storia? Va in una direzione più letterale o più metaforica?

Per scrivere

1. Cambiamo la prospettiva del racconto. Immagina di essere Gregorio, l'amico del protagonista, e prova a scrivere come ti senti tu la mattina dopo la bevuta con gli amici.
2. Prova a raccontare la storia di un romanzo celebre dal punto di vista di un altro personaggio (per esempio, la storia di *Moby-Dick* dal punto di vista della balena...).
3. Il narratore deve spiegare a Claudia, la sua ragazza, che è diventato un insetto. Immagina la lettera che potrebbe scriverle per spiegarle cosa è successo e per pregarla di non lasciarlo.
4. Immagina un dialogo tra Claudia e il narratore-insetto. Insieme a un/a compagno/a puoi anche stendere una breve sceneggiatura e poi recitarla di fronte alla classe.

Internet

1. Nella scrittura di questo breve racconto Lucarelli si è ispirato a un celebre testo di Franz Kafka (1883–1924) dal titolo originale *Die Verwandlung*, tradotto in italiano *La*

metamorfosi. Fai una piccola ricerca su Kafka e sulla trama del racconto: quali sono i punti di contatto con il racconto di Lucarelli?

2. Lucarelli è stato conduttore di una popolarissima trasmissione televisiva dal titolo *Blu notte*, dedicata a misteri e casi insoluti della recente storia italiana. Cerca informazioni più dettagliate sul programma, possibilmente anche il riassunto di qualche puntata, e presenta in classe il tuo lavoro.

3. Puoi vedere alcune puntate di *Blu notte* sul sito ufficiale della Rai TV. Scegline una e scrivi un breve riassunto della puntata da presentare alla classe. Se non capisci il soggetto delle puntate, chiedi all'insegnante che ti aiuterà a scegliere.

4. Trova una favola che abbia un insetto come protagonista, leggila e poi fanne un breve riassunto da leggere ai tuoi compagni.

19 • Melania G. Mazzucco
Vita

Chi è l'autrice

Melania G. Mazzucco è nata a Roma nel 1966. Laureata in Storia della Letteratura Italiana Moderna e Contemporanea e al Centro Sperimentale di Cinematografia, è autrice di soggetti e sceneggiature per il cinema. Prima di *Vita*, ha scritto racconti e romanzi, *Il bacio della Medusa*, *La camera di Baltus* e *Lei così amata*, quest'ultimo vincitore di numerosi premi tra cui il Premio Vittorini. Con *Vita* Melania Mazzucco ha vinto il Premio Strega nel 2003. Nel 2005 è uscito *Un giorno perfetto*, da cui il regista Ferzan Ozpetek ha tratto l'omonimo film (2008).

Prepariamoci a leggere

1. Il romanzo da cui è estratto il testo che segue si intitola *Vita*. Insieme a un compagno fai due elenchi, uno di aggettivi e uno di nomi, che associ alla parola "vita". Quindi discutili con il resto della classe e con l'insegnante.
2. La protagonista del romanzo si chiama "Vita". Come ti immagini un personaggio che ha questo nome?
3. Il romanzo è ambientato a New York agli inizi del Novecento, quando migliaia di emigranti sbarcavano ogni giorno a Ellis Island alla ricerca di una vita migliore. Conosci qualcuno che è emigrato negli Stati Uniti? Da dove? Quando? Cosa sai della sua storia?
4. Ieri e oggi: com'erano considerati gli emigrati italiani nel primo Novecento? Pensa a epiteti come "wops" e "dago": quale significato avevano? In che modo è cambiata l'opinione sugli Italiani oggi in America? Fai alcuni esempi.
5. Immagina di essere costretto ad emigrare in un un paese lontano, cosa metteresti nella tua valigia per ricordare la tua terra?
6. Nel testo si parla di due bambini persi in una metropoli gigantesca e paurosa. Quali sono secondo te i vantaggi e gli svantaggi di essere bambino in una grande città come New York? Pensi che prevalgano gli uni o gli altri?

Un po' di vocabolario

appiccicoso = che si attacca come una sostanza vischiosa

il traghetto = imbarcazione per trasportare cose o persone da una riva all'altra di un fiume, un lago o un braccio di mare

la fuliggine = materia nerastra in forma di polvere impalpabile e grassa che si deposita lungo le canne dei camini

il comignolo = parte terminale di canna fumaria che sporge dal tetto

assiepato = ammucchiato intorno, affollato

sbrindellato = ridotto a brandelli, stracciato

macilento = molto magro, emaciato, smunto

la visiera = parte del berretto che sporge in avanti per proteggere il viso dalla luce

lo strattone = movimento brusco o violento fatto per strappare, tirare o svincolarsi

sgualcito = si dice di tessuto (o carta) spiegazzato, pieno di grinze

febbricitante = malato, con la febbre alta

lo scontrino = biglietto che serve per controllo o per riscontro di pagamento o possesso di una merce

scarabocchiato = coperto di scarabocchi cioè di macchie e disegni fatti scrivendo

il connazionale = chi appartiene alla stessa nazione

sindacare = sottoporre a indagini, a giudizi critici

piombato = (qui) arrivato improvvisamente

la cavalletta = insetto di solito di colore verde con zampe posteriori molto sviluppate per il salto, molto vorace e nocivo per le coltivazioni

bracalone = che per trascuratezza porta i pantaloni male legati in vita, trasandato nel vestire

la miriade = numero sterminato, enorme quantità

la biglia = pallina colorata di vetro o altro materiale usata dai ragazzi per giocare

la fogna = condotto che serve a portare lontano dalla zona della città abitata le acque di rifiuto

la voragine = apertura, spaccatura profonda nel terreno

il manichino = pupazzo in legno o plastica di aspetto umano usato per esporre abiti

l'attrezzo = strumento, arnese per eseguire un determinato lavoro

Cancella dai seguenti gruppi di parole quella che ha meno affinità con le altre.

Esempio: mano—palmo—unghia—gomito (gomito)

finestra—vetro—tenda—infisso

nave—prua—ponte—torre

visiera—berretto—occhio—cappello

albero—foglia—tronco—foglio

comodino—cuscino—federa—lenzuolo

bagagli—valigia—borsa—portafoglio

doposci—scarpe—calze—stivali

porto—traghetto—imbarcazione—nave

camino—tetto—comignolo—tegola

palle—biglie—birilli—bocce

Indica con quale significato sono usate nel testo che le affianca le parole che seguono.

1. Porto ("La città—così sudicia e pittoresca nei pressi del porto—era diventata più bella")

   a. Rifugio o meta di un lavoro, un'impresa o un viaggio

   b. Luogo sulla riva del mare dove sostano le navi

   c. L'azione del portare

2. Commozione ("Raccontano della forte commozione alla vista degli edifici immensi...")

   a. Turbamento dovuto a un sentimento di affetto, tenerezza, pietà o a una forte emozione

   b. Movimento violento, scossa

   c. Alterazione funzionale di un organo in seguito a un trauma violento

3. Piombare ("...quattromilacinquecento piombati sull'America...")

   a. Cadere in modo violento dall'alto

   b. Giungere all'improvviso

   c. Ricoprire o riempire di piombo

4. Familiare ("... dialetti vagamente familiari...")

   a. Che fa parte della famiglia

   b. Semplice, schietto

   c. Ben conosciuto, consueto

5. Incollare ("Vita incollò il naso a una vetrina")

   a. Attaccare con la colla

   b. Avvicinarsi fino ad aderire strettamente

   c. Spalmare di colla per rendere più adatto a un determinato uso

Il testo

(da *Vita*, Milano: Rizzoli, 2003)

La mano di Vita—umida, appiccicosa di zucchero, stretta nella sua—sarà l'unica cosa che Diamante finirà per ricordare del momento in cui il traghetto ha accostato ai moli di Battery Park. Tutti gli altri raccontano della forte commozione alla vista degli edifici immensi di Manhattan, bruni di fuliggine, delle migliaia di finestre, sui cui vetri s'infrange la luce, lampeggiando a intermittenza come a ripetere un misterioso segnale. Sbuffi di fumo incoronano le torri, stringendo i contorni, trasformandole in una visione immateriale, quasi un sogno. Raccontano dei comignoli delle navi ancorate alle banchine, delle bandiere, delle insegne che annunciano uffici, banche e agenzie, di una folla stupefacente assiepata nel porto. Ma Diamante è troppo piccolo di statura per intravedere, della terra promessa, altro che culi sbrindellati e schiene macilente. Si calca in testa il berretto—un berretto con la visiera rigida, troppo grande, che gli cala sulle orecchie—e con un saltello assesta il sacco che porta sulla spalla. È la federa di un cuscino a righe—la federa del suo cuscino—e contiene tutto il suo bagaglio. Gli scarponcini, coi lacci legati troppo stretti, gli fanno male. Serra la mano di Vita nella sua, temendo che un urto, uno strattone, anche solo l'inerzia della folla, finiscano per separarli. «Non lasciarmi», le ordina, «per nessuna ragione, non lasciarmi». Vita è il suo passaporto per l'America, anche se non lo sa. Un passaporto sgualcito e febbricitante coi capelli aggrovigliati sulla testa e la veste a fiori. Dovrebbe avere lo scontrino giallo in bocca, ma stranamente non ce l'ha. È uno scontrino simile a quello che danno a chi deve ritirare i bagagli. Infatti anche loro dovevano essere ritirati. Sullo scontrino giallo c'è scritto GOOD FOR FATHER, ma né lei né Diamante hanno la minima idea di cosa significano quelle parole. Vita annuisce, e per dimostrargli che ha capito gli ficca le unghie nel palmo della mano.

Tutti si cercano, si chiamano in una dozzina di lingue—per lo più ignote, aspre e gutturali. Tutti hanno qualcuno che è venuto a prenderli, o li aspetta al molo, un indirizzo scarabocchiato su un foglietto—il nome di un parente, di un connazionale, di un padrone. La maggior parte ha anche un contratto di lavoro. Ma tutti lo hanno negato. Così bisognava. E in verità la seconda cosa che Diamante ha fatto in America è stata di raccontare una storia. E nemmeno questo gli era mai capitato prima. Insomma, in un certo senso ha mentito. Funziona così. A Ellis Island gli americani ti rifilano una serie di domande—una specie di interrogatorio. L'interprete—un tizio perfido, un vero acciso che deve aver fatto carriera esercitando il proprio zelo contro i suoi compatrioti—ti spiega che devi dire la verità, solo la verità, perché in America la menzogna è il peccato più grave, peggio del furto. Ma purtroppo la verità non serve a loro e non serve a te. Perciò non dargli retta e racconta la storia che ti sei preparato. Credici, e pure loro ci crederanno.

Guardali in faccia e giura. Giuro che non ho un contratto di lavoro (ma ce l'ha, lo zio Agnello lo manda a Cleveland a lavorare alle ferrovie). Giuro che mio zio provvederà al mio mantenimento per tutto il tempo che resto a Nevorco (questa poi è proprio grossa perché Agnello è più tirato del buco del culo di una pecora). Ma la commissione non è stata a sindacare. Aveva fretta: doveva esaminarne altri quattromilacinquecento, piombati sull'America come le cavallette della Bibbia nello stesso giorno in cui c'è piombato lui. (...)

[Diamante e Vita] Non avevano la minima idea di dove si trovassero. Era come essere sulla luna. La città—così sudicia e pittoresca nei pressi del porto—era diventata più bella. Sparite le case di legno fatiscenti, le folle stracciate e gli ambulanti. Sparita la gente bracalona che parlava dialetti vagamente familiari, la miriade di ragazzini che giocavano a biglie negli scoli della fogna. Ora ai lati della strada c'erano palazzi con facciate di marmo, e i pedoni portavano bombette e mazzarelli da passeggio di canna di bambù. Camminavano rasentando i muri per passare inosservati. Ma non passavano inosservati sulla Broadway alla Trentaquattresima strada un ragazzino con abito di cotone liso, un berretto e la federa di un cuscino a righe sulla spalla, e una bambina scalza coi capelli neri e un vestito a fiori più lurido del marciapiede. Ormai si trascinavano. Avevano i piedi in fiamme e la città non finiva mai. A tratti si interrompeva—per un po' costeggiavano un prato, o l'ennesima voragine, dove operai stavano costruendo le fondamenta di un palazzo—ma poi ricominciava, più imponente, bella e lussuosa di prima. Erano già le cinque del pomeriggio. Vita incollò il naso alla vetrina di un negozio. In verità non era un negozio. Alto sei piani, lungo trecento metri, immenso, occupava un intero isolato. Nella vetrina il manichino di una donna slanciata, sportiva, ostentava un braccio nudo: la sua mano impugnava un attrezzo enigmatico, simile a una racchetta da neve. La donna sorrideva. Era una donna finta, ma tutte le donne qui—anche quelle vere—sembravano finte. Non erano vestite di nero. Non portavano la tovaglia in testa. Né il corpetto ricamato né le sottane. Erano altissime, magrissime, biondissime. Avevano sorrisi radiosi—come la donna del cartellone, al cimitero—denti bianchi, fianchi stretti, piedi grandi. Vita non aveva mai visto donne simili, ed era affascinata. Forse al sole di questa città, anche lei sarebbe diventata così—da grande.

Ora lavoriamo sul testo

COMPRENSIONE

1. Chi sono i protagonisti della storia? Cosa sappiamo di loro e cosa possiamo immaginare della loro vita, del loro carattere, delle loro origini e del rapporto che hanno l'uno con l'altro?
2. Secondo te, da quale parte dell'Italia provengono? Da quali elementi lo deduci?
3. Qual è la reazione degli emigranti di fronte alla vista di Manhattan? E quella di Diamante e di Vita?

4. Cos'è lo scontrino giallo che Vita porta con sé? A che cosa le dovrebbe servire?

5. Cosa pensi che porti Diamante nella federa del suo cuscino che usa come sacco?

6. Cosa succede agli emigranti che arrivano a Ellis Island? Perché è necessario mentire agli ispettori dell'immigrazione?

7. I bambini si trovano nel centro di Manhattan. Come è cambiata ai loro occhi la città rispetto alla zona del porto?

8. Che cosa pensa Vita di fronte al manichino nella vetrina del negozio? Da dove nasce il suo stupore?

9. Quale credi sia il sentimento prevalente nella bambina a questo punto della storia?

10. Cosa significa secondo te la frase finale ("Forse al sole di questa città, anche lei sarebbe diventata così da grande")?

ANALISI E INTERPRETAZIONE

1. Tra i due estratti del romanzo c'è un breve lasso temporale. I protagonisti sono gli stessi ma cambia lo sfondo. Prova a dare un titolo diverso ai due brani, poi confrontali con un/a compagno/a e insieme decidete il titolo che credete migliore.

2. Secondo te, qual è il giudizio della scrittrice sugli emigranti e sugli ispettori di Ellis Island? Rileggi il testo con attenzione, concentrandoti sugli aggettivi con cui Melania Mazzucco li descrive.

3. Perché per Vita le donne americane sono "finte"? Come sarebbero per lei le donne "vere"?

4. Le donne americane e le donne italiane. Vita è colpita dalle grandi differenze, che lei interpreta come finzione. Cosa pensi di questa idea?

5. Ancora oggi i modelli femminili americani (modelle, attrici) hanno un forte impatto non solo in Italia ma nel resto del mondo. Qual è l'immagine della donna americana che viene dai media? Secondo te, è realistica? Come ti immagini la tipica donna italiana?

6. Diamante e Vita sono sbarcati e sono riusciti a passare i controlli dell'immigrazione. Cosa pensi che possa succedere adesso? Quali sono le possibilità per due bambini italiani che arrivano a Manhattan nei primi anni del Novecento?

7. Gioco di ruolo. Tu e alcuni tuoi compagni siete un gruppo di emigranti italiani appena sbarcati ad Ellis Island. Preparatevi a rispondere alle domande dell'insegnante o di un altro gruppo di compagni che saranno giornalisti, interessati a conoscere la vostra storia. Considerate queste domande e aggiungetene alcune vostre.

   a. La partenza

     Perché siete partiti?

     Com'è il vostro paese di origine?

     Cosa volevate e cosa vi mancava?

     Siete partiti da soli?

     Come avete scelto la destinazione?

     Cosa avete portato con voi (soldi, oggetti, cose care)?

   b. Il viaggio

     Come avete viaggiato? Con quali persone? Per quanto tempo?

Com'era la vita sulla nave? Come avete passato il tempo?

Ci sono stati pericoli? È stato un viaggio sicuro?

c. L'arrivo

Dove siete arrivati?

Quali sono le prime difficoltà?

Come siete trattati dagli Americani?

Quali sono le vostre emozioni?

Come vi sembra New York se paragonata al vostro paese in Italia?

Per scrivere

1. Immagina di essere un/a emigrato/a italiano/a in America, nei primi anni del '900. Scrivi una lettera a tua madre che è rimasta in Italia e raccontale com'è l'America, come è stato il viaggio, cosa hai visto del paese e com'è la tua nuova vita.

2. Sono passati cinquant'anni. Vita è oggi una donna anziana che racconta al suo nipotino di dieci anni l'avventura dell'emigrazione in America. Immagina un dialogo tra i due.

3. Intervista qualcuno che sia emigrato in America da bambino. Raccogli informazioni sulla partenza, il viaggio e i primi anni americani. Scrivine poi la storia in forma narrativa.

4. Dopo avere fatto ricerche in biblioteca e su Internet, descrivi in un breve saggio il contributo specifico degli emigrati italiani all'economia degli Stati Uniti tra fine Ottocento e primo Novecento.

Internet

1. Per saperne di più sulla storia dell'emigrazione italiana in America, e per scrivere composizioni realistiche e ben documentate, vai al sito ufficiale di Ellis Island. Considera, tra le altre cose, quali sono gli anni di maggiore emigrazione dall'Italia e quali sono le regioni italiane da cui proviene il numero più alto di emigranti.

2. Cerca informazioni su oppure guarda il film *Nuovomondo* di Emanuele Crialese. Scrivi una recensione al film considerando in modo particolare come viene rappresentata l'emigrazione in America e come vengono ritratti gli emigranti italiani.

3. Trova notizie sul Premio Strega e sui romanzi vincitori degli ultimi cinque anni, poi fai una piccola ricerca sul testo il cui titolo ti interessa di più, presentandone in classe un breve riassunto.

20 • Massimiliano Melilli
Noi visti da

Chi è l'autore

Massimiliano Melilli, nato a Comiso nel 1968, è giornalista e scrittore. Tra i suoi libri segnaliamo qui in particolare quelli sugli immigrati, sulla lotta per la sopravvivenza e sull'integrazione: *Malati di confine. Diario di viaggio tra i migranti* (2002), *Mi chiamo Alì... Identità e integrazione: inchiesta sull'immigrazione in Italia* (2003), *Soldi di razza. L'economia multietnica in Italia* (2006).

Prepariamoci a leggere

1. Che differenza c'è tra "emigrazione" e "immigrazione"?
2. Quali sono i disagi di un immigrato appena giunto in un paese straniero? E dopo il primo impatto, quali possono essere le difficoltà da affrontare?
3. Quali sono alcuni possibili pregiudizi degli abitanti di un paese economicamente sviluppato verso gli immigrati?
4. Quali sono alcuni aspetti del vivere in una "società multietnica"?
5. Secondo te, esiste il razzismo oggi? Se sì, dove lo si vede e in che cosa consiste?
6. Quali pensi siano gli stereotipi più frequenti su uno straniero in Italia? Da cosa immagini possano nascere?
7. Quali sono i lavori che di solito fanno gli immigrati nel tuo paese? Secondo te, c'è una relazione tra paese di provenienza dell'immigrato e il lavoro che svolge nel paese in cui si trasferisce?

Un po' di vocabolario

il saldatore = operaio specializzato che unisce pezzi di metallo utilizzando il calore
l'operaio = persona che svolge un'attività manuale all'interno di una fabbrica
la mostra = esposizione

lo sbarco = azione di scendere da una imbarcazione

la maggioranza = maggior parte di cose o persone determinate

l'opposizione = (qui) operato dei partiti esclusi dal governo per contrastarne la politica

la cronaca = sezione del quotidiano che riporta i fatti salienti del giorno

le manette = bracciali per immobilizzare i polsi di chi viene arrestato

ennesimo = numero ordinale che indica una quantità altissima

storpiato = deformato

la fabbrica = stabilimento di produzione industriale

ritoccare = modificare, apportare variazioni

tutelare = proteggere, salvaguardare

il padrone = imprenditore, proprietario di fabbrica o d'impresa

dividere = spartire

la ricetta = lista di ingredienti e indicazioni per cucinare il cibo

il sottoscritto = chi indica se stesso in terza persona

il lungomare = strada che corre in prossimità del mare

accomodarsi = (qui) sedersi

la puttana = (volgare) prostituta

il traguardo = meta, punto di arrivo

l'agevolazione = facilitazione

le dicerie = chiacchiere maligne

il commerciante = chi vende merci

il/la connazionale = chi appartiene alla stessa nazione

ESPRESSIONI IDIOMATICHE E FRASI FATTE

filarla liscia = cavarsela, uscire da una situazione pericolosa

senza polemiche = senza critiche

(chiedere) a bruciapelo = all'improvviso

scambiare qualcuno per = confondere un individuo con un altro

punto e basta = espressione usata per liquidare istantaneamente un discorso

andare a letto con qualcuno = avere rapporti sessuali con qualcuno

non essere tutte rose e fiori = situazione che contiene anche dei lati negativi oltre a quelli evidentemente positivi

costruire ponti d'oro a qualcuno = offrire degli accordi vantaggiosi

fare carte false = fare ricorso a mezzi illeciti per raggiungere il proprio scopo

NOTE CULTURALI

il manifesto = quotidiano fondato nel 1971 dagli ambienti più a sinistra del Partito Comunista Italiano

l'Unità = quotidiano della sinistra fondato nel 1924 da Antonio Gramsci e per molti anni strumento d'informazione del Partito Comunista

Collega ogni parola della colonna a sinistra con l'espressione verbale dal significato analogo a destra.

le dicerie	esporre opere d'arte al pubblico
l'agevolazione	immobilizzare polsi e mani
il commerciante	contrastare con forza
la mostra	riportare fatti e notizie
il saldatore	lavorare in un'azienda metalmeccanica
le manette	fare acquisti e vendite
la cronaca	rendere facile
l'opposizione	fare pettegolezzi

Scegli la parola giusta tra le due proposte per completare le frasi che seguono.

Esempio: Gli ecologisti si impegnano per sfruttare / *tutelare* l'ambiente naturale.

1. L'agricoltore lavora in una fabbrica / una fattoria.

2. Il vincitore ha tagliato il traguardo / la partenza a tempo di record.

3. Solo una minoranza / una maggioranza di italiani non ama il caffè espresso.

4. I passeggeri hanno passato la dogana dopo l'imbarco / lo sbarco.

5. La fabbrica di scarpe della nostra città è stata fondata da un noto operaio / imprenditore.

6. Quando si è all'estero, è talvolta piacevole incontrare altri connazionali / stranieri.

7. L'entroterra / il lungomare adriatico è gremito di turisti durante la stagione estiva.

8. Non sapevo niente: è la prima / l'ennesima volta che ne sento parlare!

Identifica il medesimo sostantivo che manca nelle frasi seguenti.

a. Ho troppe cose da fare e non sono più _____ del mio tempo.

b. Il sindacato difende i diritti dell'operaio dagli interessi del_____.

c. Alla fine del mese dobbiamo pagare l'affitto al _____ di casa.

a. Marco deve passare dal medico per farsi dare la_____ di un farmaco contro l'insonnia.

b. Conosco una _____ fantastica su come cucinare il pesce spada!

c. Non esistono regole precise: ognuno deve trovare la _____ della propria felicità.

Identifica il medesimo verbo che manca nelle frasi seguenti.

a. Maria ha aiutato la figlia a _____ il trucco.

b. Giovanni scherza sempre e gli piace storpiare e _____ il nome dei suoi amici.

c. La chirurgia estetica serve a _____ alcune imperfezioni del viso e del corpo.

a. È bello _____ la vita con un'altra persona.

b. Alla morte del vecchio zio, i nipoti hanno potuto _____ fra loro una cospicua

eredità.

c. Molti immigrati sono costretti a _____ l'abitazione in cui vivono con altri

connazionali.

Scegli tre espressioni idiomatiche dalla lista data sopra e inventa altrettante frasi che le contengano:

1.

2.

3.

I testi

(da *Mi chiamo Alì... Identità e integrazione: inchiesta sull'immigrazione in Italia*,
Roma: Editori Riuniti, 2003)

Lejmà Bouei, 30 anni, operaio: "Vivo a Marghera, faccio il saldatore e arrivo dal Senegal. Voi italiani finite sempre per chiederci tutti la stessa cosa: 'Da dove arrivi?'. 'Dove vivi?'. 'Cosa fai?'. Accade sempre così. Magari, dopo, dite anche: ma io ho parlato con quello lì, l'immigrato. Sì, ho parlato. Gli ho fatto anche delle domande. Mai però che voi italiani, ci chiedeste quale film abbiamo visto l'ultima volta, che libro stiamo leggendo o se abbiamo letto quell'articolo. No, per voi è quasi impossibile che uno di noi, un operaio immigrato, possa andare al cinema o in una biblioteca o a vedere una mostra in un museo.

"Guardi. Io ad esempio leggo *il manifesto*. Glielo dico per un motivo. Dei vostri giornali riesco a leggere solo questo e a volte *l'Unità*. Vuole sapere perché? Di noi immigrati, gli altri giornali italiani parlano sempre per due motivi: l'ultimo sbarco di clandestini e l'ennesima polemica politica tra maggioranza e opposizione. C'è anche la cronaca e quella fa danni irreparabili. Titoli dopo titoli: 'Preso marocchino con un chilo di droga', 'Traffico d'armi, tre tunisini in manette'. Lei ha mai letto un titolo così: 'Preso milanese con un chilo di droga?'. Mi creda: non lo leggerà mai. Per voi italiani siamo comunque un pericolo, noi immigrati. Fino a quando potete 'controllarci' personalmente, allora possiamo anche filarla liscia.

"Ricordo il mio primo giorno di lavoro, in fabbrica. Il mio capo, non mi chiamava mai con il mio nome. Un giorno Lej tu lì un altro Lejmon. Siamo andati avanti così per un mese. Un giorno, all'ennesimo nome storpiato, ho fatto la stessa cosa con lui: non lo chiamavo mai con il suo vero nome. Lo ritoccavo e lo sbagliavo, volutamente. Ci siamo capiti in un attimo, senza tante parole e soprattutto, senza polemiche. Adesso siamo diventati amici, veri amici. Adesso, quando arriva qualche altro operaio dall'estero, la prima cosa che fa è scriversi nella sua agendina il nome corretto del nuovo compagno di lavoro. La civiltà, credimi, si vede anche da questi particolari apparentemente senza importanza.

"Io mi considero fortunato. Vivo a Marghera e qui la solidarietà si avverte tutti i giorni. Nel lavoro, nella vita, ovunque. In fabbrica, noi stranieri siamo un bel po' e devo dirti che non c'è tanta differenza tra italiani e stranieri. Forse all'inizio, quando arriviamo, non siamo molto tutelati sotto il profilo del contratto. Col tempo, però, quando impariamo a farci capire e soprattutto, quando dimostriamo che il lavoro, anche tanto lavoro, non ci fa paura, allora si chiarisce subito tutto con voi italiani. Anche con i padroni. Io guadagno 700–800 euro al mese. Divido un appartamentino con altri due compagni di lavoro. Ci siamo dati le nostre regole, per il buon funzionamento della casa. Ognuno ha il suo compito: spesa, burocrazia, pulizia.

"Per quanto riguarda la cucina, abbiamo fatto amicizia con i nostri vicini: due famiglie simpaticissime. Ci scambiamo le ricette e i piatti. E siamo reciprocamente disponibili, per qualsiasi bisogno, anche di notte. Le mie vacanze? Una volta l'anno torno a casa, dalla mia famiglia. Ogni volta è la solita storia e soprattutto, le stesse domande: 'Lejmà, quando ritorni a casa? Lejmà quando ti troverai una moglie?'. Beh, volevo dirtelo, ecco. Così adesso sai praticamente tutto del sottoscritto. L'amore? Lasciamo perdere. Non ho l'età...".

Jana Bourissilova, 37 anni, docente universitaria: "Ho vissuto per tre anni a Trieste, una città splendida. Per sentirmi in pace con me stessa, bastava solo guardare il mare d'inverno e ascoltarne il rumore. Ho lavorato al Centro di Fisica. Adesso vivo a Parigi, sempre per motivi di lavoro, ma l'anno prossimo rientrerò in Italia. Quella italiana, si è rivelata un'esperienza importantissima, sia in termini positivi che negativi. Intanto le racconto un'esperienza negativa, di quelle che ti fanno stare molto male. Ricordo l'episodio e lo racconto sempre. Una sera, sono andata a cena con due mie amiche: una studentessa e una collega. Siamo andate in un ristorante medio, sul lungomare, vicino piazza Unità d'Italia. Siamo entrate e il nostro tavolo ancora non era pronto. 'Accomodatevi al banco, vi offro un aperitivo', ci ha detto il proprietario. Stavamo parlando, quando da uno dei tavoli della sala, si sono alzati due ragazzi. Sembravano gentili. Si sono avvicinati verso di noi e, a bruciapelo, ci hanno chiesto: 'Quanto volete per una sera?'. Giuro. È successo tutto in un attimo. Così. Come un lampo. Secondo me, ci hanno scambiato per puttane perché parlavamo nella nostra lingua. Tutto qui. Basta quella, a volte.

"Per gli italiani, le ragazze dell'Est sono soprattutto prostitute. Punto e basta. Provate a parlare con un italiano e a dire che arrivate dalla Romania, dalla Bulgaria, dall'ex Jugoslavia: almeno il 50% farà un sorrisino, l'altra metà stringerà i denti, magari non vi dirà mai niente ma in testa sta già pensando d'andare a letto con te. Eppure, per voi italiani, io appartengo alla fascia alta della società: professionista, docente universitaria, una bella casa, tanti viaggi all'anno. Parlo quattro lingue, ho un lavoro che ogni giorno mi soddisfa sempre di più, pubblico libri su cui studiano tanti ragazzi, ho un bel marito e tanti amici italiani. Ecco. Adesso le ho raccontato l'esperienza positiva. Qui in Italia ho avuto modo di esprimermi, di raggiungere il mio traguardo di una vita.

"Ma questo, non significa però che sia tutto rose e fiori, nel vostro paese. Non solo a Trieste ma in giro, nelle altre città, anche negli ambienti universitari, sul mio conto, ne ho sentite tantissime: dalla carriera rapida per meriti non propriamente scientifici alle agevolazioni che può avere una bella donna come me negli ambienti universitari. Mi sono abituata a questa e ad altre dicerie. Non riuscirò mai a dire degli italiani, gente razzista. Le ho raccontato l'episodio del ristorante perché mi pare espressivo di un certo modo di considerare gli stranieri. Meglio. Di come l'uomo italiano, un certo tipo d'uomo, guarda alle donne straniere, soprattutto a quelle dell'Est e alle ragazze di colore. Noi quando un cittadino italiano arriva in Romania, gli costruiamo ponti d'oro. Guardi quanti imprenditori ci sono nel nostro paese, quanti commercianti: li rispettiamo e non faremo mai certi apprezzamenti su questo o su quell'altro gusto, tendenza o passione. Tutto qui.

"È anche vero però, che molte mie connazionali, fanno letteralmente carte false per trasferirsi qui in Italia o per farsi portare via dalla Romania da un italiano. Storie così sono di ordinaria regolarità, nel mio paese. E fanno parte della vita di due mondi: il nostro e il vostro. E mi creda: comunque lo si voglia interpretare, il vostro è sempre migliore".

Ora lavoriamo sul testo

COMPRENSIONE

1. Chi è Lejmà Bouei?
2. Quali sono le domande classiche che si sente rivolgere?
3. Quali sono, invece, le domande che vorrebbe sentirsi fare?
4. Quali giornali legge e per quale motivo?
5. Quale tipo di articoli si leggono sulla maggioranza dei giornali, secondo lui?
6. Quale episodio racconta Lejmà Bouei circa gli inizi del suo lavoro in fabbrica?

7. Secondo lui, che cosa devono dimostrare i lavoratori immigrati per farsi accettare?

8. Dove e con chi vive Lejmà Bouei?

9. Quali sono le domande dei connazionali quando rientra nel suo paese?

10. Chi è Jana Bourissilova?

11. Quale esperienza negativa ha vissuto e qual è il suo commento?

12. Descrivi nei dettagli la professione di Jana Bourissilova: in cosa consiste?

13. Qual è un pregiudizio frequente nei suoi confronti circa il successo professionale?

14. Secondo Jana Bourissilova, qual è l'atteggiamento dei romeni verso gli italiani che arrivano nel loro paese?

15. Che cosa spiega inoltre Jana Bourissilova circa il comportamento di molte sue connazionali?

ANALISI E INTERPRETAZIONE

1. Lejmà Bouei si lamenta delle domande che gli italiani gli rivolgono. Secondo te, per quale motivo gli italiani tendono a fare ripetutamente questo tipo di domande agli immigrati?

2. Quale messaggio vuole trasmettere Lejmà Bouei raccontando l'episodio del nome storpiato?

3. Come interpreti la dichiarazione da parte di Lejmà Bouei di non avere l'età per l'amore?

4. Jana Bourissilova dà degli italiani le stesse valutazioni di Lejmà Bouei? Perché sì o perché no, a tuo giudizio?

5. Quali sono le differenze principali tra l'esperienza di Lejmà Bouei e quella di Jana Bourissilova?

6. Con quale scopo Lejmà Bouei usa le categorie "noi" e "voi"? Anche Jana Bourissilova fa questa distinzione tra "noi" e "voi"? Quale effetto ne deriva?

7. Quale registro di conversazione usano rispettivamente Lejmà Bouei e Jana Bourissilova parlando con l'intervistatore, quello formale o quello informale? Che cosa significa, a tuo parere?

8. Dai testi che hai letto, pensi che l'esperienza di vita e di lavoro di Lejmà Bouei e di Jana Bourissilova in Italia sia più positiva o più negativa?

9. Nella prospettiva del paese ospitante, quali sono i problemi che un'immigrazione massiccia può portare? Fai riferimento ai due testi proposti.

10. Quali sono i vantaggi, invece, che l'economia del paese ospitante può ricavare dalla presenza di immigrati stranieri? Fai un collegamento tra i due testi.

Per scrivere

1. Confronta le due storie di immigrazione di Lejmà Bouei e di Jana Bourissilova: sottolinea somiglianze e differenze tenendo presente la diversità del punto di vista uomo-donna.

2. Attraverso l'analisi dei due testi proposti, spiega e commenta in quale modo si costruisce l'identità dell'immigrato in contrapposizione a quella del cittadino del paese ospitante.

3. "La civiltà, credimi, si vede anche da questi particolari apparentemente senza

importanza": sei d'accordo con questa affermazione di Lejmà Bouei? Spiega in un saggio
che cosa significa per te il concetto di "civiltà".

4. Conosci una storia di immigrazione? Raccontala nei particolari.

5. Hai mai vissuto per un periodo in un paese diverso dal tuo? Racconta la tua esperienza
   indicando con degli esempi come tu vedevi gli altri e come gli altri vedevano te.

6. Adesso sei tu il giornalista: prepara una lista di domande, poi intervista alcune persone
   recentemente immigrate presso la comunità in cui vivi, e riporta le loro testimonianze.

Internet

1. Trova informazioni sul numero degli immigrati in Italia, sulla loro provenienza e sul tipo
   di lavoro che esercitano, poi esponi i risultati alla classe.

2. Fai una piccola ricerca su Marghera e Trieste, le due città nominate nei testi; cerca anche
   qualche immagine da mostrare ai tuoi compagni.

3. Cerca informazioni e dati sul fenomeno della prostituzione delle donne straniere in
   Italia, poi compila un breve resoconto da presentare alla classe.

4. Visita il sito ufficiale de *il manifesto* oppure de *l'Unità*. Con l'aiuto dell'insegnante, scegli
   un articolo a sfondo politico e poi confrontalo con uno che tratti lo stesso argomento su
   un'altra testata giornalistica, come *il Corriere della sera* oppure *la Repubblica*. Esponi le tue
   considerazioni alla classe.

21 • Alda Merini
O carme, gentile indovino e *Manuela cara*

Chi è l'autrice

Alda Merini, considerata una delle maggiori poetesse italiane contemporanee, è nata il 21 marzo 1931 a Milano. Ha esordito giovanissima e già nel 1950 i suoi testi sono stati inclusi nell'*Antologia della poesia italiana 1909–1949* curata da Giacinto Spagnoletti. Il suo primo volume di versi è apparso nel 1953 con il titolo *La presenza di Orfeo*, a cui hanno fatto seguito *Paura di Dio* (1955) e *Tu sei Pietro* (1962). Gli anni compresi tra il 1965 e il 1972 sono stati per l'autrice anni terribili, trascorsi quasi senza interruzioni in manicomio. Per quasi vent'anni la Merini non ha più scritto, il ritorno alla pubblicazione è avvenuto con *La Terra Santa* nel 1984. Ha poi debuttato anche con la prosa di *L'altra verità. Diario di una diversa* (1986, edizione accresciuta 1992). Della vastissima produzione successiva, sia in prosa che in poesia, ricordiamo: *Testamento* (1988), *Vuoto d'amore* (1991), *Ballate non pagate* (1995), *La pazza della porta accanto* (1995), *Fiore di poesia 1951–1997* (1997), *Lettere a un racconto. Prose lunghe e brevi* (1998), *Corpo d'amore* (2001) e *La carne degli angeli* (2003).

Prepariamoci a leggere

1. Che cosa è e come credi che si manifesti la malattia mentale? Secondo te, quali possono essere i comportamenti tipici di un malato di mente? Fai alcuni esempi.
2. Come immagini una casa di cura per malati di mente? Conosci persone che sono state ricoverate in istituti del genere?
3. Cosa pensi dell'elettroshock e di simili terapie per la cura delle turbe psichiche?
4. Hai mai visto dei film che trattano della malattia mentale? Quali? Puoi riassumerne la trama?
5. Conosci artisti e personaggi famosi che abbiano sofferto di patologie mentali? Credi che esista un possibile rapporto tra la follia e l'espressione artistica? Motiva la tua risposta con esempi precisi.
6. Cosa significa nella tua cultura essere una buona madre o un buon padre? Credi che una persona inferma di mente possa svolgere in modo comunque adeguato la funzione di genitore? Giustifica la tua risposta.

Un po' di vocabolario

il carme = componimento poetico

l'indovino = persona considerata in grado di prevedere il futuro

allietare = rendere lieto, contento, allegro

esile = sottile, snello, delicato

deludere = non soddisfare le aspettative o le speranze di qualcuno

il pontile = piccolo ponte sull'acqua per consentire l'attracco di barche

la spada = arma bianca a lama lunga, diritta e aguzza

il cembalo = strumento musicale formato da una membrana tesa su un telaio circolare e munito di piccoli sonagli

la soglia = limite della porta o dell'ingresso

lo smarrimento = (qui) stato di confusione e turbamento dovuto a dolore o paura

la scatola = contenitore rigido di forma e dimensioni variabili

il manicomio = ospedale psichiatrico

il giocattolo = oggetto costruito per far giocare e divertire i bambini

barbuto = che ha la barba, in genere disordinata

fissato = preso da un'idea fissa, da una mania

ESPRESSIONI IDIOMATICHE E FRASI FATTE

alla svelta = velocemente, rapidamente

fare pena = suscitare delusione, compassione, ma anche condanna

fare casino = fare rumore, caos, confusione o disordine

non è affar mio, tuo, ecc. = non riguarda, interessa, me, te, ecc.

NOTE CULTURALI

Giuditta = protagonista dell'omonimo libro della Bibbia, seduce e poi uccide, tagliandogli la testa, il generale Oloferne che assedia con il suo esercito la città della giovane donna

Completa le frasi con la parola giusta scelta fra quelle del vocabolario.

1. Alla festa degli studenti gli organizzatori avevano fatto venire anche un gruppo musicale

   per _____ la serata.

2. Aperta _____, ho trovato un computer portatile: era proprio il regalo che volevo.

3. Anche questa volta Mario non ha passato l'esame di Storia, e così continua a

   _____ i suoi genitori.

4. Ti prego di non fare nessun regalo al mio figlioletto per il suo compleanno, ci sono già

   troppi _____ in casa.

5. Ieri Francesco è passato da casa mia ma aveva molta fretta, non è nemmeno entrato, ci

    siamo appena scambiati due parole sulla _____.

6. Alessandra è convinta che il marito abbia un'amante. Lui le ha giurato che non è vero, ma

    lei non ci vuol credere, è proprio _____ con quest'idea.

7. Quando i genitori di Lorenzo si sono separati, lui ha attraversato un periodo di profondo

    _____.

8. Il nuovo dipartimento di psichiatria è stato aperto nei locali che un tempo ospitavano

    _____.

Con l'aiuto di un vocabolario trova il verbo, o i verbi, da collegare alle parole date, poi scrivi una frase in cui utilizzi il verbo in modo da chiarirne il significato.

Esempio: sedia = sedere / sedersi; non sederti su quella panchina, è appena stata verniciata

smarrimento =

indovino =

fissato =

pena =

Abbina il contenuto al contenitore più probabile.

scatola	televisore al plasma
scatolina	carne in gelatina
scatolone	cioccolatini al rum
scatoletta	chiodi arrugginiti
scatolaccia	anello di diamanti

Aiutandoti con un dizionario, spiega che cosa contengono le seguenti "scatole".

scatola nera

scatola cranica

scatole cinesi

scatola sterzo

Cerca sul dizionario il significato delle seguenti espressioni idiomatiche e per ciascuna scrivi una frase appropriata che la contenga.

comprare a scatola chiusa

rompere le scatole

levarsi dalle scatole

Sostituisci la parola in corsivo con il suo corretto equivalente tra quelli elencati di seguito.

disordine / rumore / tantissimo

quel film mi è piaciuto *un casino,* lo voglio rivedere al più presto.

ragazzi, sono le tre e ho bisogno di dormire, se non la smettete di fare *casino,* chiamo la

polizia.

nella tua stanza c'è un gran *casino,* o riordini o butto via tutto quello che trovo sul

pavimento.

I testi

(da *Ballate non pagate,* Torino: Einaudi, 1995)

a mia figlia Manuela

O carme, gentile indovino
che hai allietato le mie esili braccia,
fiore di una madre che delude,
adolescenza che fuggì via alla svelta
come raggio di sole benedetto   5
viene alla sera umida ed ignota,
mi vedesti partire per l'inferno
e desolata e sola hai cominciato
ad impararmi solo per memoria
e sei rimasta con un grande vuoto   10
dentro al ricordo. E mi fa gran pena,
e vorrei ritornare ancora indietro
per trovare quelle ore conosciute.
Bambina ti reggevo tra le braccia,
ti portavo dovunque per la via

e i pontili parevano d'argento,   15
la mia casa una reggia, faraone
tuo padre, mentre io
Giuditta con la spada.
E, lo ricordi, suonavamo il piano   20
non so con quanti cembali imprecisi;
poi, quando tu capisti, che tua madre
fuggiva dalle soglie della casa,
tu non piangesti mai, ma mi guardavi
con tanto smarrimento dentro agli occhi   25
che ancora oggi tremo se ti chiamo:
non voglio che ricordi quei momenti
in cui io persa, ti desideravo.

(da *Lettere a un racconto. Prose lunghe e brevi,* Milano: Rizzoli, 1998)

Manuela cara,

ieri mi hai rubato una scatola per il tuo bambino, il maschietto che tanto adori e che si chiama Riccardo come il mio amore. Ma perché l'hai chiamato così? Forse è perché te ne ho parlato tanto. Siccome però anche tu lavori in un manicomio per cercare di capire perché tua madre ci è andata, un'altra volta non rubarmi le scatole: il tuo bambino ci mette i giocattoli, ma io ci metto i ricordi.

Ho poi notato una cosa: per liberare la scatola hai buttato tutto per terra, come quando eri bambina. Manuela cara, adesso ho capito il tuo dramma: vorresti tornare qua, per fare un po' di casino insieme a tua madre o, magari, per smettere di vedere pazienti barbuti e fissati.

Sono stata una madre rigida ma anche tanto attenta e ti conosco così bene che so che il disordine non è affar tuo, come so che il silenzio fa parte del tuo carattere: hai sempre parlato poco ma visto molto.

Ora lavoriamo sui testi

COMPRENSIONE, ANALISI E INTERPRETAZIONE

Testo 1

1. Le parole "carme" e "indovino" si riferiscono alla figlia. Da cosa lo capisci? Cosa possono voler dire?
2. Con quali altre parole viene definita Manuela nel testo?
3. Secondo te, cosa vuol dire l'autrice quando si definisce "una madre che delude"?
4. I versi 5 e 6 contengono una similitudine ricavata dal mondo della natura. Puoi spiegarla con parole tue?

5. Considerando la biografia dell'autrice, cosa può essere "l'inferno" a cui si accenna al verso 7?

6. Perché la figlia comincia a imparare la madre "per memoria"?

7. Cosa è il "grande vuoto" nel ricordo della figlia menzionato al verso 10?

8. Cosa sono "le ore conosciute" del verso 13?

9. Quali sono i ricordi felici che la madre ha della figlia bambina?

10. Perché, secondo te, l'autrice si paragona a "Giuditta con la spada"?

11. Come reagisce la figlia quando capisce che la madre fugge "dalle soglie della casa"?

12. Cosa si può intendere con l'espressione "soglie della casa"?

13. Cosa succede all'autrice oggi quando chiama la figlia? Perché, secondo te?

14. Puoi fornire una parafrasi degli ultimi due versi?

Testo 2

1. Cosa ha fatto Manuela? Perché?

2. Chi è Riccardo?

3. Dove lavora la figlia dell'autrice? Per quale motivo, secondo la madre?

4. Cosa mette la Merini nelle scatole?

5. Cosa faceva Manuela da bambina?

6. In cosa consiste "il dramma" della figlia, dal punto di vista della madre?

7. Quali elementi del carattere di Manuela vengono ricordati?

8. Che tipo di madre dice di essere stata la Merini?

9. Secondo te, che rapporto c'è oggi tra la Merini e la figlia? Giustifica la tua risposta.

10. Quali elementi in comune hanno i due testi presentati? Secondo te, ci sono modi in cui uno dei due spiega elementi o allusioni contenuti nell'altro?

Per scrivere

1. Scrivi una lunga lettera ad Alda Merini ringraziandola per il suo lavoro e raccontandole che cosa hai provato leggendo i suoi testi.

2. Immagina di essere Manuela, la figlia della scrittrice, e rispondi alla lettera di tua madre. Spiega i motivi del tuo comportamento e cerca di analizzare il rapporto che c'è tra di voi.

3. Fingi di dover intervistare Alda Merini sulla sua triste esperienza in manicomio, poi mettiti nei suoi panni ed inventa anche le sue risposte.

4. Scrivi una lettera al direttore del *Corriere della sera,* il principale quotidiano di Milano, parlando della tua ammirazione per la poesia di Alda Merini e chiedendo che la città dedichi alla poetessa il nuovo ospedale psichiatrico.

5. Immagina di avere anche tu, come la poetessa, delle scatole dei ricordi. Tira fuori da una di queste il ricordo più bello (o se preferisci quello più brutto) della tua infanzia e raccontalo.

Internet

1. Cerca dei siti dedicati a Alda Merini e presenta in classe quegli elementi della sua biografia che hai trovato di maggiore interesse.
2. Trova in rete altri testi della Merini, scegline uno che ti ha particolarmente colpito e preparati a presentarlo in classe, giustificando i motivi della tua scelta.
3. Cerca il testo di *Canzone per Alda Merini,* scritta da Roberto Vecchioni nel 1999 e presentalo alla classe unitamente ad informazioni sulla biografia del cantautore.
4. Fai una ricerca su Franco Basaglia e sulla riforma che porta il suo nome.
5. Il film *La meglio gioventù* di Marco Tullio Giordana racconta anche il modo in cui la malattia mentale è trattata in Italia fino agli anni settanta. Guarda il film e presenta alla classe una sintesi del suo contenuto a questo riguardo.
6. Trova delle informazioni sui navigli di Milano e sui loro cambiamenti negli ultimi decenni.

22 • Aldo Nove
Storia di Roberta e *Storia di Luigi*

Chi è l'autore

Aldo Nove è lo pseudonimo di Antonello Satta Centanin, nato a Varese nel 1967 e laureato in Filosofia. Satta Centanin è stato a lungo uno dei redattori della rivista *Poesia* e, con il suo vero nome, è stato autore soprattutto di articoli critici e di sillogi poetiche, queste ultime ripubblicate nel 2002 in un volume unico dal titolo *Fuoco su Babilonia* con lo pseudonimo che lo ha reso famoso. Come narratore si è affermato con *Woobinda*, pubblicato nel 1996, e partecipando all'antologia *Gioventù cannibale* dello stesso anno. Da allora ha pubblicato svariati libri. Tra questi ricordiamo *Puerto Plata Market* (1997), *Superwoobinda* (1998), *Amore mio infinito* (2000), *La più grande balena morta della Lombardia* (2004), *Mi chiamo Roberta, ho 40 anni, guadagno 250 euro al mese...* (2006) e il poemetto *Maria* (2006). Nove collabora a numerosi giornali e riviste letterarie.

Prepariamoci a leggere

1. Quali sono state finora le tue esperienze di lavoro? Si tratta di lavori a tempo pieno o a tempo parziale? Cosa hai fatto, o che fai, di preciso?
2. In base alle tue esperienze personali, i giovani studenti che lavorano sono pagati in modo adeguato? E il primo lavoro dopo l'università è pagato molto meglio?
3. Hai già studiato all'estero? Quando e dove? Come valuti questo tipo di esperienza?
4. Per te, qual è il criterio più importante per scegliere un corso di studi invece di un altro? Tu come hai scelto la tua disciplina accademica?
5. Nel tuo paese è frequente non avere un lavoro corrispondente al proprio titolo di studio? Puoi dare qualche esempio specifico per giustificare la tua risposta?
6. Nel tuo paese, in quali categorie professionali credi che ci siano più persone il cui lavoro non è retribuito in modo adeguato?
7. Pensi che le opportunità di lavoro siano migliori in Italia o nel tuo paese? Cosa te lo fa pensare?

Un po' di vocabolario

la progettualità = attitudine a, capacità di elaborare progetti

il bilancio = (qui) valutazione consuntiva di una situazione

logorarsi = consumarsi, stancarsi, deteriorarsi

la matassa = insieme di fili avvolti, (figurato) intrigo, confusione

la giurisprudenza = scienza del diritto

proibitivo = (qui) che impedisce o addirittura proibisce quello che si vorrebbe fare

condizionare = (qui) limitare, ridurre

il disoccupato = chi è senza lavoro

mantenersi = procurarsi il necessario per vivere

il consuntivo = rendiconto di una attività dato alla sua conclusione

scaricato = (qui) senza forza, senza energia

il salariato = chi è pagato per il proprio lavoro, di solito manuale, operaio, lavoratore agricolo

retribuito = pagato, ricompensato

sfruttare = trarre guadagno dal lavoro di altri senza dare una retribuzione adeguata

inficiare = togliere, negare la validità

forense = che riguarda l'attività giudiziaria

la precarietà = condizione di chi non ha un lavoro stabile, incertezza

invischiato = preso, intrappolato in situazioni rischiose o moleste

scomporsi = turbarsi, mostrare turbamento, alterarsi

ESPRESSIONI IDIOMATICHE E FRASI FATTE

fare punteggio = ottenere punti nella graduatoria da cui dipende l'assunzione per un dato lavoro

lavorare in nero = lavorare illegalmente, senza un regolare contratto

mettere in piedi = fondare, allestire, preparare

magari = (qui) forse, eventualmente

trovare il bandolo della matassa = trovare il punto in cui inizia qualcosa

di nascosto = senza far sapere o vedere ad altri

dare per scontato = considerare qualcosa come acquisito, previsto

la busta paga = busta che contiene la retribuzione di un lavoratore

saltare il turno = non ottenere la *chance,* l'opportunità che si dovrebbe avere

gettare le basi = mettere le fondamenta su cui si regge qualcosa

a rate = un po' alla volta, frazionato in pagamenti più piccoli

NOTE CULTURALI

il co.co.co. = contratto di collaborazione coordinata e continuativa

l'Erasmus = programma europeo di scambi studenteschi a livello universitario

Completa le frasi con la parola o l'espressione giusta tratta dalla lista di vocabolario.

1. Per poter fare l'avvocato bisogna prima laurearsi in _____.

2. Incontrava l'amante _____ dalla moglie.

3. Di norma gli operai ricevono _____ l'ultimo venerdì del mese.

4. Alla fine dell'anno il direttore ci diede _____ delle attività svolte.

5. Non potendo pagarlo in contanti, ho acquistato il televisore _____.

6. Mia sorella non ha abbastanza soldi per _____.

7. Arrivati a quarant'anni si deve fare _____ della propria vita.

8. Se Mario continua a lavorare così tanto, finirà per _____.

Con l'aiuto del vocabolario trova i nomi da collegare all'aggettivo dato e scrivi una frase che ne esemplifichi il senso.

Esempio: pagato = la paga; la paga di un operaio raramente supera i 1000 euro al mese

retribuito =

invischiato =

forense =

scaricato =

proibitivo =

rischioso =

umiliante =

precario =

Usando il dizionario dei sinonimi e dei contrari trova i termini o le espressioni di senso opposto a quelli dati e forniscine una definizione.

Esempio: il disoccupato = il lavoratore, l'impiegato; persona con una occupazione professionale

inficiare =

il salariato =

di nascosto =

a rate =

scomporsi =

la precarietà =

logorarsi =

sfruttare =

Abbina il modo di dire nella colonna a sinistra con il significato corretto sulla destra.

mancare di basi	costituire il fondamento di qualcosa
essere alla base	non essere preparato per qualcosa
rientrare alla base	formulare i principi di qualcosa
porre le basi	tornare al punto di partenza

Il testo

(da *Mi chiamo Roberta, ho 40 anni, guadagno 250 euro al mese...*, Torino: Einaudi, 2006)

Storia di Roberta

Mi chiamo Roberta, ho 40 anni, guadagno 250 euro al mese...

Duecentocinquanta euro al mese?

Lavoro in una scuola per studenti lavoratori, aperta dalle 18 alle 22,30. Duecentocinquanta euro è quanto ho guadagnato l'ultimo mese. È quasi nulla. Vado avanti in questo lavoro quasi per inerzia, per fare punteggio. Ho un contratto a ore, un ex co.co.co. Che però ancora è rimasto tale, che dovrebbe cambiare e resta così, nel caos ministeriale. Su quaranta docenti che lavorano nella mia scuola venti sono in regola, gli altri lavorano in nero. È una scuola potente, e quindi ha protezioni e non ha subito ispezioni...

E a parte quest'esperienza?

Ho riversato le altre energie, assieme a una mia amica, mettendo in piedi un'agenzia di stampa di donne, per donne. Questo è il mio impegno più gratificante.

Quanto guadagni, dall'agenzia?

In termini economici, nulla! Adesso abbiamo sentito un account che sta cercando di migliorare la pagina web e vendere l'agenzia come prodotto.

Cosa altro fai, per vivere?

Per ora, insegno anche in un corso regionale, di pomeriggio, un pomeriggio a settimana. Però è un impegno per un numero preciso di ore, cinquanta, che inevitabilmente finirà. Poi ogni quindici giorni collaboro con un'altra scuola, dove abbiamo ideato un corso di giornalismo per ragazzi. Sono attività che in realtà mi piacciono tutte, ma essendo sporadiche, pagate in modo irregolare e poco, non mi danno nessuna forma di sicurezza. Quando non ce la faccio proprio, mi aiuta mia madre. È difficile, vivere così. Cerchi di pensare che siamo in tanti, in queste condizioni, ma il pensiero non è sufficiente a combattere l'ansia che ti dà una precarietà così forte. E quando investi la maggior parte delle tue energie nell'organizzazione dell'esistenza quotidiana, è difficile, è molto difficile immaginarsi una progettualità. Anche le passioni, anche l'amore per quello che fai sono duri da sostenere.

Con l'ansia della sopravvivenza si possono fare poche cose.

Purtroppo è così. E quando, come me, sei cresciuta con la passione per la politica, ti trovi a doverla abbandonare perché devi pensare solo a sopravvivere. È una continua aggressione della realtà nei tuoi confronti. Ti rendi conto giorno per giorno che la tua laurea, i tuoi decenni di esperienza non hanno nessun valore contrattuale, che sul piano del lavoro non sei niente. A quarant'anni poi cominciano i primi bilanci. Magari pensi: "Ok, adesso posso lavorare anche sedici ore al giorno per pochi soldi, lo faccio perché mi piace, ma fra qualche anno non ce la farò più fisicamente". E allora inizi a pensare, a logorarti. (...)

Storia di Luigi
Parliamo di te?

Di quello che rimane, di me...

In che senso?

Nel senso che a trentatré anni, dopo aver fatto mille sacrifici per ottenere qualcosa, ti trovi a vivere ancora nell'incertezza assoluta. È come se fossi completamente a pezzi, come se non riuscissi più a trovare il bandolo della matassa, della matassa della mia vita...

Che lavoro fai?

Sono laureato in giurisprudenza. Per laurearmi in fretta e non pesare economicamente sui miei genitori, ho rinunciato a molte cose. Ad esempio, all'Erasmus. Ho rinunciato a viaggiare, ma ero contento di quello che facevo, anche se all'inizio la mia passione non era certo studiare giurisprudenza.

Perché allora hai scelto giurisprudenza?

In realtà volevo fare filosofia. Ho sempre amato la filosofia, specialmente quella tedesca. Ma era una strada che mi sembrava, e mi sembra, proibitiva, se non come hobby. Così ho scelto altro. Non certo quello che volevo. Anche in quel caso sono stato condizionato dal fatto che, finito il liceo classico, tutti mi dicevano di non scegliere facoltà umanistiche, perché sarei rimasto disoccupato a vita. Comunque, ho fatto l'università da studente modello. Mi sono laureato con il massimo dei voti nel '95, dieci anni fa! E ancora non sono in grado di mantenermi da solo, figuriamoci di formare una famiglia!

E dopo la laurea?

Ho vinto immediatamente il dottorato. Finito il dottorato ho deciso che puntare solo sull'università era troppo rischioso, così ho iniziato anche a fare pratica d'avvocato, ovviamente non retribuita, come si usa fare—ingiustamente—in questo ambiente. Dopo due anni ho superato l'esame da avvocato e ciò mi ha permesso di iniziare a essere pagato... quattrocento euro al mese! Non abbastanza per mantenermi, quindi ho sempre lavorato. Anche, durante il weekend, come cameriere in un ristorante. Dopo dieci anni, se devo fare un consuntivo, dico che mi sento completamente scaricato... Senza energie. Devo ancora farmi aiutare dai miei genitori. Senza prospettive sicure. Come credi che si possa vivere con quattrocento euro al mese?

Non si può.

Infatti. Da una parte mi aiutano i miei genitori e questo, capisci, a trentatré anni è umiliante. Dall'altra lavoro in un ristorante. Ma lo devo fare di nascosto.

Perché?

Perché sono avvocato! Secondo le leggi dell'ordinamento forense, se sei avvocato non puoi fare lavori da salariato, cioè lavori subordinati. Credo che questo sia dovuto a una sorta di "onore" dell'Ordine. Anche se non inficia il codice d'onore dell'Ordine il fatto che vengano sfruttati i praticanti e i giovani avvocati senza retribuzione o con compensi di miseria. È folle, lo so, ma la maggior parte delle persone che conosco si trova in una situazione analoga alla mia. È molto triste, tutto questo. Credo che il periodo che va dai venticinque ai trentacinque anni sia quello più produttivo, quello in cui uno ha più energie ed entusiasmo per la vita, quindi anche per il lavoro. Il periodo in cui si gettano le basi del proprio futuro. Ma quando arriva, questo futuro? Mi sembra che noi giovani siamo tutti bloccati, immersi dentro delle sabbie mobili. Quando penso alla precarietà, penso alle sabbie mobili.

Perché, alle sabbie mobili?

Ci sei invischiato dentro, e affondi lentamente. Se ti agiti, se ti scomponi troppo, se non rispetti le regole del gioco, che è un gioco folle, rischi di affondare del tutto. Non parlo solo dal punto di vista economico, ma anche da quello delle prospettive interiori, della base emotiva della tua esistenza. È tutto incerto. È come se non fossimo nemmeno dei soggetti sociali riconosciuti.

Addirittura?

Ti faccio un esempio. Per lavorare ho bisogno del computer. L'anno scorso mi si è rotto. Per comprarmene uno a rate dovevo presentare la mia busta paga. Ma io, come tutti i miei coetanei con lavori flessibili e precari, non ho una busta paga. Se non posso nemmeno comprarmi un computer a rate, figuriamoci una casa. Torniamo alle sabbie mobili. La cosa folle è che ormai è dato per scontato, per acquisito, che sia così. È scontato che sia la famiglia a doverti mantenere, anche a quarant'anni. È scontato che la nostra generazione, come dire, "salti il turno". Il turno dell'esistenza nel suo aspetto di dignità dell'individuo. Questa è l'Italia, oggi. E questo siamo noi. (...)

Ora lavoriamo sul testo

COMPRENSIONE

1. Qual è il lavoro principale di Roberta? Quanto ha guadagnato lo scorso mese?
2. Quanti suoi colleghi lavorano in nero?
3. Quali altri impegni lavorativi ha?
4. Qual è l'impegno che le dà più soddisfazioni?
5. Come fa ad andare avanti finanziariamente?
6. A quale passione ha rinunciato per la necessità di lavorare?
7. Che cosa genera la sua ansia?
8. Qual è il suo titolo di studio?
9. Quanti anni ha Luigi? In cosa è laureato?
10. Cosa voleva studiare in realtà? Perché non l'ha fatto?
11. Qual è la sua professione? Quanti soldi guadagna in questo momento?
12. Quale altro lavoro deve fare? Quando?
13. Qual è l'Ordine a cui si accenna?
14. Come dice di sentirsi Luigi?
15. Quando si gettano le basi per il futuro, secondo lui?
16. Cosa gli fa venire in mente la sua condizione di precario?
17. Per quale motivo ha difficoltà a comprarsi un computer?
18. Secondo Luigi, normalmente, chi mantiene un giovane?

ANALISI E INTERPRETAZIONE

1. Come credi sia possibile vivere con quello che Roberta guadagna al mese?
2. Che cosa implica l'espressione "caos ministeriale"?
3. Secondo te, che cosa fa "un'agenzia stampa di donne, per donne"? Fornisci alcuni esempi.
4. Puoi spiegare con parole tue la frase "È una continua aggressione della realtà nei tuoi confronti"?
5. Puoi spiegare a modo tuo in cosa consiste la precarietà della condizione di Roberta?
6. In che anno si è svolta l'intervista a Luigi? Da cosa lo capisci?
7. Riassumi la carriera scolastica di Luigi, quali e quanti titoli di studio ha?
8. Che tipo di studente era Luigi? Quali elementi lo dimostrano?
9. Cosa apprendi sui suoi genitori e sul loro rapporto con il figlio? Giustifica con esempi la tua risposta.
10. Cosa sarebbe necessario per essere dei "soggetti sociali riconosciuti"?
11. Perché Luigi pensa alle sabbie mobili? Spiegalo con parole tue.
12. In base al testo, la condizione di Luigi non è un'eccezione. Da quali elementi lo si può capire?
13. Qual è il suo stato d'animo complessivo? Spiegalo dando esempi specifici tratti dal testo.
14. Puoi discutere sul senso dell'espressione "saltare il turno"? A che turno ci si riferisce? E quali cose sono implicite in ciascun turno?

15. Fai un confronto tra la situazione di Roberta e quella di Luigi. Che cosa hanno in comune e che cosa invece le differenzia?

16. Dopo aver letto le storie dei due protagonisti, tu che idea complessiva ti sei fatto/a delle condizioni del mondo del lavoro in Italia?

Per scrivere

1. Fai tu un'intervista a un/a compagno/a in cui cerchi di ottenere tutte le possibili informazioni sulle sue esperienze di lavoro.

2. Fai un sondaggio tra i tuoi compagni su quanti soldi guadagnano in media le persone appena diplomate dal tuo liceo o laureate dalla tua università. Poi scrivi un breve articolo traendo alcune conclusioni generali sullo stato del mercato del lavoro nel tuo paese.

3. Manda una lunga lettera a Roberta esprimendole tutta la tua ammirazione e solidarietà per quello che fa e augurandole che presto la sua situazione migliori.

4. Scrivi una lettera a Luigi confrontando le tue esperienze di lavoro con le sue e dandogli qualche consiglio per migliorare la sua situazione.

5. Scrivi una lettera formale all'Ordine degli avvocati per esortarli ad aiutare maggiormente in qualche modo i giovani associati.

Internet

1. Cerca il sito della rivista *Poesia* e poi presenta alla classe tutte le informazioni che ritieni importanti su questa pubblicazione.

2. Trova notizie sulle altre pubblicazioni di Aldo Nove sia in prosa che in poesia.

3. Cerca materiale sugli autori riuniti nel volume *Gioventù cannibale* e cerca di spiegare perché questi giovani scrittori sono stati chiamati così.

4. Cerca un piccolo appartamento (due stanze con bagno e cucina) da affittare a Milano. Fai un confronto tra i prezzi mensili richiesti nelle diverse zone della città e decidi quanto denaro al mese dovresti guadagnare per poterti permettere di vivere in modo decoroso.

5. Trova informazioni sul film di Paolo Virzì *Tutta la vita davanti*, poi presenta alla classe i tuoi risultati. Se ti è possibile, guarda il film e prepara una lista di punti che vorresti discutere in classe con l'insegnante.

23 • Francesco Piccolo
Seconda solo a Versailles

Chi è l'autore

Francesco Piccolo è nato a Caserta nel 1964 ma oggi vive e lavora a Roma. Tra i suoi libri ricordiamo *Storie di primogeniti e figli unici* (1996), *Il tempo imperfetto* (2000), *Allegro occidentale* (2003), tutti editi da Feltrinelli, e il recente *L'Italia spensierata* (2007), uscito per Laterza. Piccolo collabora con vari quotidiani e riviste, tra cui *MicroMega,* ed è autore di sceneggiature per Paolo Virzì, Michele Placido, Silvio Soldini. La sua sceneggiatura più recente è quella del film *Il Caimano* di Nanni Moretti.

Prepariamoci a leggere

1. Quali sono i primi tre aggettivi che ti vengono in mente quando senti la parola "provincia"? Scrivili e poi confrontali con quelli dei tuoi compagni, preparandoti a spiegare la tua associazione di idee alla classe.

2. Cos'è per te la provincia? Prova a darne una definizione considerando dove si trova rispetto alla città, chi ci vive, come è lo stile di vita. Secondo te, quali sono le differenze maggiori tra vita in provincia e vita in città?

3. Quale significato ha per te l'aggettivo "provinciale"? Ha un valore positivo o negativo? Rivolto a chi o a cosa lo si usa di solito?

4. Tu sei cresciuto in provincia o in città? Ne sei contento? Giustifica la tua risposta.

5. Per che cosa è famoso il tuo luogo di provenienza nel resto del tuo paese o addirittura nel mondo? Come ti senti quando la gente di fuori fa sempre la stessa associazione tra il tuo posto di origine e la cosa per cui è conosciuto?

6. Come passano il sabato sera i giovani nel tuo paese / nella tua città? Ci sono molte opportunità di divertimento? Quali?

7. Ci sono rivalità tra il tuo paese / la tua città e un altro paese / un'altra città? Su cosa sono basate?

8. È comune nella tua cultura trasferirsi dalla provincia alla città? Perché lo si fa di solito? C'è chi compie il percorso in direzione contraria e si trasferisce dalla città alla provincia?

9. Secondo te, a cosa potrebbe fare riferimento l'autore nel titolo di questo racconto?

10. Risolvi questo enigma: un contadino deve attraversare un fiume portando con sé un lupo, una capra ed un cavolo ma dispone solamente di una barca così piccola da poter contenere solo lui ed uno solo degli elementi da trasportare. Se lasciato solo con lei, il lupo mangia la capra e questa, se lasciata sola con l'ortaggio, mangia il cavolo. Come dovrà fare il contadino per far attraversare il fiume a lupo, capra e cavolo in modo che tutti giungano incolumi sull'altra sponda?

Un po' di vocabolario

la reggia = residenza reale

negare = dichiarare che una cosa non è vera

la rivalità = antagonismo

affacciarsi = accostarsi a una finestra o a una porta per guardare al di là o farsi vedere

svilupparsi = (qui) espandersi, crescere

minatorio = (qui scherzoso) che contiene minacce

il casino = (gergale) confusione, caos, rumore

la spaghettata = una cena a base di spaghetti

accordarsi = mettersi d'accordo, convenire

il *quorum* = (latino) numero minimo di voti necessari per una deliberazione o per una elezione

posare = (qui) parcheggiare

l'antifurto = (qui) dispositivo che serve ad impedire il furto di un'automobile

il bollo = marchio statale che certifica che è stata pagata una tassa, in questo caso di un'automobile

zitto = silenzioso, che non parla

la multa = (qui) denaro che si deve pagare quando non si rispettano le regole (qui) della strada

la ruota di scorta = ruota in più che si porta in macchina per sostituirne una bucata

bucare = forare una ruota

la benzina = carburante per l'automobile

la tanica = contenitore per liquidi

appiccicoso = viscoso, attaccaticcio

scemo = stupido, non intelligente

accogliere = ricevere, dare il benvenuto

la coda = (qui) la parte terminale del treno che si contrappone alla "testa", quella iniziale

ESPRESSIONI IDIOMATICHE E FRASI FATTE

vabbe' = contrazione di "va bene", usata nel linguaggio colloquiale come intercalare

essere / stare punto e a capo = essere al punto di partenza

beato te = espressione che indica la buona sorte di qualcuno, "fortunato te!"

boh = espressione gergale che esprime dubbio, incertezza, "mah!"

NOTE CULTURALI

La Reggia di Caserta = storica tenuta nobiliare appartenuta alla famiglia Borbone, è
circondata da un parco con giardini tra i più vasti d'Europa; la Reggia è stata dichiarata
patrimonio dell'umanità dall'UNESCO

Versailles = città della Francia settentrionale nei pressi di Parigi e sede di un celebre castello
circondato da un magnifico parco con giardini, fontane, statue

*Abbina le espressioni idiomatiche con la parola "ruota" nella colonna A alla definizione
appropriata nella colonna B.*

A	B
parlare a ruota libera	procurare un impedimento a qualcuno
mettere il bastone tra le ruote	darsi arie, vantarsi
essere l'ultima ruota del carro	dire cose senza avere freni inibitori
ungere le ruote	essere considerato di scarsa importanza
seguire a ruota	dare soldi a qualcuno per ottenere qualcosa
fare la ruota	arrivare a brevissima distanza
reinventare la ruota	ricominciare inutilmente da capo

Per le seguenti parole contenute nel testo che stai per leggere, indica la parola base da cui derivano.

Esempio: reggia = re

famoso

girare

orgoglioso

affacciarsi

spaghettata

mezzanotte

razionalmente

infilarsi

passare

trasformarsi

Scegli per ogni sostantivo l'aggettivo che può abbinarsi ad esso.

regale; appiccicoso; scassato; veloce; curato; puntuale; affollato; nostalgico; litigioso; in-
concludente

una reggia

una serata

una caramella

una città

un prato

una spaghettata

un treno

un emigrante

una ragazza

una macchina

Sottolinea tra queste parole quella che semanticamente non si collega a quella data.

treno = biglietto, controllore, finestrino, bollo

automobile = minatoria, benzina, antifurto, multa

autobus = conducente, provincia, fermate, trasporto

città = centro, stanze, turisti, traffico

reggia = balcone, giardino, nobiltà, tanica

Il testo

(da AA. VV., *Disertori, Sud: racconti dalla frontiera,* Torino: Einaudi, 2000)

Se ci chiedono di dove siamo, rispondiamo che siamo di Caserta. E allora ci dicono: a Caserta avete la Reggia. Noi già lo sapevamo che ci dicevano così, ma non è che neghiamo. Sí, abbiamo la Reggia, diciamo. Sulla Reggia noi e loro poi diciamo ancor più o meno queste cose: seconda solo a Versailles; la Versailles d'Italia; se stava in Francia (o in Germania, qualcuno ha sempre come metro di paragone la Germania) era più famosa di Versailles. Lo sappiamo che è stupido dire queste cose, ma del resto non sapremmo cos'altro dire. E allora.

Siamo cresciuti con questa rivalità, non ci sono per niente simpatici gli abitanti di Versailles—eppure non ci hanno fatto niente—e se andiamo a Versailles giriamo per le

stanze e i giardini con un senso di sofferenza, di competizione, orgogliosi o demo-
ralizzati a seconda delle vittorie o delle sconfitte intorno a ogni paragone.

Che poi alla Reggia non è che ci andiamo. Non è nemmeno che non ne siamo orgogliosi. No; è che, come dire: sta là. Da bambini ci portavano a lanciare i pezzi di pane ai
pesci, ma poi si sono stancati di portarci e si sono stancati quando noi chiedevamo già da
un po' quanto sarebbe durata ancora questa storia di lanciare del pane ai pesci. Avevamo
voglia di fare altre cose.

(...) Il fatto è che se ci affacciassimo dal balcone della Reggia—ma non lo facciamo—
non vedremmo nemmeno la città. La città sta sulla sinistra, tutta intera, si è sviluppata
tutta da un lato, e allora la Reggia non è che sta in mezzo; non è che uno ci passa davanti,
non è che ci siamo mai dati appuntamento davanti alla Reggia. No. Sta là, dalla città ne
vediamo un lato, ma quando è molto vicino allora vuol dire che già siamo ai limiti della
città, e torniamo indietro. Se ci affacciassimo—ma non lo facciamo—vedremmo prati
larghi e ben curati, la stazione e una strada centrale oltre la stazione, che corre lunga e
diritta e porta verso Napoli. I turisti possono scendere dal treno, o dagli autobus, e andare
alla Reggia, e poi risalire e andare via, senza che noi li vediamo.

Ci sembra che qui la vita, la vita vera, non passi mai, ci sembra che la vita vera stia da
un'altra parte, come sembra a tutti gli altri che vivono in provincia (chissà se sembra così
pure a quelli di Versailles—non ci dispiacerebbe).

(...) Noi invece, da quando eravamo piccoli così, ci vediamo tutti i giorni, e ogni giorno
ci sembra di dover fare qualcosa ma poi non è che la facciamo, e poi sappiamo che il rito si
compie il sabato sera. Sappiamo pure che non succede mai quello che ci aspettavamo,
nemmeno il sabato sera, però siamo sicuri che sabato prossimo sarà diverso.

Quando arriva il sabato cominciamo a farci delle telefonate minatorie fin dal pomeriggio, e il messaggio è questo: stasera ci dobbiamo divertire, è sabato. Ci vediamo al solito
posto e poi decidiamo. Così ci vediamo e cerchiamo di decidere.

—Vogliamo andare là?

—È troppo lontano.

—Allora andiamo là.

—Così vicino? E che siamo usciti a fare...

—Vogliamo andare a mangiare la pizza?

—Di sabato? Sai che casino?

—Ma conosco un posto dove non ci va mai nessuno.

—Sai che tristezza.

—In discoteca?

—Si suda.

—In un locale jazz?

—Di sabato? Sai che casino?

—Vogliamo farci una bella spaghettata a casa mia?

—Di sabato ci chiudiamo dentro casa?

Alla fine, ci accordiamo su un posto che ottiene la metà più uno dei voti e raggiunge il quorum: ma ormai è quasi mezzanotte, e bisogna organizzarsi in fretta. Non è difficile, basta solo organizzarsi con le macchine: ne abbiamo troppe, uno la deve posare e andare nella macchina di un altro, però c'è il problema che Marco deve accompagnare la ragazza presto (che poi presto non si capisce bene quanto, visto che è quasi mezzanotte e un quarto, ora), allora può andare con Stefania che però deve cercare un distributore perché non ha più nemmeno una goccia di benzina. Non è difficile, ci vuole un po' di tempo, ma ora ci organizziamo. Allora, vediamo un po': lascia tu la macchina qua, ah no, devi posarla a casa perché non hai l'antifurto, vabbe', vai e ti viene a prendere Francesco, no, Francesco in cinque non può andare perché ha il bollo scaduto e la macchina è della zia, allora facciamo scendere gli altri e va un'altra coppia con loro: Gianni e Carla; no, loro no, la ragazza di Francesco e Carla non si parlano—e va bene, staranno zitte. Non si può proprio? Al limite possono fare come il lupo, la capra e il cavolo. Cioè accompagni Francesco e Carla, riporti indietro Carla, la posi e prendi la ragazza di Francesco, insomma vedete un po' voi, altrimenti andate in cinque e se ti fanno la multa dividiamo, se ti arrestano dividiamo, noialtri qui quanti siamo? Ragazzi, avete posato troppe macchine, andiamone a prendere qualche altra. Io con chi vado? No, la mia no, sto senza ruota di scorta e il sabato sera di solito si buca, la lascio qui, è meglio; è mai possibile che non c'è un posto? Va bene, andate voi e io resto. No, non voglio fare la vittima, ma gli altri che fine hanno fatto? Ah, già, sono andati a prendere le macchine, eccoli, ragazzi, ma quante macchine avete preso, adesso siamo rimasti in cinque e ci sono sette macchine, le altre due chi le porta? Andatele a posare. No, non tutte! E vabbe', se ne sono andati, stiamo un'altra volta punto e a capo, ma chi è quello che sta tornando a piedi? Ma che hai fatto? È finita la benzina? Ma come, tu sei partito tre secondi fa, quanta benzina c'era nella macchina? Non ti preoccupare, ora qualcuno va a prendere la sua macchina e ti accompagna. Una tanica chi ce l'ha? Tu? In macchina? E dove sta la tua macchina? A casa? La sei andata a posare? E vai a prenderla un'altra volta. Ho capito, ci vuole qualcuno che ti accompagna. Francesco, tu? Già siete in cinque? E falli scendere un momento! Scusate, ma che ora è? L'una e mezzo?

—Va bene, io non vengo più, perché devo accompagnare la mia ragazza.

—Anch'io domani mattina devo andare a giocare.

—È vero, lasciamo stare, mentre arriviamo, parcheggiamo, entriamo, ordiniamo, mangiamo, paghiamo, usciamo, torniamo...

Non fa niente, ci divertiamo sabato prossimo.

Così ci sembra un'altra volta che la vita vera stia da un'altra parte. E allora a un certo punto pensiamo che ce ne dobbiamo andare da qui. Questa è una cosa ricorrente: sia quelli di noi che se ne vanno per davvero, sia quelli di noi che non se ne andranno mai dicono sempre che un giorno o l'altro se ne andranno da qui. Quelli che se ne vanno per davvero, quando tornano poi incontrano quelli che se ne volevano andare e non se ne sono andati che dicono: beato te che te ne sei andato.

Molti di noi se ne sono andati per davvero. Nelle grandi città ovviamente, altrimenti è inutile. Non sappiamo perché ma ci piace tornare. Quando ce ne andiamo diciamo che la vita da un'altra parte è tutta un'altra cosa, però poi appena possibile torniamo qui, e non c'è nemmeno una buona ragione per farlo. Però per quelli di noi che se ne sono andati, la Reggia acquista un significato. Quando dal finestrino del treno vediamo il lato opposto a quello che si vede in città, vuol dire che siamo arrivati. Quando arriviamo alla stazione qualche volta prendiamo l'autobus, ed è una cosa strana quella che sentiamo, può darsi che non è vera, o la ragione per cui la sentiamo non è quella che pensiamo, ma ci capita così: che quando poi scendiamo non abbiamo le mani appiccicose, come invece ci succede dove siamo andati a vivere ora. Poi razionalmente ci costringiamo a lavarle appena arrivati a casa come facciamo in maniera nevrotica nella grande città, ma istintiva- mente non lo faremmo. E ci sembra che non lo faremmo perché la gente che ci sta intorno non è estranea. È un pensiero scemo, ma è la sensazione che proviamo, quando torniamo.

(...) Quando alla fine dobbiamo tornarcene nelle grandi città, andiamo alla stazione e aspettiamo il nostro treno, e intanto guardiamo passare gli altri. E allora pensiamo che le stazioni fanno la differenza. Guardare passare i treni fa sentire che è proprio vero che la vita qui non si ferma, passa e va. È questione di punti di vista: a Caserta, e in tutte le stazioni di provincia, i treni spesso passano e non si fermano, e se si fermano non rimangono davvero ma soltanto per un po', e di fianco, porgono il fianco alla stazione e alla vista, pronti per continuare; ti vogliono dire: se vuoi scendere o se vuoi salire, puoi farlo, però sbrigati che dobbiamo andare, e poi vanno.

Nelle grandi città i treni invece non passano, arrivano; e le stazioni li accolgono interi, mentre quelli si infilano dentro e si svuotano. Poi restano. Poi dopo ancora, vanno via, e la testa si trasforma in coda e la coda si allontana. Quando vai in stazione ti sembra che la vita venga proprio verso di te, o vada verso il mondo ma partendo proprio da te. Non devi mai far presto a decidere, se sali va bene e se non sali allora basta. No. Finisce e comincia proprio lì. Però poi corri a casa e ti lavi le mani perché ti sembrano appiccicose. Boh.

Ora lavoriamo sul testo

COMPRENSIONE

1. Che relazione c'è tra la Reggia e Versailles?
2. Perché si dice che se la Reggia si trovasse in Francia sarebbe più famosa di Versailles? Dove si trova invece?
3. Dov'è la città rispetto alla Reggia? Che effetto fa?
4. Perché i giovani casertani non vanno a visitare la Reggia? Ci andavano da bambini? E poi cosa è cambiato?
5. Cosa vorrebbero fare lo scrittore e i suoi amici per divertirsi il sabato sera? E cosa fanno veramente? Perché?

6. Perché molti giovani se ne vanno da Caserta? Dove vanno? A cosa pensano quelli che non partono?

7. Quale significato acquista la Reggia per chi ha lasciato Caserta?

8. Cosa provano quelli che se ne sono andati quando tornano?

9. Perché, secondo il narratore, in città si hanno spesso le mani appiccicose? Succede anche in provincia?

10. Che differenza c'è fra i treni in una stazione ferroviaria di città e quelli in una stazione di provincia?

ANALISI E INTERPRETAZIONE

1. Perché, secondo te, Piccolo scrive il racconto usando la prima persona plurale, ovvero il "noi"? Quale effetto ha sulla narrazione? E quale sul lettore?

2. A quali diversi gruppi di persone si riferisce il "noi" usato dall'autore? In quale soggetto si trasforma questo "noi" nell'ultimo paragrafo? Qual è il significato di questo cambiamento, a tuo avviso?

3. Che rapporto c'è tra il narratore della storia e questi "noi"? E quale rapporto potrebbe esserci tra il narratore e l'autore, Francesco Piccolo?

4. Di che cosa diviene il simbolo la Reggia? E Versailles?

5. Insieme ad un compagno, prova a definire il tono del racconto.

6. Come descriveresti il rapporto di amicizia che lega i giovani italiani descritti nel testo? Come socializzano tra loro? Quali sono le cose a cui danno importanza? Sono simili o diversi da te ed i tuoi amici?

7. Commenta questa frase: "ci sembra che la vita vera stia da un'altra parte". Cosa significa all'interno del testo? Una frase simile potrebbe trovare applicazione nella tua esperienza personale? Giustifica la tua risposta.

8. Qual è lo sguardo del narratore sulla vita di provincia? Pensi che sia positivo o negativo? Motiva la tua risposta con riferimenti testuali.

9. Quali pensi che siano i sentimenti prevalenti in quelli che se ne sono andati da Caserta? Cosa sembrano rimpiangere?

10. Cosa significa la frase finale del racconto? Che valore ha il "però" iniziale?

11. Secondo te, perché Francesco Piccolo chiude il racconto con la parola "boh"?

Per scrivere

1. Immagina che la stessa scena del sabato sera tra il gruppo di amici abbia luogo in una delle città in cui si sono trasferiti. Come si svolgerebbe lì? Quali dettagli sarebbero diversi? Riscrivi il dialogo mantenendo, se possibile, lo stile con cui è scritto. Poi in gruppo, scegliete quello più divertente e recitatelo di fronte alla classe.

3. Dopo aver raccolto informazioni sulla Reggia, fingi di averla visitata e racconta i particolari della tua visita in una lettera a un amico.

4. Immagina di essere l'autore di una guida turistica. Scegli una città o un qualsiasi luogo che conosci oppure che ti piace particolarmente e descrivi la sua storia, la sua architettura, le sue risorse naturali, il suo artigianato, ecc.... per un lettore che non ne sa nulla.

Internet

1. Vai al sito ufficiale della Reggia di Caserta, raccogli informazioni sulla sua storia, preparati a presentare i risultati ai tuoi compagni.
2. Fai una ricerca sulla storia del Regno di Napoli e sulla dinastia dei Borbone, a cui apparteneva la Reggia. Non dimenticare di cercare informazioni sulle sorti del casato dopo l'Unità d'Italia.
3. Trova informazioni sulla Reggia di Caserta e su quella di Versailles, poi descrivi alla classe le differenze principali tra le due residenze reali con l'ausilio di alcune immagini.
4. Fai una ricerca sulla storia delle ferrovie italiane dalla loro origine a oggi. Qual è stata la prima linea ferroviaria italiana? Quali sono oggi i nodi ferroviari principali del paese? Quanti viaggiatori ogni anno si servono dei trasporti ferroviari? Quante e quali merci viaggiano ogni anno su rotaia?

24 • Roberto Piumini
La nuova Commedia di Dante
Canto XVI

Chi è l'autore

Roberto Piumini è nato nel 1947 in Lombardia, a Edolo, un paesino della Valcamonica, e si è poi trasferito con la famiglia a Varese, dove ha frequentato le scuole medie e superiori. Dopo una laurea in Pedagogia conseguita all'Università Cattolica di Milano, ha insegnato nelle scuole elementari e medie, ha fatto l'attore e il burattinaio e ha lavorato come pedagogista. Il suo primo libro, *Il giovane che entrava nel palazzo*, risale al 1978, da allora ne ha pubblicati molti altri, sia per bambini e ragazzi che per adulti. Scrive canzoni, filastrocche, poesie, poemi, fiabe, racconti, romanzi, testi teatrali e soggetti per film. Lavora per la televisione e per la radio, e fa spettacoli e letture pubbliche dei propri testi. Dall'inglese ha tradotto i sonetti di William Shakespeare e i poemi di Robert Browning.

Prepariamoci a leggere

1. Cosa sai di Dante Alighieri e della *Divina Commedia?* Confronta le tue nozioni con quelle dei tuoi compagni.

2. Secondo te, esistono davvero regni ultraterreni dove gli esseri umani vengono premiati o puniti per le azioni compiute durante la vita?

3. Che cosa è per te l'inferno? Come lo immagini? Dai alcuni esempi chiari di cosa vi può succedere.

4. Quali sono secondo te i crimini più gravi in assoluto? Come credi sarebbe giusto punirli in un ipotetico aldilà? Fornisci degli esempi e confrontali con quelli dei tuoi compagni.

5. Giustizia umana e giustizia divina: cosa vogliono dire per te queste espressioni? In quale modo le puoi mettere a confronto?

6. Tra i personaggi politici contemporanei, tu chi metteresti nell'inferno? Per quali motivi? Quale punizione e quali tormenti ti sembrerebbero appropriati per le colpe o i crimini commessi da questa persona? Spiega perché e descrivili.

7. Chi metteresti invece in paradiso? Perché? Quale ricompensa o retribuzione sarebbe per te adeguata a chi, come questa persona, merita di andare in paradiso?

Un po' di vocabolario

la caverna = grotta

radunato = riunito, raccolto, messo insieme

il pipistrello = mammifero volante notturno, con ali nerastre

indaffarato = occupato

la crepa = fenditura, fessura, apertura

il buco = cavità, apertura

intanato = (raro) nascosto, rifugiato in una tana

schivare = evitare

il tronco = fusto di un albero

risaltare = (qui) essere in evidenza

lo schifo = ripugnanza, disgusto

il cuore = muscolo situato nel torace e centro propulsore della circolazione del sangue

balzano = strano, bizzarro, stravagante

avvicinarsi = andare più vicino

appeso = (infinito "appendere") attaccato a un sostegno elevato da terra

trafitto = (infinito "trafiggere") trapassato da parte a parte

il chiodo = sottile asta di metallo con un'estremità a punta usata per unire due parti o appendere oggetti

spalancare = aprire interamente

la bruttura = cosa brutta

smorto = che ha colore pallido

brusco = (qui) improvviso, rapido

il livido = (qui) persona dal colore pallido

la battitura = percossa, colpo

schiodare = togliere un chiodo

alato = con le ali

ricacciare = (qui) spingere dentro con forza

la contezza = (letterario) cognizione, notizia, (qui) informazioni

il padrino = (qui) capo mafioso

il brigante = criminale

muto = che non parla

il nume = divinità, (figurato) persona potente

il martellatore = persona che usa il martello

il fellone = (letterario) malvagio, disonesto

la sciagura = disgrazia, sventura, sfortuna

fiacco = debole, stanco, senza forza

accadere = succedere, avvenire, capitare

immane = grandissimo, enorme

il borsaiolo = ladro che ruba soprattutto borse, borsette, portafogli

Completa le frasi con la parola giusta.

1. La _____ era piena di pipistrelli, appesi a testa in giù.

2. Per la paura il _____ cominciò a battergli a ritmo furioso.

3. Il quadro era _____ alla parete con un chiodo che sembrava non reggere.

4. Nel giardino c'era un albero con un _____ contorto e nodoso.

5. Non voleva _____ alla finestra perché temeva che qualcuno da fuori lo vedesse.

6. Nel tentativo di _____ un cane che gli attraversava la strada, ebbe un incidente.

7. Dopo tutte queste sciagure, non so cos'altro ancora possa _____.

8. Il pubblico era _____ nella piazza per guardare lo spettacolo.

9. Il colore rosso intenso della maglia faceva _____ il suo volto pallidissimo.

Per ogni parola data fornisci un contrario cercandolo nella lista di vocabolario.

inchiodare =

fortuna =

minuscolo =

colorito =

allontanarsi =

lento =

ozioso =

svanire =

balzano =

richiudere =

Per ogni gruppo di parole, scrivi una frase di senso compiuto che le contenga tutte.

pipistrello—schifo—crepa

alato—nume—bruttura

chiodo—trafiggere—martellatore

borsaiolo—sciagura—fellone

immane—muto—spalancare

caverna—brigante—ricacciare

fiacco—padrino—risaltare

Abbina la locuzione sulla sinistra con la sua spiegazione corretta.

chiodo in testa   un nuovo problema ne fa dimenticare un altro
roba da chiodi   idea fissa
chiodo scaccia chiodo   cosa assurda, azione biasimevole

Il testo

(da *La nuova Commedia di Dante,* Milano: Feltrinelli, 2004)

Passammo una caverna tanto vasta
che quattro grandi templi radunati
non sono, per riempirla, quanto basta.
Enormi pipistrelli indaffarati
a nascondere in crepe il loro orrore   5
allora vidi, e nei buchi intanati
schivavano tremando me e il dottore.
E poi ne vidi un altro, da lontano,
contro un tronco risaltare, e il cuore
prese, per schifo, un ritmo balzano.   10
Però mi avvicinai, guardando in su,
notando che era appeso in modo strano:
non, come fanno gli altri, a testa in giù,
ma per le orecchie al legno stava appeso,
trafitte da tre chiodi. E allora fu   15
che fui più spaventato, e più sorpreso,
perché lui spalancò le ali scure
e io vidi, con terrore offeso,
un corpo fatto di molte brutture,
e un volto smorto dalle labbra tese.   20
Il livido, con brusche battiture,
le larghe orecchie trafitte ed appese
cercava di schiodare, e quasi avvenne:

ma ecco che dall'alto cielo scese
un trio alato di angeliche penne, 25
e ognuno, con un gran martello d'oro,
ricacciò dentro un chiodo, finché tenne.
Poi terminato il rapido lavoro,
ritornarono i tre verso l'altezza,
ed il mio sguardo risalì con loro. 30
Dissi: "Maestro mio, dammi contezza
di quell'appeso, e dei tre martellanti".
"Giulio è colui, tu guardalo e disprezza,
perché fu gran padrino di briganti,
di mute protezioni nume esperto, 35
e i tre martellatori, quei tre santi,
sono Giovanni, Paolo e Carlo Alberto,
che contro i felloni hanno lottato,
per loro gran sciagura, a viso aperto,"
"Ma tanto fiacca," chiesi io turbato, 40
"è la giustizia fatta dagli umani,
per non averlo ancora condannato?"
"Spesso lassù accade," disse. "Immani
colpe sono lasciate senza pena,
e al borsaiolo tagliano le mani." 45

Ora lavoriamo sul testo

COMPRENSIONE

1. Dove si svolge la scena? Come viene descritto il luogo?
2. In quali animali sono trasformati i peccatori? Come si comportano?
3. Come viene descritto fisicamente Giulio, il peccatore protagonista del testo?
4. In cosa consiste la sua punizione?
5. Come si chiamano, quali caratteristiche fisiche hanno e da dove arrivano i tre personaggi che rendono vani gli sforzi di Giulio?
6. Perché Giulio è punito?
7. Com'è giudicata la giustizia umana?

ANALISI E INTERPRETAZIONE

1. In che modo sono raggruppati i versi? Qual è lo schema delle rime? Perché Roberto Piumini usa proprio questa specifica struttura? Oltre alla divisione in versi e alle rime, ci sono altri elementi che caratterizzano questo testo come poesia? Quali?
2. Quale funzione svolge nel testo il personaggio chiamato "dottore" e "maestro" che accompagna il narratore?

3. L'autore avrebbe potuto rappresentare Giulio come un altro animale. Perché, secondo te, ha scelto proprio questo? Quali sono le sue abitudini caratteristiche? Sono adatte a un contesto infernale?

4. Quali sono le reazioni emotive dell'osservatore alla vista di Giulio?

5. Secondo te, di quali crimini specifici può essersi macchiato Giulio?

6. In cosa può consistere la "gran sciagura" di Giovanni, Paolo e Carlo Alberto?

7. Cosa può significare "tagliare le mani a un borsaiolo", in questo contesto?

8. A volte il linguaggio della poesia ricorre a deviazioni dal normale ordine sintattico per rispettare regole metriche o ottenere particolari effetti musicali o di senso. Lavorando a coppie, e senza sostituzioni di parole, riordinate gli elementi testuali dei versi seguenti. Fate in modo di formare frasi che, secondo voi, seguano più da vicino l'ordine sintattico consueto. Poi confrontate il vostro lavoro con quello degli altri studenti e, insieme all'insegnante, decidete qual è il testo migliore.

> Passammo una caverna tanto vasta
> che quattro grandi templi radunati
> non sono, per riempirla, quanto basta.
> Enormi pipistrelli indaffarati
> a nascondere in crepe il loro orrore
> allora vidi, e nei buchi intanati
> schivavano tremando me e il dottore.

9. Grazie all'esercizio precedente, hai ottenuto un testo sintatticamente più accessibile. Adesso prova a riscriverlo in modo ancora più chiaro, questa volta sostituendo con sinonimi le parole che secondo te rendono la descrizione particolarmente difficile.

Per scrivere

1. Scrivi una composizione in cui descrivi come sarebbe costruito il tuo inferno e da quali personaggi sarebbe popolato.

2. Prova a riscrivere il testo che hai preparato usando quello che secondo te potrebbe essere un linguaggio poetico adeguato. Non dimenticare di dividere il testo in versi e strofe.

3. Rifletti in un saggio sulla validità della pena di morte come esempio estremo di giustizia terrena. Ricorda se nel tuo paese è legale o meno, riassumi che cosa ne pensa oggi la maggior parte dell'opinione pubblica e quali sono invece le tue opinioni in proposito.

Internet

1. Trova una fotografia e delle informazioni dettagliate su uno dei seguenti personaggi, poi prepara una breve presentazione orale in cui riassumi gli eventi principali della sua vita pubblica e la sua importanza per la storia italiana contemporanea: Giulio Andreotti, Giovanni Falcone, Paolo Borsellino, Carlo Alberto Dalla Chiesa.

2. Cerca una rappresentazione dell'inferno dantesco, con la sua divisione in cerchi, gironi e

bolge. Sapendo che dal primo cerchio in giù verso il basso vengono puniti i peccati via via più gravi, commentane la disposizione. Cerca anche di spiegare il concetto di "contrappasso" e il modo in cui viene applicato ai vari dannati.

3. Cerca notizie un po' approfondite sui vari libri di Roberto Piumini e sulle sue altre attività professionali. Presenta alla classe i tuoi risultati.

4. Scopri quali altre opere della letteratura italiana sono scritte usando la stessa forma metrica del testo di Roberto Piumini, la terza rima, e forniscine un breve riassunto.

5. Trova informazioni su *Il Divo* del regista Paolo Sorrentino, premiato al Festival di Cannes nel 2008. Il film ricostruisce la vita di Giulio Andreotti dalla fine del suo settimo governo al processo di Palermo, dove è stato rinviato a giudizio per associazione mafiosa. Leggi alcune recensioni al film e prova a definire la posizione del regista e le reazioni di Giulio Andreotti.

25 • Emilio Rentocchini
La vie en rose e *Come l'ha détt quelchdùn, studiand Chopin*

Chi è l'autore

Emilio Rentocchini è nato nel 1949 a Sassuolo, in provincia di Modena, dove vive anche oggi. Insegna italiano nella scuola media del vicino paese di Roteglia ed è considerato uno dei maggiori poeti dialettali contemporanei. Le sue poesie, scritte in dialetto sassolese, vengono di regola affiancate da una versione italiana sempre a cura dell'autore. I suoi libri sono *Quèsi d'amòur* del 1986, *Foi Sècch* del 1988, *Otèvi* del 1994, e *Segrè* del 1998, questi ultimi due raccolti in un unico volume nel 2001 con il titolo di *Ottave*. Anche *Giorni in prova*, uscito nel 2005, ripropone le stesse strutture poetiche del volume precedente, le ottave in sassolese e le versioni in lingua, ma le alterna a brani in prosa italiana di lunghezza variabile, normalmente di una pagina o poco più. Nel 2008 Rentocchini ha pubblicato *Del perfetto amore*, una raccolta di sonetti scritti esclusivamente in italiano.

Prepariamoci a leggere

1. Hai amici o compagni di studio musicisti che si esibiscono in locali pubblici? Che tipo di musica propongono?
2. Conosci persone della generazione dei tuoi genitori che per hobby suonano in un gruppo musicale e danno concerti? Che musica interpretano?
3. Vai spesso a concerti? Di che tipo? Con che frequenza?
4. Quanto è importante la musica nella tua vita?
5. Che tipo di musica preferisci ascoltare? Chi sono i tuoi artisti preferiti?
6. Suoni anche tu qualche strumento? Quale? Se non ne suoni nessuno, quale ti piacerebbe imparare a suonare e perché?
7. Secondo te, è vero che gli artisti hanno di solito un carattere un po' stravagante? Giustifica la tua risposta e fornisci esempi di comportamenti che tu definiresti tipici di una personalità artistica.
8. Molti cantanti rock e pop costituiscono dei modelli per i ragazzi che li ascoltano, e spesso ne influenzano lo stile di vita. Credi che gli artisti debbano essere sempre consci

di questa responsabilità o dovrebbero invece essere lasciati liberi di esprimersi in completa libertà?

9. Cos'è per te un dialetto? Sai che differenza c'è fra un dialetto e una lingua?

10. Sei mai stato a vedere una corsa di cavalli? Cosa pensi di questo genere di sport? È popolare nel tuo paese?

Un po' di vocabolario

litigare = altercare, bisticciare, discutere animatamente

il gestore = amministratore, responsabile o esercente di un locale

l'inserviente = addetto a lavori di fatica, servitore, fattorino

reggere = sostenere, (qui) sopportare una situazione difficile

risistemarsi = sistemarsi di nuovo, (qui) trovare, ottenere una nuova collocazione professionale

gracile = esile, debole di costituzione

inquietudine = stato di agitazione, ansietà, tormento

il tot = (gergale) quantità non precisata ma generalmente elevata, molto

il gancio = uncino, strumento per tenere unite o agganciate due parti

il reggiseno = reggipetto, capo di biancheria intima femminile

piazzare = (qui) collocare sul mercato, distribuire, vendere

perenne = continuo, perpetuo, eterno

il rantolo = respiro affannoso e rumoroso

informe = confuso, senza forma

dibattersi = agitarsi, fare movimenti convulsi

il chiasso = rumore, clamore

la prova = esperimento, tentativo, rappresentazione, verifica, dimostrazione

la criniera = l'insieme dei crini o peli, pendenti dal capo dei cavalli e di altri animali

conscio = consapevole, cosciente

spiovere = smettere, cessare di piovere

ESPRESSIONI IDIOMATICHE E FRASI FATTE

fare fagotto = andare via, spesso di fretta, portando con sé i propri averi

fare fortuna = avere successo, migliorare la propria condizione economica, arricchirsi

metterci un secolo = impiegare, utilizzare tantissimo tempo

nuovo di zecca = nuovissimo

Sostituisci la parola o l'espressione in corsivo con una equivalente tratta dalla lista di vocabolario.

1. Paolo e suo fratello non vanno proprio d'accordo, *bisticciano* sempre.

2. Ho visto Mario mentre guidava una macchina nuova *fiammante*.

3. Riescono a *vendere* la loro merce sui mercati di tutto il mondo.

4. A forza di fermarsi a parlare con l'uno e con l'altro, Giorgio *ha impiegato tre ore* per

    andare fino in fondo alla piazza.

5. La polizia ha costretto gli zingari del campo nomadi a *radunare le proprie cose e*

    andarsene.

6. Alessandra è una persona *dalla corporatura molto esile.*

7. In preda a una forte *ansietà,* telefonò alla madre.

8. Il bar non era proprio pieno, ma c'era comunque *una certa quantità* di persone.

9. Dalla strada veniva un gran *rumore.*

10. Molte persone emigrano con il sogno di *diventare ricchi* all'estero.

Partendo dal verbo dato, fornisci il sostantivo derivato che indica una professione o in genere una attività. Quindi, controlla sul vocabolario la correttezza e il significato della forma che hai scritto e per ognuna inventa una breve frase che la contestualizzi.

Esempio: gestire = gestore; il gestore di un bar dovrebbe essere una persona cordiale e simpatica

leggere =

agire =

scrivere =

comporre =

investire =

comprare =

eseguire =

servire =

cantare =

bere =

Partendo dalla parola data, fornisci il suo contrario utilizzando uno dei vari prefissi possibili in italiano (a / im / in / dis), poi confronta il tuo lavoro con quello dei tuoi compagni.

Esempio: conscio = inconscio

quieto =

ordine =

sociale =

fare =

interessato =

morale =

uguale =

capace =

attenzione =

pazienza =

Abbina la locuzione sulla sinistra con la sua definizione corretta.

essere in prova   superare un test
mettere alla prova   presenziare alla preparazione di uno spettacolo
fare una prova   avere fatto esperienza diretta
passare la prova   fare un tentativo
conoscere per prova   verificare le capacità
sostenere una prova   lavorare temporaneamente sotto controllo o verifica
assistere a una prova   essere molto resistente
essere a prova di bomba   dare un esame

I testi

(da *Giorni in prova*, Roma: Donzelli, 2005)

La Piaf l'andavo sempre a sentire nei bar dove cantava, anche se cambiava spesso, dopo aver litigato con qualcuno: gestore, pubblico, inservienti, per lei nessuna differenza. Un bel giorno, all'improvviso, scopriva di non riuscire a reggere in quel posto. Faceva fagotto e già la notte dopo si era risistemata, convinta di rimanere nel nuovo locale per tutta la vita. Cantava sola con la sua chitarra.

A differenza della vera Piaf era una ragazzona, ma con la voce uguale. Però gli uomini se li sceglieva gracili perché—diceva—hanno negli occhi più inquietudine. Be', fu uno di questi che le fece fare fortuna, pensava che cantare non fosse il suo forte. Le spiegò con pazienza che poteva andar meglio: si mise con lui. Un capannone nella Bassa e un tot di debiti.

Quei ganci per reggiseni adesso, però, li piazzano ovunque, hanno invaso l'Europa. Così al sabato si vedono girare in Ferrari, in seconda, per metterci un secolo a fare le quattro strade del centro: guida lei.

Sono passati gli anni, ma in certi momenti è come ci fosse un perenne presente, e noi senza tempo a rincorrerci fermi: io e la Piaf che si chiama Eleonora.

Nora cantava in un modo che è difficile dire. Per me, ad esempio, era tutta nel rantolo informe con cui attaccava *La vie en rose:* in quella sillaba offerta come un dono carnale, in cui si dibatteva.

Allora, giuro, taceva il chiasso dei bicchieri, delle sedie, sparivano i camerieri negli angoli bui. Chi entrava in quel momento, senza volere, si avvicinava a lei.

Come l'ha détt quelchdùn, studiand Chopin,
lò 's fèva consiglièr dal nòti e al nóv
nuvèint, ecco, al nasìva già col pènn
epór mulsèin ed piómm dmand un dè 'd prov
o d'vèint dre la criniera d'un Varenne
in un setèmber cèr mèinter ch'a spióv
sòuvra al mènd trasparèint, scavê in al véder,
e ad ogni méter cert d'èser dre a céder.

Come ha detto qualcuno, studiando Chopin,
lui si faceva consigliare dalle note e il nuovo
di zecca, ecco, nasceva già con le penne
eppure morbido di piume come un giorno in prova,
o uguale al vento che insegue la criniera di Varenne
in un settembre chiaro mentre spiove
sul mondo trasparente, scavato nel vetro,
e conscio di poter cedere ad ogni metro.

Ora lavoriamo sui testi

COMPRENSIONE

Testo in prosa
1. Come si chiama davvero la protagonista del racconto in prosa?
2. Perché è soprannominata Piaf?
3. Cosa ci viene detto di lei?
4. Che lavoro fanno la Piaf e il suo compagno?

5. Quali elementi indicano il successo economico della loro attività?
6. Cosa apprendiamo del narratore?

Testo in poesia
1. Nella poesia in italiano, a chi si riferisce sintatticamente il "lui" del secondo verso?
2. Che cos'è con precisione il "nuovo di zecca" di cui si parla? Da cosa lo deduci?
3. Cosa vuol dire che il "vento ... insegue la criniera di Varenne", dove Varenne è il nome di un cavallo da corsa?
4. A quale periodo dell'anno e a quale momento particolare si accenna?

ANALISI E INTERPRETAZIONE

1. Secondo te, che rapporto c'è stato una volta e che rapporto c'è adesso tra il narratore e la Piaf?
2. Tu come giudichi le scelte di vita e il comportamento della Piaf?
3. Come interpreti la frase "in certi momenti è come ci fosse un perenne presente, e noi senza tempo a rincorrerci fermi"?
4. Dovendo necessariamente trovare dei punti di contatto tra il testo in prosa e quello in poesia, tu quali indicheresti e perché?
5. Quanti versi ha ciascuna delle poesie? Come potrebbe chiamarsi una struttura del genere?
6. Concentrati sul testo in dialetto, dove i versi hanno tutti undici sillabe. Qual è lo schema delle rime?
7. Quali sono invece le rime nella versione italiana, dove i versi sono di lunghezza diversa?
8. Confronta il testo della poesia in dialetto con quella in italiano. Ci sono delle parole identiche? Quali?
9. Ci sono invece parole che sono molto simili, ma non uguali? Fanne l'elenco e confrontalo con il lavoro dei tuoi compagni.
10. A cosa ti fanno pensare le parole "penne" e "piume"?
11. Cosa vuol dire per te "giorno in prova"?
12. Di cosa parla effettivamente il testo della poesia, secondo te?
13. Prova a fornire una parafrasi in prosa della poesia e confrontala con quella dei tuoi compagni. Poi discuti con loro e con l'insegnante le varie versioni.
14. Secondo te, una poesia del genere si propone maggiormente di definire o di suggerire qualcosa? Spiega la differenza tra i due modi di significare e il motivo della tua scelta.
15. A tuo parere, l'ambiguità di un testo poetico è un limite o un vantaggio?

Per scrivere

1. Racconta di un concerto a cui sei andato, descrivi l'atmosfera e le emozioni che hai provato ascoltando l'artista, o gli artisti, dal vivo.
2. Prova a scrivere un breve testo poetico in italiano che abbia a che fare con la musica. Scrivi non più di dieci versi, sei libero di usare o meno le rime.

3. Alcuni politici sostengono la necessità di censurare artisti controversi che, con i testi delle loro canzoni, ispirerebbero azioni violente da parte dei fan che li ascoltano. Scrivi una composizione in cui analizzi il problema e prendi una posizione. Non dimenticare di fare esempi precisi per sostenere la tua tesi.

4. Una delle più importanti corse di cavalli in Italia è il Palio di Siena. Dopo aver trovato informazioni su questa antica corsa di cavalli che ogni estate anima le contrade di Siena, entra nel dibattito aperto dagli animalisti. Credi sia giusto continuare con questa corsa sapendo che molti cavalli si feriscono gravemente e spesso muoiono? Esprimi le tue opinioni in proposito, ricordando l'importanza di questa manifestazione per il turismo e la storia della città.

Internet

1. Trova informazioni sulla cantante francese Edith Piaf e ascolta la sua canzone *La vie en rose*. Quali sono le tue impressioni sulla musica e sul testo?

2. Compila una breve biografia di Frédéric Chopin, o di un altro compositore classico che tu ami.

3. Visita il sito ufficiale della Ferrari e cerca indicazioni sul prezzo dei vari modelli. Qual è l'immagine del marchio Ferrari nel mondo? A quale stile di vita lo si associa?

4. Scopri quante e quali corse ha vinto il cavallo Varenne.

5. La poesia appena letta è scritta in dialetto modenese. Cerca una carta dell'Italia dialettale e scegli un dialetto su cui fare una breve ricerca da presentare alla classe.

6. Nella tradizione musicale italiana c'è un rapporto stretto tra canzone e dialetto. Trova una canzone in dialetto (per esempio, il genovese di Fabrizio De André, il napoletano dei 99 Posse o il piemontese dei Mau Mau), ascoltala e portala in classe per presentarla ai compagni e all'insegnante.

26 • Roberto Saviano
Gomorra

Chi è l'autore

Roberto Saviano è nato a Napoli nel 1979. Laureato in Filosofia, fa oggi parte del gruppo di ricercatori dell'Osservatorio sulla camorra. Saviano scrive anche per alcuni quotidiani tra cui *il manifesto* e *la Repubblica* e per il settimanale *l'Espresso*. *Gomorra* (2006), il suo primo libro, gli è valso alcuni premi letterari, tra cui il Viareggio Répaci, ed è immediatamente diventato un campione di vendite, in vetta alle classifiche italiane per molti mesi e tradotto in diverse lingue. Il libro è una sorta di *reportage* costruito su carte di polizia, interviste, verbali di interrogatori e processi, a cui Saviano intreccia esperienze da lui vissute in prima persona durante il suo lungo viaggio *dentro* la camorra. Saviano vive e lavora a Napoli, ma sotto scorta. Infatti, dopo la pubblicazione di *Gomorra*, l'autore ha ricevuto minacce di morte per aver richiamato l'attenzione di tutto il paese sui nomi dei capi, sui traffici e sugli interessi economici dell'organizzazione camorristica. Dal libro, il regista Matteo Garrone ha tratto un film premiato al Festival di Cannes nel 2008.

Prepariamoci a leggere

1. Quando senti la parola "mafia" a cosa pensi? Insieme a un/a compagno/a fai un elenco delle parole che colleghi alla mafia. Poi confronta la lista con quella di altri due compagni. Ci sono parole positive o sono tutte negative? Con l'aiuto degli altri scegli due parole-chiave e presentale al resto della classe.

2. Prova a definire in una sola frase la tua idea di mafia.

3. Qual è l'immagine della mafia più diffusa negli Stati Uniti? A quali città è particolarmente legata? A quali affari? A quali personaggi passati o presenti?

4. Quali film conosci che hanno come protagonista un mafioso o sono storie di mafia? Parlane con un/a compagno/a e insieme discutete la vostra opinione sui film di questo genere.

5. Pensi che l'immagine dei mafiosi che esce dai film americani sia realistica? Che tipo di immagine è?

6. Cosa sai della mafia italiana? Come la immagini se paragonata alla mafia americana?

Un po' di vocabolario

l'ergastolo = carcere a vita

il marchio = segno impresso su un oggetto o su un animale per distinguerlo dagli altri

il rampollo = (qui) discendente in linea diretta di una famiglia altolocata

lo scudo = arma da difesa usata per parare i colpi in battaglia

il trambusto = confusione rumorosa prodotta dal muoversi di cose e persone

il vigile = membro del corpo di polizia urbana municipale

il feretro = bara, cassa mortuaria

battersi = (qui) colpire se stessi, in questo caso per esprimere il dolore

lo strillo = urlo acuto

scorgere = vedere

confortare = consolare, dare forza e coraggio a chi soffre

trapelare = manifestarsi, rivelarsi tramite piccoli indizi

il menarca = prima mestruazione

il quartiere = parte di una città

la galera = prigione, luogo di detenzione

osannare = lodare con entusiasmo

imperituro = immortale, che non morirà mai

perenne = destinato a durare in eterno

il putiferio = confusione, grande strepito di gente che fa rumore

arraffare = prendere con violenza e avidità, rubare

premere = esercitare pressione su qualcosa o qualcuno, spingere

le viscere = organi contenuti nella cavità toracica e addominale

la fuga = atto di fuggire, scappare

il guaglione = (dialettale) ragazzo

il cuoio = pelle di animale trattata per fare borse, cinture e altri oggetti

consustanziale = che ha identica natura e sostanza

brado = allo stato selvaggio, senza regole e educazione

trillare = suonare, squillare di un telefono

il *requiem* = (latino) preghiera per i morti

ESPRESSIONI IDIOMATICHE E FRASI FATTE

fare fuori = eliminare, uccidere

alzare la testa = ribellarsi a qualcosa o qualcuno

essere nel mirino = essere il bersaglio di qualcuno

beccare = (qui) centrare, colpire un bersaglio

tirato a lustro = elegante, perfetto, ordinato

lavorare in nero = svolgere attività economiche nascoste in violazione della legge

NOTE CULTURALI

i carabinieri = corpo dell'esercito italiano con funzioni di polizia militare

Gigi D'Alessio = celebre cantante napoletano contemporaneo

Poggioreale = quartiere di Napoli che ospita il carcere omonimo

il pentito = mafioso che collabora con la giustizia in cambio di uno sconto di pena

infame = persona che ha una pessima fama; nell'ottica mafiosa, chi si è pentito

il narcotraffico = traffico di droga

l'affiliato = iscritto ad un'associazione segreta, (qui) un clan camorristico

Lovigino Giuliano = a lungo a capo del clan camorristico che controllava Forcella, dal 2002 è diventato un pentito

Collega ogni espressione idiomatica a sinistra con la definizione corrispondente a destra.

essere una testa calda	non pensarci più, dimenticare
avere la testa dura	essere distratto
avere la testa tra le nuvole	essere molto testardo, ostinato
fare di testa propria	avere un carattere impetuoso
fare un colpo di testa	innamorarsi perdutamente
fare girare la testa a qualcuno	agire senza accettare consigli
levarsi qualcosa o qualcuno di testa	inebriare, esaltare
perdere la testa per qualcuno	fare innamorare di sé
dare alla testa	non sapere dove cercare aiuto
non sapere dove battere la testa	fare una cosa avventata
tenere testa a qualcuno	resistere, opporsi, far fronte

Ora scegli l'espressione idiomatica adatta ad ognuna delle seguenti frasi.

Esempio: ho bevuto troppo vino ieri sera: ero brillo = il vino mi ha dato alla testa

1. Carlo, ti ho detto mille volte di mettere il casco quando esci in Vespa, perché non mi ascolti?

2. Michele prende sempre le sue decisioni da solo, senza chiedere il parere dei suoi genitori.

3. Uffa! Non abbiamo abbastanza soldi per andare in vacanza in Grecia quest'estate. Non possiamo davvero permetterci di andare, quindi dobbiamo smettere di pensarci!

4. Quel ragazzo è molto impulsivo, agisce senza mai riflettere.

5. Ieri ho comprato una collana costosissima senza neanche guardarne il prezzo!

6. Brian dimentica sempre il libro di italiano in aula e poi passa ore a cercarlo. La sua professoressa pensa che dovrebbe fare più attenzione.

7. Marcello Mastroianni era un uomo molto affascinante: tutte le donne erano pazze di lui.

8. Ieri sera in discoteca Matteo ha conosciuto Martina e si è subito invaghito di lei.

9. Accidenti! Non riesco a decidere in quale materia laurearmi, ce ne sono almeno tre che mi interessano e non sono capace di scegliere!

10. È stata una partita difficile ma il Torino è riuscito a frenare gli attaccanti della Juventus che non hanno quindi segnato e alla fine la partita si è conclusa in parità.

Il testo

(da *Gomorra. Viaggio nell'impero economico e nel sogno di dominio della camorra*, Milano: Mondadori, 2006)

Salvatore Giuliano è un nome importante. Chiamarsi così sembra già essere una condizione sufficiente per comandare. Ma qui a Forcella non è il ricordo del bandito siciliano a conferire autorità a questo ragazzo. È soltanto il suo cognome. Giuliano. La situazione è stata peggiorata dalla scelta di parlare fatta da Lovigino Giuliano. Si è pentito, ha tradito il suo clan per evitare l'ergastolo. Ma come spesso accade nelle dittature, anche se il capo viene tolto di mezzo, nessun altro se non un suo uomo può prenderne il posto. I Giuliano quindi, anche se con il marchio dell'infamia, continuavano a essere gli unici in grado di mantenere rapporti con i grandi corrieri del narcotraffico e imporre la legge della protezione. Col tempo però Forcella si stanca. Non vuole più essere dominata da una famiglia di infami, non vuole più arresti e polizia. Chi vuole prendere il loro posto deve fare fuori l'erede, deve imporsi ufficialmente come sovrano e scacciare la radice dei Giuliano, il nipote di Lovigino. Quella sera era il giorno stabilito per ufficializzare l'egemonia, per far fuori il rampollo che stava alzando la testa e mostrare a Forcella l'inizio di un nuovo dominio. Lo aspettano, lo individuano. Salvatore cammina tranquillo, si accorge all'improvviso di essere nel mirino. Scappa, i killer lo inseguono, corre, vuole gettarsi in qualche vicolo. Iniziano gli spari. Giuliano con molta probabilità passa davanti alle tre ragazze, approfitta di loro come scudo e nel trambusto estrae la pistola, inizia a sparare. Qualche secondo e poi fugge via, i killer non riescono a beccarlo. Quattro sono le gambe che corrono all'interno del portone per cercare rifugio. Le ragazze si girano, manca Annalisa. Escono. È a terra, sangue ovunque, un proiettile le ha aperto la testa.

In chiesa riesco ad avvicinarmi ai piedi dell'altare. Lì c'è la bara di Annalisa. Ai quattro lati ci sono vigili in alta uniforme, l'omaggio della regione Campania alla famiglia della ragazzina. La bara è colma di fiori bianchi. Un cellulare, il suo cellulare viene poggiato vicino la base del feretro. Il padre di Annalisa si lamenta. Si agita, balbetta qualcosa, saltella, muove i pugni nelle tasche. Mi si avvicina, ma non è a me che si rivolge, dice: "E adesso? E adesso?". Appena il padre scoppia a piangere tutte le donne della famiglia iniziano a urlare, a battersi, a dondolarsi con strilli acutissimi, appena il capofamiglia smette di piangere, tutte le donne riprendono il silenzio. Dietro scorgo le panche con le ragazzine, amiche, cugine, semplici vicine di Annalisa. Imitano le loro madri, nei gesti, nello scuotere la testa, nelle cantilene che ripetono: "Non esiste! Non è possibile!". Si sentono investite di un ruolo importante: confortare. Eppure trapela da loro orgoglio. Un funerale per una vittima di camorra è per loro un'iniziazione, al pari del menarca o del primo rapporto sessuale. Come le loro madri, con questo evento prendono parte attiva alla vita del quartiere. Hanno le telecamere rivolte verso di loro, i fotografi, tutti sembrano esistere per loro. Molte di queste ragazzine, si sposeranno tra non molto con camorristi, di alto o di infimo grado. Spacciatori o imprenditori. Killer o commercialisti. Molte di loro avranno figli ammazzati e faranno la fila al carcere di Poggioreale per portare notizie e soldi ai mariti in galera. Ora però sono soltanto bambine in nero, senza dimenticare i pantaloni a vita bassa e i perizoma. È un funerale, ma sono vestite in modo accurato. Perfetto. Piangono un'amica, sapendo che questa morte le renderà donne. E, nonostante il dolore, non ne vedevano l'ora. Penso al ritorno eterno delle leggi di questa terra. Penso che i Giuliano hanno raggiunto il massimo potere quando Annalisa non era ancora nata e sua madre era una ragazzina che frequentava ragazzine, che poi sono divenute mogli dei Giuliano e dei loro affiliati, hanno ascoltato la musica di D'Alessio, hanno osannato Maradona che con i Giuliano ha sempre condiviso cocaina e festini, memorabile la foto di Diego Armando Maradona nella vasca a forma di conchiglia di Lovigino. Vent'anni dopo, Annalisa muore mentre stavano rincorrendo e sparando a un Giuliano, mentre un Giuliano rispondeva al fuoco usandola come scudo, o forse semplicemente passandole accanto. Un percorso storico identico, eternamente uguale. Imperituro, tragico, perenne.

La chiesa è ormai stracolma. La polizia e i carabinieri però continuano a essere nervosi. Non capisco. Si agitano, perdono la pazienza per un nonnulla, camminano nervosi. Capisco dopo qualche passo. Mi allontano dalla chiesa e vedo che un'auto dei carabinieri divide la folla di persone accorse al funerale da un gruppo di individui tirati a lustro, su moto lussuose, in macchine decappottabili, su scooter potenti. Sono i membri del clan Giuliano, gli ultimi fedelissimi di Salvatore. I carabinieri temono che possano esserci insulti tra questi camorristi e la folla, e che possa generarsi un putiferio. Per fortuna non accade nulla, ma la loro presenza è profondamente simbolica. Attestano che nessuno può dominare nel centro storico di Napoli senza il loro volere, o quantomeno senza la loro mediazione. Mostrano a tutti che loro ci sono e sono ancora i capi, nonostante tutto. (...)

Qualcuno applaude le forze dell'ordine. Qualche giornalista si eccita per questo gesto. Carabinieri osannati nel quartiere della camorra. Che ingenuità. Quell'applauso è stato una provocazione. Meglio i carabinieri che i Giuliano. Ecco cosa hanno voluto dire. Alcune telecamere tentano di raccogliere testimonianze, si avvicinano a una vecchietta dall'aspetto fragile. Arraffa subito il microfono e urla: "Per colpa di quelli... mio figlio si farà cinquant'anni di carcere! Assassini!". L'odio contro i pentiti è celebrato. La folla preme, la tensione è altissima. Pensare che una ragazzina è morta perché aveva deciso di ascoltare musica assieme alle amiche, sotto un portone in una serata di primavera, fa girare le viscere. Ho la nausea. Devo restare calmo. Devo capire, se possibile. Annalisa è nata e vissuta in questo mondo. Le sue amiche le raccontavano delle fughe in moto con i ragazzi del clan, lei stessa si sarebbe forse innamorata di un bel ragazzetto ricco, capace di far carriera nel Sistema o forse di un bravo guaglione che si spaccava la schiena tutto il giorno per quattro soldi. Il suo destino sarebbe stato quello di lavorare in una fabbrica in nero, di borse, dieci ore al giorno per cinquecento euro al mese. Annalisa era impressionata dal marchio sulla pelle che hanno le operaie, che lavorano il cuoio, nel suo diario era scritto: "le ragazze che lavorano con le borse hanno sempre le mani nere, stanno per tutto il giorno chiuse in fabbrica. C'è anche mia sorella Manu ma almeno a lei il datore di lavoro non la costringe a lavorare anche quando non si sente bene". Annalisa è divenuta simbolo tragico perché la tragedia si è compiuta nel suo aspetto più terribile e consustanziale: l'assassinio. Qui però non esiste attimo in cui il mestiere di vivere non appaia una condanna all'ergastolo, una pena da scontare attraverso un'esistenza brada, identica, veloce, feroce. Annalisa è colpevole d'essere nata a Napoli. Nulla di più, nulla di meno. Mentre il corpo di Annalisa nella bara bianca viene portato via a spalla, la compagna di banco lascia trillare il suo cellulare. Squilla sul feretro: è il nuovo requiem. Un trillo continuo, poi musicale, accenna una melodia dolce. Nessuno risponde.

Ora lavoriamo sul testo

COMPRENSIONE

1. Chi è Salvatore Giuliano e perché qualcuno vuole la sua morte?
2. Chi sono i killer e come agiscono?
3. Quali sono i sentimenti di chi abita a Forcella nei confronti della famiglia Giuliano?
4. In che modo Salvatore si sottrae all'agguato dei killer?
5. Chi è Annalisa e perché il suo destino si intreccia tragicamente con quello di Salvatore?
6. Cosa succede in chiesa, durante il funerale?
7. Come si comportano le amiche di Annalisa?
8. Perché i carabinieri e la polizia sono nervosi? Cosa temono?
9. Perché alcuni membri del clan Giuliano vanno al funerale di Annalisa?
10. Cosa significa l'affermazione "meglio i carabinieri che i Giuliano"?
11. Qual è, secondo Saviano, il destino delle donne di Forcella? Quali sono le opportunità di lavoro e di vita per loro?
12. Cosa vuole dire Saviano quando scrive che la morte di Annalisa "fa girare le viscere"?
13. Perché la morte di Annalisa per Saviano è divenuto un simbolo tragico? Simbolo di cosa?

ANALISI E INTERPRETAZIONE

1. Uno degli elementi che emergono dal brano appena letto è l'immagine dei mafiosi che si pentono e diventano collaboratori della giustizia. Quali conseguenze ha il pentimento di Lovigino Giuliano per il suo clan e per il quartiere di Forcella?

2. Qual è per te l'opinione dello scrittore sui pentiti? Da cosa lo deduci?

3. Saviano paragona la camorra a una dittatura: "come spesso accade nelle dittature, anche se il capo viene tolto di mezzo, nessun altro se non un suo uomo può prenderne il posto". Prova a spiegare questa frase e, con l'aiuto dell'insegnante, discuti il rapporto camorra / dittatura, capomafia / dittatore.

4. Il brano si può dividere in due parti: quali? In che modo si differenziano? Per quale motivo?

5. Perché Saviano dice che tra le amiche di Annalisa che la piangono al funerale trapela l'orgoglio? Orgoglio per cosa?

6. Cosa significa secondo questo testo essere una donna di camorra? Si può sfuggire a questo destino? Pensi che le amiche di Annalisa lo faranno? E qual è l'opinione dello scrittore?

7. Quale credi che sia l'atteggiamento dello scrittore rispetto alla materia trattata? È distaccato o partecipe? A tuo parere, il suo atteggiamento cambierebbe se lui non fosse nato a Napoli?

8. Saviano è ora nel mirino della camorra e vive sotto scorta. Nonostante questo, scrive ancora articoli di denuncia in cui fa nomi e cognomi di criminali pericolosi. Secondo te, cosa lo spinge a rischiare la sua vita in questo modo?

9. Credi sia utile un libro di denuncia come *Gomorra*? Puoi paragonarlo a libri-inchiesta che hai letto nella tua lingua?

10. Commenta il titolo del libro. Cosa sai della città di Gomorra? Che rapporto ci sarebbe tra questa e la città di Napoli? Perché Saviano avrà scelto questo titolo per il suo libro?

Per scrivere

1. "Vedi Napoli e poi muori" dice il proverbio, implicando che Napoli è una città splendida, da vedere almeno una volta nella vita. Fai una piccola ricerca sulla storia, sull'arte e sulle tradizioni della città e scrivi un testo in cui inviti amici che studiano italiano a visitarla con te.

2. La musica è una parte molto importante della cultura napoletana. Dopo avere fatto una ricerca sul tema, scrivi un saggio in cui analizzi la tradizione musicale napoletana di ieri e di oggi.

3. Dopo aver letto, analizzato e discusso il testo di Saviano, immagina di scrivere una lettera a una delle amiche di Annalisa. Inizia spiegandole le tue impressioni e la tua reazione di fronte alla storia di Annalisa, raccontale poi le opinioni tue e dei tuoi compagni, emerse durante la discussione collettiva. Chiudi la lettera nel modo che più ritieni opportuno.

Internet

1. Ci sono molti tipi di "mafia": camorra, cosa nostra, 'ndrangheta, sacra corona unita, per non menzionare le varie mafie importate, quella cinese, quella albanese, ecc. Fai una ricerca su una di queste e presenta i risultati in classe ai compagni e all'insegnante.

2. Il testo che hai appena letto inizia con l'affermazione: "Salvatore Giuliano è un nome importante". Cerca informazioni sul bandito siciliano la cui vita ha ispirato anche un celebre film di Francesco Rosi. Alla luce delle notizie raccolte, commenta l'affermazione di Saviano e il riferimento a Salvatore Giuliano nella storia narrata in questo testo.

3. Cerca una carta geografica dell'Italia del sud e localizza Napoli. Trova poi informazioni sull'economia e sulla politica della città e della regione in cui si trova.

4. Il cantautore genovese Fabrizio de André ha scritto *Don Raffaè*, una canzone ispirata a Raffaele Cutolo, uno dei più discussi e potenti capi della camorra. Cerca la canzone, ascoltala e leggi il testo, ricordando che De André ha usato parole ed espressioni del dialetto napoletano. Quale immagine di Raffaele Cutolo esce dalla canzone? E quale immagine delle istituzioni italiane ci consegna il cantautore?

5. Il cantautore napoletano Pino Daniele ha dedicato alla sua città una canzone dal titolo *Napule è*. Dopo averla ascoltata e averne letto il testo, magari in traduzione, fai una lista di quelli che sono, secondo Pino Daniele, i problemi di Napoli. Come si potrebbero risolvere?

6. Il testo fa menzione di Diego Armando Maradona, il famoso calciatore argentino. Cerca informazioni sulla sua carriera sportiva e i suoi legami con la città di Napoli.

27 • Beppe Severgnini
Lo stadio, appunti di gastroenterologia sociale

Chi è l'autore

Scrittore e giornalista di fama internazionale, Beppe Severgnini è nato a Crema nel 1956. Frequentato il liceo classico, si è laureato in Giurisprudenza per poi iniziare a lavorare a ventisette anni prima per *Il Giornale* e quindi per *La Voce,* entrambe testate dirette da Indro Montanelli. In seguito, ha cominciato la sua attività di articolista per *il Corriere della sera* per il quale, dal 1998, redige la rubrica *Italians.* È stato corrispondente dall'Italia per *The Economist* dal 1996 al 2003, e oggi collabora alla *Gazzetta dello Sport* e conduce interviste e programmi in radio e televisione. Negli anni ha pubblicato numerosi volumi dedicati allo studio della mentalità e dei costumi degli italiani, tra cui ricordiamo *Italiani con valigia* (1993), *Un italiano in America* (1995), *Italiani si diventa* (1998) e *La testa degli italiani* (2005).

Prepariamoci a leggere

1. Qual è il tuo sport preferito? Ti piace praticarlo? Ti piace seguirlo alla televisione?
2. Sei mai stato allo stadio per vedere una competizione sportiva? Cosa fanno gli spettatori? Come si comportano? Descrivi l'atmosfera generale.
3. Cosa sai del calcio? È uno sport popolare nel tuo paese? Sei mai stato a vedere una partita di calcio in uno stadio? Se sì, racconta la tua esperienza.
4. Conosci le regole fondamentali di questo gioco? Prova a farne un elenco e a spiegarle.
5. Secondo te, cosa rappresenta il calcio per l'Italia? Come sono visti i calciatori? Conosci il nome di alcuni di loro?
6. Insieme a un compagno prova a spiegare le parole seguenti legate al mondo del calcio:
   a. lo stadio
   b. il tifoso
   c. il campionato
   d. la squadra
   e. il pallone
   f. il derby

7. Quando eri piccolo/a c'era uno sportivo che ammiravi in modo particolare? Perché? E oggi c'è un atleta che per te è un idolo?

Un po' di vocabolario

all'opera = in azione

gli spalti = gradinate di uno stadio

gli striscioni = grandi strisce di tela recanti scritte per inneggiare alla propria squadra

le belve = animali feroci, come tigri e leoni

i cavilli = ragionamenti sottili e insidiosi

lo spartitraffico = banchina che serve a dividere i flussi di traffico sulla strada

l'incoerenza = contraddizione, incongruenza

la discrezionalità = autorità di poter decidere a seconda della situazione particolare o del caso specifico

l'ingiuria = offesa espressa contro altri con parole o gesti

le minacce = parole dette per accendere in altri il timore di un male futuro

sbracato = sguaiato, sboccato

la figuraccia = brutta figura

i razzi = tubi di cartone contenenti polvere pirica che, accesi, lasciano una scia luminosa dietro di sé; usati dai tifosi negli stadi, possono risultare molto pericolosi

poderoso = potente, gagliardo

le delusioni = disinganni, fallimenti

i disagi = situazioni scomode

il lampeggiante = luce intermittente che segnala una macchina in sosta

il potente = personaggio che gode di autorità e influenza

il finanziere = chi investe grandi capitali in un'impresa

la curva = gradinate di uno stadio in corrispondenza dei lati minori del campo da gioco; sono i posti più economici

le ricompense = premi, risarcimenti

l'addetto = persona assegnata a un lavoro

l'amor proprio = orgoglio personale

le tessere = piccoli documenti rettangolari che attestano l'appartenenza a un'associazione

gli abbonamenti = tessere che comprovano l'avvenuto pagamento per l'ingresso allo stadio durante l'intera stagione di campionato

il lasciapassare = che permette l'accesso in un'area interdetta

i conoscenti = persone con cui si ha una certa familiarità

in divisa = in uniforme

in bilico = in equilibrio instabile

condividere = avere in comune con altri

ESPRESSIONI IDIOMATICHE E FRASI FATTE

Guai a = espressione di minaccia contro qualcuno

NOTE CULTURALI

San Siro = lo stadio di Milano
La Juve = la Juventus, una delle due squadre di calcio della città di Torino

Con l'aiuto di un buon dizionario o dell'insegnante, cerca il significato di ognuno dei due termini modificati da un suffisso rispettivamente nella seconda e nella terza colonna.

la figura	la figuraccia	il figurone
la porta	la porticina	il portone
la palla	la pallina	il pallone
la seggiola	il seggiolino	il seggiolone
la macchina	la macchinina	il macchinone
il posto	il posticino	il postaccio

Controlla i significati per le seguenti coppie di aggettivi e nomi, poi scrivi altrettante frasi di tua invenzione.

dipinto / il dipinto

    a.

    b.

potente / il potente

    a.

    b.

sconosciuto / lo sconosciuto

    a.

    b.

industriale / l'industriale

    a.

    b.

provinciale / il provinciale

    a.

    b.

addetto / l'addetto

a.

b.

settimanale / il settimanale

a.

b.

Insieme ad un compagno, prova a immaginare in quali contesti sia possibile usare le espressioni seguenti:

"guai a te!"; "beato te!"; "povero te!"; "peggio per te!"; "dopo di te!"; "tanti auguri a te!"; "buon per te!"; "attento a te!"

Il testo

(da *La testa degli italiani*, Milano: RCS Libri, 2005)

La domenica, poi, c'è il calcio. Meno di una volta, certo: ora viene anticipato al sabato e distribuito durante la settimana. Ma la consuetudine resiste, e i fedeli sono tanti: c'è chi partecipa al rito del pomeriggio e chi si dedica al posticipo—che in italiano ha smesso d'essere un verbo, ed è diventato la partita della domenica sera. Uno e l'altro sono spettacoli affascinanti, anche in televisione. Ma non potete dire di conoscere gli italiani se non li avete visti all'opera dentro uno stadio.

A San Siro sono entrato per la prima volta quando avevo otto anni, e ricordo l'impressione degli spalti verticali, le teste che sembravano dipinte contro il cielo, il prato verde, le porte bianche, gli striscioni nerazzurri e i colori della squadra avversaria (Lazio, bianco e celeste). Ho portato mio figlio in questo stadio quando aveva la stessa età: una sconfitta disastrosa contro il Milan, l'altra squadra di Milano, e l'inizio della passione per l'Inter. Ha capito subito che si trattava di una squadra di matti interessanti, che giustifica passioni irragionevoli.

Annusate, uno stadio ha un profumo (vento dal parcheggio, acrilico, salamelle e birra) e un'aria sospesa: il risultato sarà comunque una conclusione, in un paese dove quasi tutto viene rimandato. Lo stadio è il campo-nudisti delle emozioni: le condanne sono drastiche, i malumori violenti, le esaltazioni eccessive, i perdoni fulminei. Qui Milano moderna assomiglia a Roma antica: calciatori a San Siro, gladiatori al Colosseo. Oggi mancano le belve, ma ci sono le telecamere.

Uno stadio è un laboratorio. I posti numerati servono a condurre un antico esperimento: la puntigliosa coltivazione dei cavilli, unita all'allegra inosservanza delle norme. Se sul biglietto sta scritto Settore T, Fila 5, Posto 011, il possessore pretenderà di sedersi lì, facendo alzare chi occupa quel seggiolino, anche se lo stadio è semivuoto. Magari poco prima ha parcheggiato su uno spartitraffico. L'incoerenza non lo turba. Perché il posto assegnato è un diritto, e guai a chi lo tocca. Un comportamento civile è un dovere: se ne può discutere.

Uno stadio italiano, come la strada, è una palestra di discrezionalità. Le regole, come dicevo, ci sono, ma ognuno le interpreta a modo suo. La norma generale è considerata, prima ancora che oppressiva, noiosa: sfidarla o contestarla è un modo per renderla interessante. In uno stadio perfino i reati, dall'ingiuria alle minacce, diventano eccessi sociologici. Esistono personaggi aggressivi e vittime designate, proteste sbracate e assoluzioni dubbie: qualcuno ha cercato di minimizzare perfino la figuraccia nel derby di Champions League, interrotto in mondovisione da un lancio di razzi e bottiglie. Queste circostanze rendono gli stadi inadatti ai bambini, che per questo li amano molto.

Uno stadio italiano è la prova che gli italiani, anche quando sono in tanti tutti insieme, restano uno diverso dall'altro. I Polo Grounds descritti da Don DeLillo nell'attacco di *Underworld* sono un poderoso affresco americano ("Tutte queste persone formate da lingua, clima, canzoni popolari e prima colazione, dalle barzellette che raccontano e dalle macchine che guidano..."); gli spalti di San Siro sono invece un'immensa collezione di miniature italiane. Ottantamila solitudini, ciascuna corredata di ansie, aspettative, ricordi, delusioni, disturbi psicosomatici e progetti per la serata.

Uno stadio italiano è un frullatore di irrazionalità, affascinante perché azionato da un popolo razionale. Le ansie—quelle interiste, ma non solo—sono ingiustificate, perché ogni squadra conosce più delusioni che vittorie finali. Eppure la gente continua ad accorrere, sopportando disagi sconosciuti negli stadi inglesi o tedeschi. L'accesso è laborioso, il parcheggio complicato, le salite faticose, le discese lente, le partenze difficili: c'è sempre un'auto col lampeggiante che blocca il traffico per consentire al potente di turno d'allontanarsi in fretta.

Uno stadio italiano è una piramide. Sopra stanno le società, possedute dall'industriale generoso e dal costruttore ambizioso, dal finanziere discusso e dal trafficante di giocatori: tutti sanno di poter trovare, in una squadra di calcio, coperture, amicizie, lustro, notorietà (finché i soldi bastano e i nervi resistono). In mezzo stanno la borghesia da tribuna e la classe media dei distinti, suddivisa per anzianità, notorietà, esperienza, potenza vocale e arroganza. Sotto, l'aristocrazia popolare della curva: anche qui c'è di tutto e tutti parlano con tutti. La folla di uno stadio sa che il pallone regala quello che la cultura nega e la politica si limita a promettere: la partecipazione a una conversazione nazionale. Siete stati in Italia quando sapete cos'ha fatto la Juve. Non prima.

Uno stadio italiano è un labirinto di privilegi, discrezionalità, precedenze, codici e gerarchie. Aumentano le Sale Vip, che esercitano una grande attrazione: offrono infatti l'esclusività di massa, un concetto che noi italiani rifiutiamo di considerare una contraddizione in termini. Ci sono gli Sky Box e i Palchi Executive, nomi tanto provinciali da diventare romantici: profumano di altezze sognate, di ricompense meritate. In effetti, sono monolocali che ospitano trenta persone con un tramezzino in mano.

Ogni stadio italiano è, a suo modo, un paradiso. Ogni addetto di San Siro si sente San Pietro, e per questo accetta di lavorare gratuitamente: la posizione garantisce la dose settimanale di amor proprio senza la quale un italiano non sopravvive. Ci sono i colori (tribuna rossa, tribuna arancio, anello verde, zona blu), le tessere, gli abbonamenti, gli accrediti, i distintivi, i timbri, i braccialetti lasciapassare, i lasciapassare senza braccialetto, i conoscenti che ti lasciano passare, le ragazze in divisa che sorridono: innocenti, incompetenti e imparziali.

Uno stadio italiano—l'avete capito—è il riassunto di quel che siamo, per sbaglio o per fortuna. Un posto in bilico fra tribalismo e modernità. Un luogo dove decine di migliaia di persone sole vengono a condividere qualcosa: l'esercizio della fantasia, una raccolta di ricordi, l'allenamento alla delusione, l'attesa della gioia, un amore gratuito, quel che resta della domenica.

Ora lavoriamo sul testo

COMPRENSIONE

1. In passato il giorno dedicato al calcio era la domenica. Come sono cambiate le cose oggi?
2. A quale età l'autore è andato per la prima volta allo stadio? Quale impressione ne ha ricevuto?
3. Qual è il paragone tra la Milano moderna e la Roma antica? Puoi spiegarlo con le tue parole?
4. Come si comporta il possessore del biglietto Settore T, Fila 5, Posto 011? Perché il suo atteggiamento è giudicato incoerente?
5. Quali sono gli "eccessi sociologici" che rendono gli stadi inadatti ai bambini?
6. Secondo l'autore, qual è la differenza tra gli italiani che popolano gli stadi e gli americani descritti da Don DeLillo nell'attacco di *Underworld*?
7. Quali sono le difficoltà e i disagi del recarsi in uno stadio italiano?
8. In quale modo gerarchico sono distribuiti gli spettatori allo stadio?
9. Cosa offrono gli Sky Box e i Palchi Executive ai loro frequentatori?
10. Perché mai qualcuno accetterebbe di lavorare gratis allo stadio di San Siro?
11. Che cosa condividono le ottantamila persone che vanno allo stadio?
12. A cosa si riferisce l'espressione "gastroenterologia sociale" contenuta nel titolo?

ANALISI E INTERPRETAZIONE

1. Questo testo è divisibile in dieci paragrafi: prova a individuarli.
2. "Uno stadio è..." con quanti e quali oggetti o luoghi è identificato lo stadio italiano? Puoi spiegare la scelta di tali metafore alla luce del paragrafo in cui compaiono?

3. L'autore ripete sistematicamente "uno stadio" all'inizio di svariati paragrafi. Si tratta di una figura retorica chiamata "anafora". Per quale motivo sarà stato utilizzato questo procedimento narrativo? Qual è l'effetto stilistico che ne deriva?

4. Rileggi il primo e il decimo paragrafo in modo consecutivo: a quale tipo di lettore si rivolge Beppe Severgnini? Secondo te, qual è il sentimento dell'autore verso lo stadio e i tifosi che lo frequentano? Giustifica la tua risposta.

5. Considera ora lo stile della scrittura: con quali aggettivi lo si può descrivere? Secondo te questo stile si addice oppure no al contenuto del testo? Spiega le ragioni del tuo giudizio.

6. "Passioni irragionevoli", "frullatore di irrazionalità", "eccessi sociologici": a cosa fanno pensare queste espressioni? Quale sembra essere una delle funzioni dello stadio italiano per chi lo frequenta?

7. "Le regole ci sono ma ognuno le interpreta a modo suo": quale immagine dello stadio suggerisce quest'affermazione?

8. Lo stadio come piramide della società: in che modo lo stadio riproduce al suo interno le stesse divisioni sociali ed economiche della nazione? Quanto contano queste differenze allo stadio? Giustifica la tua risposta.

9. Cosa significa che gli italiani amano "l'esclusività di massa"? Spiega perché si tratta di una "contraddizione in termini".

10. Lo stadio come spazio "in bilico tra tribalismo e modernità": spiega e commenta quest'affermazione dell'autore.

Per scrivere

1. Seguendo l'esempio di questo brano, racconta del tuo sport preferito e di cosa significa per te seguire una partita della tua squadra del cuore nel luogo dove viene disputata. Immagina che il tuo lettore non abbia mai fatto quest'esperienza. Cerca allora di descrivere l'ambiente ma anche di trasmettere le sensazioni e le emozioni di partecipare di persona a un evento simile.

2. Scrivi un dialogo tra due tifosi di squadre avversarie che si incontrano allo stadio. Usa un po' di fantasia per definire i punti cruciali della conversazione e il suo logico svolgimento.

3. In che senso, secondo te, uno sport può garantire ai tifosi "la partecipazione a una conversazione nazionale?" Discuti questa affermazione facendo riferimento al testo di Severgnini per poi allargare il discorso alla cultura sociale e politica del tuo paese.

4. Intorno al mondo dello sport ruota un enorme giro di affari. Secondo te, sport e business possono coesistere? Quali sono i pro e i contro dei molteplici interessi economici che si intrecciano con le vicende di ogni disciplina sportiva e dei suoi campioni?

5. Il mondo dello sport è spesso investito da scandali. Racconta le vicissitudini che hanno riguardato i protagonisti di alcuni sport che conosci.

Internet

1. Cerca le squadre italiane che giocano in serie A e in serie B durante questo campionato. Poi scegline due e trova informazioni per riferire alla classe la storia della squadra e dei campionati vinti, i nomi dei giocatori famosi che fanno parte o hanno fatto parte di quella squadra.

2. L'Italia ha vinto la Coppa del Mondo di calcio nel 2006. Con l'aiuto di notizie e dati reperibili in rete, prova a ricostruire le varie fasi del torneo che hanno portato alla vittoria finale dell'Italia.

3. Visita il sito ufficiale di Beppe Severgnini e poi presenta alla classe le informazioni che hai trovato più interessanti.

4. Uno dei calciatori italiani più famosi degli ultimi anni è Francesco Totti, attaccante della Roma. Su di lui circolano innumerevoli barzellette che ne deridono una presunta incapacità di parlare correttamente l'italiano. Cercane alcune da presentare in classe. Chiediti anche perché in Italia è diffuso lo stereotipo che i calciatori sono poco istruiti e superficiali. Anche nel tuo paese gli sportivi famosi sono vittima di questo pregiudizio?

28 • Susanna Tamaro
Ascolta la mia voce

Chi è l'autrice

Susanna Tamaro è nata a Trieste nel 1957. È autrice di numerosi libri tra racconti, saggi e romanzi, oltre che regista di un film intitolato *Nel mio amore* (2004). Deve la sua fama a *Va' dove ti porta il cuore* (1994) che, appena uscito, è subito diventato un caso letterario vendendo oltre due milioni e mezzo di copie. Due anni più tardi la regista Cristina Comencini ne ha tratto il film omonimo. Nel 2006, a dodici anni di distanza, è uscito il seguito di questo *best seller* con il titolo *Ascolta la mia voce*.

Prepariamoci a leggere

1. Quali aspetti della natura hanno una maggiore suggestione per te?
2. "Se fossi ...": che cosa saresti, se tu fossi un animale, un fiore o una pianta? Perché?
3. Descrivi il giardino di casa tua oppure un parco pubblico che ti piace particolarmente.
4. Quali associazioni ti vengono in mente quando pensi alla parola "albero"?
5. Traccia l'albero genealogico della tua famiglia: quanti parenti presenti e passati riesci a identificare?
6. Con un compagno prova a definire cosa significa per te l'aggettivo "ecologico".
7. Tu che rapporto hai con la natura? Hai una coscienza ecologica? Che cosa fai tu nel concreto per l'ambiente? Confronta le tue risposte con un/a compagno/a.
8. Quali pensi che siano i problemi più gravi per l'ambiente nel mondo di oggi?

Un po' di vocabolario

la sega = strumento con una lama provvista di denti utilizzato per tagliare il legno
la corteccia = rivestimento esterno degli alberi
la scheggia = frammento, pezzo
il noce = albero che produce un frutto detto "la noce"
la voragine = abisso, baratro

il tronco = fusto

il ramo = parte legnosa dell'albero che ne sostiene fiori, foglie e frutti

paonazzo = colore tra il rosso e il viola

caparbio = testardo, ostinato

la radice = parte della pianta che la fissa al terreno

espanso = (infinito "espandere") allargato

abbattere = tagliare, buttare giù

il fittone = radice primaria di una pianta che dà origine ad altre ramificazioni

la scintilla = favilla, particella di fuoco

la spina dorsale = colonna vertebrale

ustionante = che provoca una bruciatura

il bagliore = luce che brilla all'improvviso con molta intensità

divelto = (infinito "divellere") sradicato

la spensieratezza = serenità caratterizzata dall'assenza di preoccupazioni

la palude = acquitrino; (qui) situazione stagnante

la ferita = lacerazione

ovattato = imbottito di cotone; (qui) protetto

lacustre = relativo ai laghi

l'arbusto = cespuglio, pianta bassa e ramificata

la chioma = insieme delle fronde e delle foglie di un albero

il muschio = erba corta e minuta che ricopre tronchi e rocce in luoghi umidi

incendiare = infiammare, dare fuoco

ESPRESSIONI IDIOMATICHE E FRASI FATTE

palmo a palmo = un po' alla volta, pezzo per pezzo

non aprir bocca = non parlare

fare i conti con = (qui) riconciliarsi

Disegna un albero e poi descrivilo in tutte le sue parti specificando a cosa serve ognuna di loro. Includi gli elementi seguenti dati in ordine alfabetico: la chioma, la corteccia, i fili radicali, il fittone, le fronde, le radici, i rami, il tronco.

Con l'aiuto di un dizionario, metti i sostantivi di ogni triade in ordine di grandezza, dal più piccolo al più grande.

Esempio: la fiamma—il fuoco—la scintilla = la scintilla, la fiamma, il fuoco

la voragine—il foro—il buco =

l'acquitrino—la pozzanghera—la palude =

la roccia—il sasso—la scheggia =

la corda—lo spago—il filo =

il fuoco—l'incendio—il falò =

lo schianto—il fruscio—il rumore =

il cavallone—l'onda—l'increspatura =

il bosco—il vivaio—la foresta =

Considera i seguenti gruppi di parole, suggerisci un contesto in cui utilizzare ciascuno in modo plausibile e inventa una frase che giustifichi la tua scelta.

Esempio: il ricordo, la nostalgia, il tramonto = si possono utilizzare per descrivere una persona anziana; il nonno, al tramonto della sua vita, guardava con nostalgia ai ricordi del passato

aggredire, azzannare, ringhiare =

intrecciarsi, avvinghiarsi, stringere =

invadere, infilzare, esplodere =

la leggerezza, la spensieratezza, l'allegria =

il taglio, l'amputazione, la ferita =

il profumo, la fragranza, l'odore =

Individua il medesimo sostantivo che manca nelle frasi seguenti e spiegane il significato nei diversi contesti.

a. "Non c'è rosa senza _____", dice il proverbio.

b. Ho bisogno di attaccare la _____ del computer perché le batterie sono scariche!

c. Dormire su un buon materasso evita possibili danni alla _____ dorsale.

a. Durante una rissa, Gino ha preso un _____ nei denti.

b. Il campione ha alzato il _____ in segno di vittoria.

c. "Se aspetti troppo a prendere le tue decisioni, rischi di rimanere con un _____ di

mosche", dice sempre mio nonno.

Il testo

(da *Ascolta la mia voce*, Milano: Rizzoli, 2006)

Forse il primo segno è stato il taglio dell'albero.

Non mi avevi detto niente, non erano cose che riguardavano i bambini, così una mattina d'inverno, mentre io in classe ascoltavo con profondo senso di estraneità le virtù del minimo comune multiplo, la sega aggrediva il candore argentato della sua corteccia; mentre trascinavo i piedi nel corridoio della ricreazione, schegge della sua vita cadevano come neve sulla testa delle formiche.

La devastazione mi è piombata addosso al ritorno da scuola. Sul prato, al posto del noce, c'era una voragine nera, il tronco, già segato in tre parti e privato dei rami, giaceva al suolo mentre un uomo paonazzo, avvolto nel fumo sporco del gasolio, cercava di estirpare le radici azzannandole con le grosse tenaglie di un'escavatrice; il mezzo ringhiava, sbuffava, rinculava, si impennava tra le imprecazioni dell'operaio: quelle maledette radici non volevano lasciare la terra, erano più profonde del previsto, più caparbie.

Per anni e anni, stagione dopo stagione, si erano espanse in silenzio conquistando terreno palmo a palmo, intrecciandosi con le radici della quercia, del cedro, del melo, avvinghiando in un indissolubile abbraccio anche le tubature del gas e dell'acqua; per questa ragione gli alberi andavano abbattuti, avanzavano subdolamente nell'oscurità vanificando le opere dell'uomo che, quindi, era costretto ad applicare la sua tecnica contro la loro caparbietà.

Ad un tratto, sotto il sole freddo di uno zenit invernale, come fosse il tetto scoperchiato di una casa o la volta dell'universo al primo soffio della tromba, il maestoso ombrello delle radici era emerso davanti ai miei occhi con una costellazione di piccole zolle ancora appese ai fili radicali, abbandonando nel terreno la parte più profonda del fittone.

Allora—e solo allora—l'uomo, in segno di vittoria, aveva alzato un pugno verso il cielo e tu, con già il grembiule addosso, avevi battuto brevemente le mani.

Allora—e solo allora—io, che non avevo ancora aperto bocca né mosso un passo, ho sentito la mia spina dorsale innervare ogni cosa: non erano le mie vertebre, il mio midollo, ma un vecchio filo scoperto, le scintille correvano con finta allegria da un lato all'altro, la loro energia era fredda e feroce; si diffondevano ovunque come invisibili acutissime spine di ghiaccio, invadevano le viscere, infilzavano il cuore, esplodevano nel cervello, danzavano sospese nel suo liquido; schegge bianche, ossa di morti, nessuna altra danza se non quella macabra; energia ma non fuoco, non luce, energia per un'azione improvvisa e violenta; energia livida e ustionante.

E dopo il bagliore del fulmine, il buio della notte profonda, la quiete non quieta del troppo: troppo vedere, troppo soffrire, troppo sapere. Non quiete del sonno, ma della breve morte: quando il dolore è eccessivo, bisogna morire un po' per andare avanti.

Il mio albero—l'albero con cui ero cresciuta e la cui compagnia ero convinta mi avrebbe seguito in là negli anni, l'albero sotto il quale pensavo avrei cresciuto i miei figli—era stato divelto. La sua caduta aveva trascinato con sé molte cose: il mio sonno, la mia allegria, la mia apparente spensieratezza. Il crepitio del suo schianto, un'esplosione; un prima, un dopo; una luce diversa, il buio che si fa intermittente. Buio di giorno, buio di notte, buio nel pieno dell'estate. E dal buio, una certezza: è il dolore la palude nella quale sono costretta a procedere. (...)

Gli avevo raccontato anch'io allora della mia passione per gli alberi, di quel noce che tu, con tanta leggerezza, avevi fatto tagliare e della devastazione che ne era seguita: era come se, anche al mio interno, fosse stato amputato un albero: da quella ferita sempre aperta continuavano a sgorgare le mie inquietudini.

Abbiamo anche parlato della tua malattia e di come non fossi ancora riuscita a fare i conti con il nostro rapporto: troppo vicino e ovattato nell'infanzia, troppo conflittuale dopo. Il fatto che tu avessi amato me ma non fossi stata capace di farlo con tua figlia mi lasciava in uno stato di grande sospensione, di ambiguità nei tuoi confronti.

Gli avevo poi anche raccontato di mio padre e della sua storia con mia madre, dei loro anni di Padova e alla fine, forse anche per sdrammatizzare un po', abbiamo iniziato il gioco delle piante.

"Che pianta sarebbe stata Ilaria?" ho chiesto allo zio.

"Sicuramente una pianta lacustre" ha risposto "le sue radici fluttuanti non le avevano permesso di innalzarsi in un fusto né di vivere a lungo ma, come capita a quella specie, aveva generato un bellissimo fiore."

"Mio padre invece?"

Per i racconti che gli avevo fatto, zio Gionata lo paragonava a una di quelle piante che si vedono rotolare nel deserto, più che arbusti sembrano corone di spine: il vento le spinge e loro danzano sulla sabbia inerpicandosi sulle dune per poi ricadere senza mai fermarsi; non avendo né radici né la possibilità di metterle non possono neppure offrire nutrimento alle api e il loro destino è quello di una eterna e solitaria corsa verso il nulla.

Io invece, da bambina, avevo desiderato crescere con la stabile possanza di una quercia o la fragranza di un tiglio ma negli ultimi tempi avevo cambiato opinione: mi turbava la prigionia dei tigli nei viali e nei giardini quanto mi intristiva il destino solitario delle querce, così, adesso, avrei voluto essere invece un salice, crescere con la mia grande chioma in prossimità di un fiume, tuffare le radici nell'acqua, ascoltare il rumore della corrente, offrire—tra le fronde—ospitalità all'usignolo e alla cannaiola e vedere il martin pescatore comparire e scomparire tra i flutti come un piccolo arcobaleno.

"E tu" avevo chiesto poi " tu che albero vorresti essere?"

Lo zio era rimasto un po' assorto prima di rispondermi.

"Da giovane avrei voluto essere un arbusto: che so, una rosa selvatica, un biancospino, un *prunus* e confondermi nell'insieme di una siepe. Una volta arrivato qui, invece, mi sarebbe piaciuto essere uno di quei cedri che crescono maestosi sulle pendici dell'Hermon. Ma negli ultimi tempi l'albero che ho sempre in mente, di cui ho più nostalgia, è uno che cresce dalle nostre parti, il faggio... Lo ricordo dalle mie gite in montagna: il tronco grigio, coperto di muschio e le foglie ad incendiare l'aria..."

"Ecco sì, adesso vorrei essere un faggio."

"Anzi mi sento, sono un faggio, perché al tramonto la vita si infiamma di emozioni, di ricordi, di sentimenti come, in autunno, nei boschi si incendiano le chiome di quegli alberi."

Ora lavoriamo sul testo

COMPRENSIONE

1. Dov'era la narratrice bambina, quando è avvenuto il taglio dell'albero nel suo giardino?
2. Quale scena si era presentata agli occhi della narratrice al suo rientro?
3. Perché l'uomo era paonazzo? Cosa cercava di fare?
4. Chi poteva essere il "tu" che aveva battuto le mani? In segno di che cosa?
5. Quale era stata invece la reazione emotiva della narratrice? Quali sensazioni aveva provato?
6. Per quale motivo il noce era così importante per la narratrice?
7. "Gli avevo raccontato", a chi si riferisce il pronome?
8. Quale devastazione era seguita al taglio dell'albero nella vita della narratrice adulta?
9. Chi poteva essere la "figlia" che non era stata amata?
10. Quali piante avrebbero potuto essere rispettivamente la madre e il padre della narratrice?
11. Quali diverse piante avrebbe voluto essere la narratrice e per quale motivo?
12. Quali alberi avrebbe voluto essere invece suo zio Gionata?
13. Dove potrebbe trovarsi geograficamente il "qui" della frase "una volta arrivato qui"?

ANALISI E INTERPRETAZIONE

1. "Forse il primo segno è stato il taglio dell'albero": il primo segno di che cosa? Rileggi velocemente la prima parte del testo prima di rispondere.
2. Descrivi l'antagonismo uomo-natura analizzando le immagini offerte dal testo.
3. Quali sensazioni ed emozioni si scatenano nella narratrice bambina di fronte alla vista del suo albero abbattuto? Per quale motivo, secondo te?
4. A tuo avviso, le cose sarebbero andate diversamente se la narratrice bambina fosse stata messa al corrente dell'intenzione di abbattere il noce?

5. Cosa rappresentava l'albero per la narratrice? Tu hai mai vissuto un'esperienza di separazione da qualcosa o da qualcuno che ti abbia segnato/a in modo profondo?

6. Nella seconda parte del testo la narratrice adulta parla nuovamente del trauma infantile dello sradicamento del noce: quale immagine viene usata? A cosa ti fa pensare?

7. Dalla descrizione "botanica" della madre e del padre della narratrice, prova a immaginare alcuni dettagli circa la vita o la personalità di entrambi.

8. La narratrice e suo zio fanno "il gioco delle piante". Quali sono alcuni alberi o piante che ti piacciono particolarmente? Per quali loro caratteristiche o attributi?

Per scrivere

1. Il tuo rapporto con gli alberi e più in generale con la natura è cambiato molto da quando eri bambino/a? Racconta un episodio della tua infanzia emblematico a questo riguardo.

2. Scrivi il dialogo tra un giovane ambientalista e un politico che discutono circa un progetto di opera pubblica molto utile che però comporta la devastazione di un bel parco o di una grande e tranquilla zona boschiva. Inventa i dettagli e sviluppa in modo logico gli argomenti di entrambe le parti.

3. Disboscamento, incendi e altri danni provocati alle foreste dalle azioni dell'uomo. Discuti in un saggio quali sono le ragioni che possono essere alla base di questi fenomeni e i conseguenti effetti sull'ambiente. Suggerisci ciò che si potrebbe fare di nuovo per contrastarli e salvaguardare il nostro pianeta.

4. Vai in un parco della tua città e guardati intorno. Scrivi una composizione ispirandoti alle persone che vedi, a quello che fanno e al loro rapporto con il parco in cui si trovano. Sii creativo/a!

5. Il testo si apre con lo sradicamento di un albero. Quando si applica ad una persona o a un popolo, quale significato acquista la nozione di "sradicamento"? In altre parole, quali persone si considerano o si possono considerare "sradicate" e per quale motivo? Scrivi un breve saggio su questo argomento.

Internet

1. Il testo fa menzione di diversi tipi di alberi. Trova in rete immagini e informazioni specifiche per ciascuno di essi e presentale ai tuoi compagni.

2. Di alberi parlano con venerazione molti miti classici e molte religioni. Cerca qualche esempio particolarmente significativo dell'importanza spirituale o religiosa degli alberi e racconta in classe le tue scoperte.

3. Trova fotografie e notizie che riguardino un problema ecologico che abbia a che fare con alberi, boschi e la vegetazione in genere della tua zona di provenienza, poi presentalo alla classe.

4. Visita il sito ufficiale di Susanna Tamaro e poi presenta alla classe le informazioni che hai trovato sulla sua vita e sulle sue opere.

29 • Patrizia Valduga
Per amore di Dio, amore caro e
Dove sono le pere moscatelle?

Chi è l'autrice

Patrizia Valduga è nata nel 1953 a Castelfranco Veneto, in provincia di Treviso, ma vive e lavora a Milano. I suoi volumi di poesia sono: *Medicamenta* (1982), *La tentazione* (1985), *Medicamenta e altri medicamenta* (1989), *Donna di dolori* (1991), *Requiem* (1994), *Corsia degli incurabili* (1996), *Cento quartine e altre storie d'amore* (1997), *Prima antologia* (1998), *Quartine. Seconda centuria* (2001), *Manfred* (2003) e *Lezioni d'amore* (2004). Ha vinto il Premio Viareggio Opera Prima per *Medicamenta,* e il Clemente Rebora per *La tentazione*. Tra gli autori che ha tradotto in italiano ci sono Molière, Crébillon fils, Stéphane Mallarmé, Paul Valéry, Céline, Tadeusz Kantor, John Donne, Samuel Beckett e Shakespeare.

Prepariamoci a leggere

1. Hai mai scritto una poesia per una persona di cui eri innamorato/a? Ti ricordi chi era questa persona? Hai mai mandato il testo alla persona per cui era scritto?
2. A te è mai successo di ricevere una poesia da parte di un ammiratore o un'ammiratrice? Hai conservato il testo? Te ne ricordi almeno qualche verso?
3. Ti piacerebbe che si ripetesse o, se non ti è mai successo, ti piacerebbe che succedesse? Daresti delle speranze a una persona che cerca di conquistarti con una poesia?
4. Tu che tipo di persona sei quando sei innamorato/a? Sei geloso/a, possessivo/a, spiritoso/a, impacciato/a, intraprendente, romantico/a, euforico/a, vulnerabile...?
5. Come giudichi, di solito, le persone della tua età che scrivono poesie?
6. Quali elementi non dovrebbero mai mancare in una poesia d'amore?
7. Conosci qualche poeta vivente particolarmente affermato? Che cosa puoi dire della sua personalità? In caso contrario, come immagini un poeta famoso? Descrivilo.
8. Qualcuno dice che i cantanti sono i poeti del nostro tempo. Cosa pensi di questa affermazione?
9. Ci sono argomenti particolari che tu trovi particolarmente indicati per la poesia? Quali?

Un po' di vocabolario

cessare = smettere, finire
il bugiardo = mentitore, chi non dice la verità
velare = nascondere come sotto un velo
insigne = di grande merito o valore
il baro = chi truffa, chi non è onesto al gioco
il testardo = persona ostinata, cocciuta
inespugnabile = impossibile da conquistare
l'avaro = chi è molto attaccato al denaro, persona avida
ardere = bruciare, anche figurativamente
schiarito = reso chiaro o più chiaro
morente = chi o cosa sta per morire, moribondo
allignare = mettere radici, trovarsi, svilupparsi

ESPRESSIONI IDIOMATICHE E FRASI FATTE

da niente = senza valore
d'un salto = rapidamente, subito, improvvisamente

Aiutandoti con il dizionario trova il contrario delle parole che seguono e scrivi una breve frase che contestualizzi ognuna di esse.

Esempio: morente = vivente; si dovrebbe avere rispetto per ogni essere vivente

velare =

insigne =

testardo =

cessare =

schiarito =

avaro =

Aiutandoti con un dizionario, scrivi una breve frase utilizzando in modo corretto le espressioni che seguono.

da niente =

di niente =

per niente =

con niente =

a niente =

in niente =

su niente =

Abbina l'espressione idiomatica nella colonna di sinistra con il suo significato corretto in quella di destra.

fare un salto nel buio	fare grandi sacrifici
fare salti mortali	fare una breve visita
fare quattro salti	procedere in modo discontinuo
fare un salto	ballare un po'
andare a salti	intraprendere un'azione dall'esito incerto

Riscrivi le frasi seguenti usando l'espressione idiomatica appropriata scelta tra quelle elencate in basso.

1. Maria ha una grave preoccupazione.

2. Claudio era molto giù, ma sono riuscito a incoraggiarlo.

3. La professoressa Bianchi si occupa con zelo e affetto dei suoi studenti.

4. Quando è arrivato dopo una lunga corsa, Mario aveva l'affanno.

5. Francesco ha fatto innamorare Luisa.

6. Tu mi conosci proprio bene.

7. Fabrizia non è innamorata, per il momento.

a. Rubare il cuore

b. Avere il cuore in gola

c. Avere il cuore libero

d. Prendersi a cuore

e. Leggere nel cuore

f. Dar cuore

g. Avere una spina nel cuore

I testi

(da *Prima antologia,* Torino: Einaudi, 1998)

Per amore di Dio, amore caro,
amore e meraviglia e dolce sguardo,
cessate infine di essere bugiardo,
e non bugiardo solo, ma anche baro.
Voi volete velare il vostro chiaro,　　　　　　　　　　5
amore inespugnabile e testardo,
e a me, donna da niente, qui che ardo
all'ombra di ogni vero, esserne avaro.
Per voi tutto schiarito il cuore sogna
mondo morente e nero che vi alligni;　　　　　　　　10
ma teme pure il cuore, e ne ha vergogna,
che dal vostro valore vivo ed alto
chiunque vinto, e dalle voci insigni,
s'innamori di voi cosí d'un salto.

(da *Quartine. Seconda centuria,* Torino: Einaudi, 2001)

Dove sono le pere moscatelle?
Le rogge, le quadrane, le porcine?
Le mele carla, appiole, carovelle?
Dove sono le pesche porporine?

Ora lavoriamo sui testi

COMPRENSIONE, ANALISI E INTERPRETAZIONE

Primo testo

1. Secondo te, di cosa parla esattamente questo testo?
2. Chi parla? Da cosa lo capisci? Cosa sai di questa persona?
3. Chi può essere il "voi" menzionato nel testo? Quali sono le sue caratteristiche?
4. Considerando che una delle immagini sottostanti è quella della luce, sai spiegare meglio cosa può voler dire "ardo all'ombra di ogni vero"?
5. Chi è "avaro" e di cosa?
6. A chi appartiene il "cuore" dei versi 9 e 11?
7. Cosa pensi che significhi "il cuore sogna mondo morente e nero che vi alligni"? A cosa ti fa pensare l'immagine? Il "nero" contrasta con qualche altro elemento nel testo? Quale?
8. Cosa teme esattamente "il cuore"?

9. Nel verso 2 l'ultima parola "sguardo" fa rima con "bugiardo" nel verso successivo. Tu riesci a trovare altre rime? Quali?

10. Nel verso 5 le prime tre parole sono allitterate, iniziano tutte con il suono "v". Ci sono altri artifici sonori simili nel testo?

11. Prova a dividere il testo in quattro parti giustificando i motivi che ti hanno spinto a fare certe specifiche divisioni e non altre.

12. Quella che segue è la scansione sillabica, la divisione del primo verso nelle undici sillabe che lo costituiscono: "Per/ a/mo/re/ di/ Di/o a/mo/re/ ca/ro". Ora prova tu a fornire la scansione dei versi delle quartine e poi confronta il tuo lavoro con quello dei compagni.

    verso 2.

    verso 3.

    verso 4.

    verso 5.

    verso 6.

    verso 7.

    verso 8.

Secondo testo

1. Quanti tipi diversi di frutta vengono menzionati dal testo? Quanti sono i tipi di mele ricordati?

2. Di quante sillabe sono i versi che lo costituiscono?

3. Per te è possibile dividere il testo in parti? Quali e perché?

4. Qual è lo schema delle rime?

5. Quali altri elementi formali tipici di un testo poetico trovi, oltre alle rime?

6. Il testo, oltre che di frutta, parla anche della lingua italiana. In che modo, secondo te?

7. Ti è piaciuta questa breve poesia? Perché sì o perché no?

8. Quello del "Dove sono ...?", in latino *Ubi sunt...?*, è un motivo classico della poesia occidentale. Conosci altri testi che iniziano con questa o con una simile struttura? A cosa può voler alludere una domanda del genere?

Per scrivere

1. Prova a scrivere una breve parafrasi in prosa del testo e confrontala con quella dei tuoi compagni. Sostituisci il "voi" con il "tu". Comincia così: "Mio caro amore..."

2. Scrivi una breve lettera in prosa immaginando di rispondere al testo di Patrizia Valduga.

3. Riscrivi lo stesso testo provando ad usare versi di uguale lunghezza e rime. Cerca di scrivere un sonetto, ma non preoccuparti se ti è troppo difficile rispettarne la struttura.

4. Immagina di dover scrivere una poesia per una persona a cui vuoi bene: usa quattordici versi e uno schema di rime prefissato. Recita poi il testo davanti alla classe.

5. Scrivi una poesia di quattro versi usando lo stesso schema di rime del testo di Patrizia Valduga.

6. Scegli un frutto o un ortaggio e fanne il soggetto di una composizione poetica, anche

divertente, se vuoi. Puoi parlare della sua origine, delle sue proprietà, dei modi in cui lo si coltiva e di quelli in cui lo si può mangiare o cucinare... Usa la tua immaginazione.

Internet

1. Trova informazioni sul Premio Viareggio e scopri chi sono stati in passato i vincitori per la sezione *Opera Prima,* poi presenta alla classe una brevissima biografia di almeno tre di loro.
2. Cerca materiale su Clemente Rebora, a cui è dedicato un premio letterario vinto da Patrizia Valduga.
3. Trova materiale sull'opera di Giovanni Raboni e sul suo legame con Patrizia Valduga.
4. Fai una piccola ricerca sugli autori tradotti in italiano da Patrizia Valduga il cui nome non ti è familiare e presenta il tuo lavoro alla classe.
5. Trova delle immagini e delle informazioni relative ai diversi tipi di frutta menzionati nel secondo testo di Patrizia Valduga.
6. Cerca di scoprire quali varietà di frutta e verdura siano caratteristiche delle diverse regioni italiane, poi scegli una regione e trova quali sono le città o le aree specifiche particolarmente famose per un certo prodotto.
7. La mela è un frutto dal valore anche letterario e mitologico. Trova degli esempi specifici di questo suo uso e presentali in classe.

30 • Sebastiano Vassalli
Il signor B.

Chi è l'autore

Sebastiano Vassalli è nato a Genova nel 1941 ma ha vissuto e vive tuttora in provincia di Novara. Laureato in Lettere, insegnante, pittore, opinionista, è autore di numerosi libri tra cui *La notte della cometa* (1984), dedicato alla vita e alla poesia di Dino Campana; *La chimera* (1990), romanzo storico sulla caccia alle streghe nel Seicento, vincitore dei Premi Campiello e Strega; e *L'Italiano* (2007), un ritratto dell'identità e del carattere nazionali attraverso dodici protagonisti della storia italiana passata e recente.

Prepariamoci a leggere

1. Ti interessi di politica? Perché sì o perché no? Quanto è importante la politica per i giovani della tua età?
2. Qual è, a tuo avviso, il più grande personaggio politico di tutti i tempi? Cosa ha fatto di rilevante per il suo paese?
3. Secondo te, quali dovrebbero essere le caratteristiche di un politico? Fai una lista di aggettivi e poi confrontala con quella di un/a tuo/a compagno/a.
4. Quali sono, nel tuo paese, alcune persone famose per aver costruito un impero finanziario? Qual è la loro reputazione? Sono soprattutto uomini o anche donne? Secondo te, uomini e donne hanno le stesse opportunità nel mondo della finanza?
5. A tuo parere che rapporto c'è tra denaro, politica e mass media?
6. Cosa serve nel tuo paese per diventare una figura politica di successo? Fai un elenco di fattori e mettili in ordine di importanza.
7. Secondo te, quanta importanza hanno la televisione, i giornali e Internet per le campagne elettorali? Quali mezzi di comunicazione di massa sono più importanti per convincere gli elettori?
8. Insieme ad altri due studenti prepara un dibattito politico. Uno studente sarà il giornalista e gli altri due saranno i candidati per la presidenza della tua scuola/università.

È necessario avere una lista di domande e definire il profilo politico dei candidati. Poi ciascun candidato risponderà alle domande del giornalista in base al profilo assegnato.

Un po' di vocabolario

l'Arcitaliano = (neologismo) italiano per eccellenza, superitaliano

la socievolezza = condizione di chi ama la compagnia e si relaziona facilmente con gli altri

tergiversare = evitare, sfuggire

il requisito = qualità necessaria

trapiantare = spostare da un posto in un altro

il fondotinta = crema cosmetica che si usa come base per il trucco

la vicenda = successione di fatti ed eventi

emesso = (infinito "emettere") prodotto, mandato fuori

il vagito = pianto di un neonato

l'oriente = est, punto cardinale da cui sorge il sole

radioso = luminoso

l'avvenire = futuro, domani

il culmine = vetta, cima

la concorrenza = competizione

il fastidio = molestia, disturbo

sanare = guarire, riparare

la suora = religiosa che vive in comunità

la barzelletta = facezia, breve storiella dal finale spiritoso

ESPRESSIONI IDIOMATICHE E FRASI FATTE

fare scalpore = destare clamore, avere una grossa risonanza

scendere in campo = andare in battaglia, schierarsi

fare finta di = fingere, ostentare noncuranza per qualcosa

avere a che fare = avere relazione con qualcuno o qualcosa

sissignore = (militare) risposta affermativa

mandare all'aria = causare il fallimento di qualcosa, distruggere

darsi da fare = impegnarsi a fondo per riuscire in un progetto

per amor del cielo! = invocazione, scongiuro; "per carità!"

fare le corna = gesto scaramantico per allontanare la sfortuna, tradire il proprio *partner*

bastare e avanzare = essere più che sufficiente

NOTE CULTURALI

Il paladino Orlando = personaggio dell'antica epopea cavalleresca francese risalente al medioevo, divenuto cinque secoli più tardi protagonista rispettivamente dell'*Orlando Innamorato* di Matteo Maria Boiardo e dell'*Orlando Furioso* di Ludovico Ariosto

Madame Bovary = eroina dell'omonimo romanzo di Gustave Flaubert

Bettino Craxi = storico segretario del Partito Socialista Italiano, primo ministro dal 1983 al 1987, travolto nel 1993 da Tangentopoli, l'inchiesta per i finanziamenti illeciti dei partiti

Stenterello = maschera tradizionale toscana che incarna l'uomo povero che vive di stenti ed è
    perseguitato dai creditori

*Collega ognuno degli avverbi nella colonna a sinistra con l'espressione analoga nella colonna a
destra.*

incondizionatamente	alla base
assolutamente	in sostanza
praticamente	in verità
certamente	in direzione di
veramente	allo stesso tempo
tendenzialmente	in maniera sorprendente
sostanzialmente	senza dubbio
straordinariamente	in effetti
contemporaneamente	in maniera totale
fondamentalmente	in assenza di condizioni

*Per ognuna delle parole tratte dalla lista di vocabolario, indica l'unico sinonimo fra i tre termini
proposti.*

1. Tergiversare	a. Ripulire	b. Travasare	c. Eludere
2. Vagito	a. Urlo	b. Pianto	c. Risata
3. Fondotinta	a. Tintura	b. Rossetto	c. Cerone
4. Culmine	a. Picco	b. Altura	c. Tetto
5. Fastidio	a. Malumore	b. Molestia	c. Delusione
6. Suora	a. Sacerdotessa	b. Monaca	c. Sacrestana
7. Emesso	a. Creato	b. Fabbricato	c. Prodotto
8. Radioso	a. Radiante	b. Luminoso	c. Acceso
9. Requisito	a. Qualità	b. Quantità	c. Quoziente
10. Barzelletta	a. Massima	b. Proverbio	c. Facezia

*In ognuna delle frasi seguenti, inserisci l'espressione idiomatica corretta tratta dalla lista data in
precedenza. Fai attenzione ai tempi verbali!*

1. "Ho incontrato il tuo ex-fidanzato per la strada ieri...". "_____! Non me lo

    nominare! Da quando lui _____ il nostro matrimonio, per me non esiste più!"

2. La notizia che un famoso attore è stato arrestato per uso di droghe _____ .

3. La trama del prossimo film del famoso regista norvegese, _____ con una storia di spionaggio industriale.

4. C'è tanto lavoro ancora da fare! Bisogna che noi _____ !

5. Quando il giocatore _____ , tutti nello stadio lo hanno applaudito.

6. Mentre il professore parlava, lo studente _____ di ascoltarlo, ma in realtà stava pensando ad altro.

Il testo
(da *L'Italiano*, Torino: Einaudi, 2007)

Dialogo tra lo scrittore (in sigla: S) e un amico dello scrittore (in sigla: AS).

AS. Cosa pensi del signor B.: l'Arcitaliano, quello che ha ispirato decine di romanzi, centinaia di saggi e centinaia di migliaia di articoli di giornale? Da quando si è messo in politica o, per dirla con le sue stesse parole, è "sceso in campo", in Italia non si parla che di lui; e anche all'estero la sua vicenda ha fatto scalpore. Metà degli italiani lo amano incondizionatamente, perché è ciò che loro vorrebbero essere e non possono essere fino in fondo; gli altri lo detestano per la ragione opposta, che non riescono a liberarsi dei suoi stessi difetti: il narcisismo, la socievolezza al posto della socialità, la megalomania, l'anarchismo, l'ansia di protagonismo e via elencando. Da quindici anni, l'Arcitaliano è al centro di tutto quello che si dice e si fa in questo paese; si può odiarlo ma non è assolutamente possibile ignorarlo. Oltretutto, è il padrone delle televisioni, dei supermercati, delle case editrici, dei giornali, delle assicurazioni, di un pezzo di Lombardia e di un pezzo di Sardegna, di una squadra di calcio, di metà del Parlamento nazionale e di chissà quante altre cose. Vivere in Italia e non avere a che fare con lui è praticamente impossibile.

S. Lo so e non ho niente da aggiungere a quello che hai detto. Tra le infinite proprietà dell'Arcitaliano c'è anche la casa editrice che pubblica i miei libri, e che vorrei continuasse a pubblicarli. Naturalmente, potrei scrivere in un'altra lingua e andare a vivere in un altro paese: ma sono un po' troppo vecchio per dei cambiamenti così radicali.

AS. Smetti di tergiversare e dimmi cosa pensi dell'Arcitaliano. Sei tra quelli che lo amano o tra quelli che lo odiano? Con lui non ci sono altre possibilità: bisogna amarlo, o bisogna odiarlo.

S. Ti stupirò, ma non lo amo né lo odio. È un essere umano e un italiano, e quindi ha due requisiti fondamentali per aspirare a essere un mio personaggio. Se avessi occasione di parlargli, forse lo farei sorridere perché gli direi di curare di più la sua immagine televisiva, che non sempre si presenta con i colori giusti. I capelli trapiantati, a volte, appaiono rossicci, e la faccia, che già ha il difetto di essere un po' piccola, sembra arancione per effetto del fondotinta... Ma non ho il privilegio di conoscerlo e non posso dirglielo.

AS. Ti interessa la sua vicenda? Credi che abbia a che fare con la letteratura?

S. Amico mio, tutto ha a che fare con la letteratura. Gli esseri umani o nascono già all'interno di un'opera letteraria, come il paladino Orlando e madame Bovary, o diventano letteratura mentre vivono, sui giornali o in televisione o comunque nella fantasia dei loro contemporanei. Il resto è roba che finisce nei cimiteri. In pratica: non esiste.

AS. Dunque, l'Arcitaliano è un tuo personaggio...

S. Sissignore; anche se, naturalmente, non sono stato io a inventarlo. Ha un suo creatore. Come Pinocchio è uscito dalle mani di un falegname chiamato Geppetto, l'Arcitaliano ha mosso i suoi primi passi, e ha emesso i suoi primi vagiti, uscendo dalle mani di un politico che si chiamava Bettino Craxi.

AS. È una storia che si può raccontare?

S. Certamente; ma per raccontarla bisogna fare una premessa che riguarda il paese dove viviamo, cioè l'Italia. Bisogna dire a chi ancora non se ne fosse accorto che l'Italia è un paese vecchio, anzi vecchissimo, dove tutto è già accaduto in passato e dove non accade niente di veramente nuovo e di veramente importante da circa cinquecento anni. È un paese vecchio e tendenzialmente immobile. Qui non ci sono la Nuova Frontiera, l'Eldorado e nemmeno il Sogno Americano o l'Oriente Radioso della nuova Cina. Qui il Sole dell'Avvenire è sempre al tramonto. L'unico sogno ricorrente, da più di due secoli, è quello di una rivoluzione che mandi tutto all'aria: ma non ha mai portato niente di buono. Per fare qualcosa in Italia: ad esempio per diventare davvero ricchi, o per arrivare al culmine di una carriera, una vita sola non basta. Ce ne vogliono almeno tre. Deve incominciare il nonno, poi deve proseguire il padre e poi, se tutti si sono dati da fare e hanno avuto fortuna, il figlio del figlio incomincia a raccogliere i frutti delle sue fatiche e anche di quelle dei suoi antenati...

AS. Cosa c'entra, questo, con l'Arcitaliano?

S. C'entra eccome. Perché la storia dell'Arcitaliano è la storia di una fortuna immensa che si è creata in pochi anni, si è creata in Italia e, come se ciò non fosse sufficiente, si è creata in tempo di pace. Negli ultimi cinquecento anni in questo paese non è mai accaduto niente del genere, né mai tornerà ad accadere.

AS. Ci sarà pure una spiegazione.

S. C'è sempre una spiegazione. In questo caso, la spiegazione è il Paese Sommerso. L'altra Italia: quella che non dovrebbe esserci, ma c'è...

AS. Fermati un momento perché non ti seguo. Mi stai dicendo che dietro al paese di cui abbiamo parlato finora, dove non succede niente da cinquecento anni e per diventare davvero ricchi ci vogliono tre vite, c'è un altro paese dove invece possono succedere tante cose, e le regole del gioco sono diverse? Ho capito bene?

S. Hai capito benissimo. L'Italia non è soltanto quel paese vecchio e sostanzialmente immobile di cui ti ho parlato: è anche due paesi in uno. C'è il Paese Legale, che è sotto gli occhi di tutti, e c'è il Paese Sommerso: il paese illegale, che tutti più o meno fanno finta di non vedere e che è più forte in alcune regioni e in alcune grandi città, e meno forte in altre regioni. Il Paese Sommerso ha le sue leggi, diverse da quelle del Paese Legale. (...)

S. (...) L'Arcitaliano è nato per volontà di Craxi e per un miracolo della lettera "M"; ma, nel momento in cui ha preso coscienza di sé, ha cancellato Craxi e ha cancellato la "M". Si è convinto di esistere per volontà di un Dio, i cui pensieri e le cui azioni erano, e sono tuttora, straordinariamente simili ai suoi pensieri e alle sue azioni. In pratica, si è creato da solo. E ha perso una nozione fondamentale per chiunque: quella dei suoi limiti...

AS. Irresistibile negli affari e irresistibile nella politica. Adesso, però, i suoi nemici dicono che rappresenta un pericolo per la democrazia.

S. Se per democrazia si intende il sistema elettorale, non credo che l'Arcitaliano voglia metterlo in discussione. Almeno per il momento: viene dal mondo degli affari, dove la concorrenza è vista con fastidio ma è considerata inevitabile. Come personaggio politico è certamente anomalo, ma la sua è un'anomalia che non può essere sanata: è nato da una situazione anomala, in un paese che continua a essere anomalo perché è due paesi in uno... Ha un'idea del potere un po' troppo legata alla sua persona, su questo non ci sono dubbi; così come non ci sono dubbi sul fatto che non si accontenterà mai di essere soltanto il capo del governo e vorrà anche essere, contemporaneamente, il portavoce e la guida di chi non sopporta di essere governato... (Questo, però, è il segreto desiderio di ogni nostro connazionale. Anche gli avversari politici del Signor B.: gli Stenterelli della sinistra, quando per una congiunzione di miracoli riescono a vincere le elezioni, poi fanno l'opposizione a se stessi). Ha le televisioni, anche questo è vero: ma è altrettanto vero che, almeno per il momento, non ne abusa. Insomma: finché non si inventa una dinastia, autonominandosi Arcitaliano Primo e nominando un Arcitaliano Secondo, e finché non abolisce le tasse per se stesso e per tutti gli italiani, la catastrofe non è così vicina come qualcuno ci vorrebbe far credere.

AS. Sembra quasi che tu lo difenda.

S. Perché no? L'Arcitaliano, in fondo, è un italiano come tanti altri: un italiano che le circostanze della vita hanno reso immenso ed esagerato. Canta, suona, è allegro, è simpatico, è adattabile, è ingegnoso; ha un'intelligenza di tipo creativo; ha una zia suora; è egoista ma è anche generoso; è socievole senza essere sociale; è narcisista; è opportunista e vendicativo; fa le corna; è populista e fondamentalmente anarchico. Una cosa è certa: finché c'è lui, non corriamo il rischio di annoiarci. Anche se in tante cose è ripetitivo fino alla nausea; poi però racconta le barzellette, è chiassoso, è invadente, è curioso, è premuroso e perfino assillante. È furbo, ma la sua è una furbizia di un genere particolare, che finisce spesso per ritorcersi contro di lui. È la furbizia degli italiani. Devo continuare?

AS. No, per amor del cielo! Sono sicuro che sul nostro personaggio si potrebbero dire tante altre cose, anche se queste che hai appena elencato, a essere sinceri bastano e avanzano. E credo anche di aver capito perché metà delle persone che vivono in questo paese lo ama e l'altra metà lo detesta. Le televisioni, il conflitto di interessi, le ricchezze smisurate, la lettera "M" e le leggi del Paese Legale in fondo non c'entrano. C'entra che lui è la nostra esagerazione. Chi lo ama, vorrebbe essere come lui, anzi: vorrebbe essere lui. Chi lo odia ha molti dei suoi difetti senza avere le sue ville in Sardegna, i suoi capelli trapiantati e il suo potere. Certi intellettuali che considerano l'esistenza dell'Arcitaliano un fatto intollerabile e mostruoso, si comportano come se lui e loro stessi fossero piovuti giù dalla Luna, e non fossero invece due prodotti diversi e opposti della storia di questo paese e delle sue anomalie.

S. Vedo che finalmente hai capito tutto. La verità sull'Arcitaliano può anche non piacere, ma è questa e non ce ne sono altre.

Ora lavoriamo sul testo

COMPRENSIONE

1. Da quanto tempo l'Arcitaliano è un protagonista della vita del paese?
2. Come lo considerano gli italiani?
3. Quali sono i possedimenti del signor B.?
4. Che cosa specifica l'autore riguardo alla propria casa editrice?
5. Cosa vorrebbe dire l'autore al signor B., se lo conoscesse di persona?
6. Quali sono i sentimenti dell'autore verso il signor B.?
7. Secondo l'autore, che tipo di paese è l'Italia?
8. Qual è il sogno degli italiani?
9. Quanto tempo occorre per arricchirsi in Italia?
10. Per quali motivi risulta significativa la storia del signor B.?
11. Secondo l'autore, perché il signor B. non rappresenta una minaccia per la democrazia italiana?
12. Fai un elenco dei pregi e dei difetti che l'autore elenca descrivendo il signor B.: prevalgono gli uni o gli altri?

ANALISI E INTERPRETAZIONE

1. Perché l'autore chiama Silvio Berlusconi alternativamente con l'epiteto di Arcitaliano e signor B., a tuo avviso? Cosa significa dire che il signor B. è l'Arcitaliano? Quali sarebbero, secondo te, le caratteristiche di un arcitaliano?
2. A cosa ti fa pensare l'espressione "scendere in campo"?
3. Che differenza c'è tra "socievolezza" e "socialità"? Perché lo scrittore fa questa distinzione nel descrivere il signor B. ?
4. Chi era Pinocchio? Che cosa suggerisce il paragone tra il signor B. e il famosissimo burattino di legno?
5. Il Paese Legale e il Paese Sommerso: cosa intende l'autore quando dice che l'Italia è "due paesi in uno"?

6. L'autore spiega che l'Arcitaliano è nato per "un miracolo della lettera 'M'". Che cosa si nasconderà dietro alla misteriosa lettera "M" e quale sarà il miracolo di cui si parla?

7. Cosa significa che il signor B. ha perso la "nozione dei suoi limiti"?

8. In che senso il signor B. è un personaggio politico "anomalo"? Cosa dovrebbe fare per diventare veramente pericoloso, secondo l'autore? Sei d'accordo con la sua opinione oppure no? Giustifica la tua risposta.

9. Chi sarebbero gli "Stenterelli della sinistra" di cui parla l'autore? Qual è il giudizio implicito nella scelta di questa definizione da parte dello scrittore?

10. Vassalli sostiene che Silvio Berlusconi ha tutte le carte in regola per diventare un personaggio del suo libro: secondo te esiste un rapporto tra politica e letteratura? Giustifica la tua risposta.

11. Perché Vassalli avrà adottato il modello letterario del dialogo? Ti sembra efficace dato l'argomento trattato? Per quali motivi?

12. Qual è il giudizio globale dell'autore nei confronti di Silvio Berlusconi? In base a ciò che hai letto finora, qual è, invece, la tua valutazione?

Per scrivere

1. Racconta la tua esperienza legata ad un qualsiasi evento di natura politica a cui tu abbia partecipato. Esponi le circostanze e poi commenta il ruolo che hai ricoperto in quel contesto.

2. Sul modello classico del dialogo adottato in questo testo, scrivine uno tra te ed un tuo amico, scegliendo come soggetto di conversazione un noto personaggio politico. Cerca di presentare differenti opinioni sulla sua personalità pubblica e sul suo operato.

3. Il film di Nanni Moretti intitolato *Il Caimano* (2006, tra gli sceneggiatori c'è anche Francesco Piccolo) è ispirato alla figura di Silvio Berlusconi. Dopo averlo guardato, scrivine una recensione mettendo in evidenza sia la prospettiva del regista, sia il tuo personale punto di vista.

4. Figure politiche di ogni tempo e paese sono state al centro di scandali per la loro attività pubblica o per la vita privata. Scegli un personaggio e racconta la sua storia aggiungendo anche un tuo commento personale.

Internet

1. Trova informazioni sul sistema parlamentare italiano e sui partiti politici in generale, poi fai un paragone con il tuo paese. Metti in risalto somiglianze e differenze.

2. Cerca elementi biografici su Bettino Craxi e presentali alla classe. Spiega qual è stato il peso di questo personaggio politico negli anni '80 e '90.

3. Trova informazioni dettagliate su Silvio Berlusconi da integrare a quelle fornite dal testo. Focalizza l'attenzione su almeno due aspetti biografici e approfondiscili, poi presenta alla classe i risultati della tua ricerca.

4. Prova a ricostruire i fatti legati a Tangentopoli e all'inchiesta Mani pulite.

31 • Simona Vinci
In viaggio con le scarpe rosse

Chi è l'autrice

Simona Vinci è nata a Milano nel 1970 e ha studiato Lettere Moderne all'Università di Bologna. Il suo primo romanzo, *Dei bambini non si sa niente,* ha vinto nel 1997 il prestigioso premio Elsa Morante Opera Prima ed è stato il caso letterario dell'anno, tradotto anche in diversi paesi. Tra i suoi romanzi successivi ricordiamo *Come prima delle madri* (2003), finalista ai Premi Strega e Campiello, *Brother and Sister* (2004), *Stanza 411* (2006), *Rovina* e *Strada Provinciale Tre* (2007). Oggi Simona Vinci vive a Budrio, in provincia di Bologna, e fa parte della redazione di una rivista letteraria su Internet, *Incubatoio 16.*

Prepariamoci a leggere

1. Discuti con un compagno il concetto di famiglia nella tua cultura. Considera la tua idea di famiglia, le persone da cui è composta, i cambiamenti che ci sono stati nella sua struttura nel corso degli anni.

2. Ora scrivi la tua definizione di famiglia e confrontala con quella della classe: quali sono gli elementi in comune alla maggioranza?

3. In questa famiglia, quale credi sia il ruolo della donna? Pensa a esempi concreti della condizione femminile oggi nel tuo paese.

4. Credi sia giusto affermare che nella società odierna c'è una forte pressione nei confronti della donna per essere "madre"? Cosa ne pensi?

5. Secondo te, una donna può vivere con successo maternità e carriera o è costretta a scegliere tra una delle due? Di fronte a questa alternativa, tu cosa faresti?

6. Ci sono donne famose che ammiri e che a tuo avviso sono modelli per le ragazze adolescenti? Chi sono e perché i loro comportamenti sarebbero esemplari?

7. Come immagini la giornata tipica della donna italiana? C'è qualcosa di specificamente "italiano" in questa giornata?

8. Secondo te, il femminismo è ancora necessario o è superato? Pensi che donne e uomini

abbiano le stesse opportunità di carriera nella tua cultura ? E cosa sai della situazione in Italia?

9. Pensi sia possibile per un uomo essere femminista o è assolutamente necessario essere una donna per definirsi tale?

10. Quali credi siano i desideri di una ragazza di tredici anni? Ti ricordi quali erano i tuoi a quell'età?

Un po' di vocabolario

la vernice = (qui) pelle resa lucida e brillante con uno speciale trattamento

luccicante = che riflette la luce con piccoli e frequenti bagliori

strofinare = fregare ripetutamente una superficie per pulirla, asciugarla o lucidarla

il grembiule = (qui) sopravveste che indossano i bambini per non sporcarsi

il tragitto = cammino, percorso compreso tra il luogo di partenza e il luogo di arrivo

badare = fare attenzione a qualcosa o a qualcuno

lo strillo = grido molto acuto

straziante = che provoca un dolore fisico o morale

dondolare = muovere avanti e indietro oscillando

l'oblò = piccolo portello circolare usato negli aerei e nelle navi per illuminare gli interni

il camoscio = mammifero simile alla capra, con corna dritte e fitto pelo bruno o grigio

la permanente = trattamento chimico che rende ricci i capelli

i pattini a rotelle = scarpe o stivaletti con ruote applicate

il barattolo = vaso di vetro o altro materiale di forma cilindrica, usato per conservare sostanze di vario genere

satinato = reso lucido e liscio come la seta

strepitare = fare rumore con grida e schiamazzi

scintillare = mandare bagliori di luce come scintille, cioè particelle di fuoco

la mezzaluna = parte della luna che si vede quando il satellite è oscurato per metà o più

incastrato = inserito con forza e saldamente

gli zigomi = rilievi delle guance sotto gli occhi

spettegolare = fare discorsi indiscreti o maligni sui fatti altrui

lo schiaffo = colpo dato con la mano aperta

il pugno = colpo dato con le dita chiuse della mano

la bambola = giocattolo che riproduce le sembianze di bambina o donna

sporto = (infinito "sporgersi") spinto in avanti con la testa e con il corpo

spinto = (infinito "spingere") messo in movimento; (qui) lanciato

sollevare = alzare, spostare un peso verso l'alto

possedere = avere in proprietà o in possesso

la pagliuzza = diminutivo di paglia, piccolissima parte di oro o altro metallo che luccica

sfrecciare = passare con la velocità di una freccia lanciata da un arco, (qui) correre velocemente

ESPRESSIONI IDIOMATICHE E FRASI FATTE

farci l'orecchio = abituarsi a una situazione

mica = rafforzativo di una negazione, con valore enfatico

morta e sepolta = persona morta e dimenticata da tempo

mollare qualcosa a qualcuno = (figurato e familiare) assestare, dare, appioppare

un battito di ciglia = veloce movimento della chiusura e apertura delle palpebre, (qui) un
attimo, un istante

NOTE CULTURALI

i romanzi rosa = romanzi di intrattenimento, di solito storie d'amore, destinati a un pubblico
prevalentemente femminile

ouzo = liquore secco di anice ad alta gradazione alcolica, tipico della Grecia

*Usando un dizionario, cerca il significato delle seguenti espressioni e sostituisci le parti delle frasi in
corsivo con l'espressione appropriata. Fai attenzione ai tempi e agli accordi grammaticali.*

Mettere una pulce nell'orecchio a qualcuno

Fare orecchi da mercante

Entrare da un orecchio e uscire dall'altro

Essere tutt'orecchi

Avere orecchio

Giungere all'orecchio

Tendere l'orecchio

Tirare gli orecchi a qualcuno

1. La notizia del matrimonio di Fiorella e Mauro *ci è arrivata* per caso: nessuno ci aveva detto
   niente e non gli abbiamo neanche fatto gli auguri!

2. Non mi piace dormire in casa da sola. Passo la notte a *cercare di sentire* i rumori nella
   notte, per paura dei ladri.

3. Parla pure: *ascolterò con la massima attenzione.*

4. Smettila di *fingere di non avere sentito!*

5. Caterina fa sempre quello che vuole. Quando sua madre le suggerisce di fare qualcosa,
   non ascolta e fa comunque di testa sua.

6. Giulia non aveva sospetti sull'infedeltà del marito fino al giorno in cui la sua amica Anna
   non *ha insinuato il dubbio in lei.*

7. Cristina adora cantare ma non *ha assolutamente il senso della melodia*.

8. Luigino: ti devo proprio *sgridare!* Lo sai bene che non devi mettere il gatto nella lavatrice!

Aiutandoti con il dizionario, per ognuna delle parole seguenti scrivine almeno altre tre che siano in qualche modo collegate a quella data.

Esempio: scarpe = scarponi, scarpiera, scarpinare

luce

strepito

luna

pugno

freccia

Ora scrivi una frase che includa una delle parole precedenti e anche uno dei derivati che hai scelto.

1.

2.

3.

4.

5.

Trova nel testo le parole, gli aggettivi e le espressioni che per significato si riferiscono a:

le scarpe

il viaggio

la violenza

la speranza

❧
Il testo
(da *In tutti i sensi come l'amore,* Torino: Einaudi, 1999)

Le nostre scarpe sono più belle di quelle di Miou. Miou ha i piedi troppo piccoli e al negozio, scarpe come le nostre del suo numero non c'erano. Così lei piange.

Le nostre scarpe sono rosse, di vernice luccicante come la buccia delle mele quando le strofini bene sulla manica del grembiule. Hanno un cinturino sottile chiuso con un bottone rotondo, anche lui rosso. La punta è tonda e il tacco è basso, di gomma bianca.

Quelle di Miou, sono sempre rosse, e hanno sempre il cinturino, ma la punta è più quadrata e al posto del bottone rotondo hanno un fiore di plastica gialla, bruttissimo.

Miou ha pianto per tutto il tragitto fino a casa. E poi ha pianto ancora mentre noi preparavamo le valigie.

Miou piange sempre.

E mamma non ci bada più di tanto. Ormai ci ha fatto l'orecchio, e anche noi.

Gli strilli di Miou sono acuti e strazianti come il suono delle sirene, come i colpi di clacson giù in strada. Sono asciutti e secchi, senza lacrime. Piange asciutto, Miou. Come la disperazione nera.

Noi abbiamo tredici anni, e Miou soltanto quattro. Che ne sa Miou della disperazione nera che noi leggiamo nei libri di scuola dove si parla della guerra?

Ma questo discorso non c'entra niente: se Miou è troppo piccola, mica è colpa sua.

Miou piange di nuovo e io cerco di non sentirla. Chiudo gli occhi e la stringo a me. Le accarezzo i capelli e dondolo le gambe per cullarla.

Fuori dall'oblò, si vede soltanto il bianco delle nuvole, strappato qua e là da un azzurro insopportabile.

Perché questa mia bambina deve farmi disperare? Non le vede Miou le sue sorelle come chiacchierano tranquille, sedute composte una di fianco all'altra? Perché non impara, perché?

Sono così stanca che potrei addormentarmi secca in questo momento esatto e risvegliarmi tra due vite. Allora Miou sarebbe morta e sepolta, nemmeno un vago ricordo nella mia testa, e le sue urla sarebbero perse nel vuoto del cielo. Lontane.

E invece il pianto continua, si fa ancora più acuto e io vorrei prenderla e buttarla giù, Miou, e vederla volare via risucchiata dall'aria, un puntino sempre più piccolo e lontano. Come sempre più piccole e lontane sarebbero le sue grida.

Marcella e Giacinta si guardano le scarpe nuove e parlano di desideri. Desideri da tredicenni: una minigonna di camoscio verde mela, la permanente, un nuovo paio di pattini a rotelle. Il disco appena uscito di un gruppo rock.

Anche io ho desideri da tredicenne, ma non posso dirlo a loro. Voglio un vestito nuovo, con la gonna stretta e aderente e un set di creme per il viso di qualche marca costosa, tipo Dior o Shiseido, con i barattoli satinati da tenere tutti in fila sulla mensola dello specchio, in bagno. Voglio una grande vasca da bagno con l'idromassaggio e un nuovo amore. Voglio qualcuno che mi prenda tra le braccia e mi sussurri qualcosa di gentile. Qualcuno che mi porti al cinema e a passeggiare sotto le stelle.

Voglio smettere di sentire Miou che si dimena e suda sulle mie gambe. Voglio che la gente smetta di guardarmi quando sono in giro con mia figlia piccola che sbava, urla e si fa la pipì addosso. Voglio essere felice, anch'io, come loro. E invece.

Miou continua a strepitare. Noi non capiamo perché mamma ogni tanto non le molla un bel ceffone e la fa finita con questo strazio. Se la tiene stretta al petto e le sussurra cose nell'orecchio.

Tanto Miou non smette.

Tanto Miou non smetterà mai. Lo sappiamo noi.

Dondoliamo le gambe, tanto per vedere come scintillano sotto la luce le punte delle nostre quattro scarpe gemelle. Guardiamo fuori dall'oblò e sfogliamo le pagine di una rivista della mamma. Non abbiamo fretta. Quando l'aereo partirà, non ci verrà da piangere neanche una volta. Anche se lo sappiamo che qua non ci metteremo più piede. Mai più. Ce lo siamo giurato. Mai più. (...)

Non ci dispiace andare via da Atene. La nostra casa era brutta. C'era sempre rumore, nelle strade e dentro casa. Siamo abituate, però non ci piace. Mamma ha detto che andremo a stare in un posto tranquillo. Una città più piccola di Atene, con la scuola, i cinema e tutto, però con meno rumore. Meno gente, meno case. Andiamo in Italia perché è lì che è nata la mamma. E adesso, adesso che suo marito non c'è più, andiamo tutti a vivere là, con la famiglia vera della mamma. Ha detto che è una famiglia grande, che abbiamo una nonna, tante zie e dieci cugini. Chissà come sono.

Il marito della mamma non è nostro padre. Però è il padre di Miou. Nostro padre era italiano anche lui, poi un giorno ha lasciato la mamma e si è messo con un'altra ragazza. Noi eravamo ancora piccole. Non ci ricordiamo niente. Lui adesso abita lontano. Non lo sappiamo dove. Forse ha fatto degli altri bambini. A noi non interessa. Andremo in una scuola nuova dove vanno anche i nostri cugini. Ci compreremo i rollerblade e faremo la permanente. Sono belli i capelli ricci. Ricci come quelli di Miou. Sono l'unica cosa bella che ha. (...)

Il marito della mamma era antipatico. Brutto come Miou. Tutto nero, peloso e bugiardo. Come Miou, identico. Mamma invece è così bella. Mamma assomiglia a noi.

Vapore che si dissolve rapido. Un battito di ciglia e il panorama è cambiato. C'è terra sotto di noi adesso. Un'isola piccina, a forma di mezzaluna. Marcella e Giacinta cantano a bassa voce una canzone che non conosco, in inglese.

Le guardo. Come sono belle queste mie due figlie grandi. Sicure di sé come io non sono stata mai. Avranno una vita felice? Me lo chiedo di continuo e non so rispondermi. Io ci provo a dargliela. Ci ho provato. E nonostante tutto quello che è successo, non mi sembrano provate, non mi sembrano depresse. Sono belle e piene di vita. Hanno gli occhi vivaci e sono sempre allegre. Fingono? Oppure è proprio vero che ci sono esseri così, fortunati, sui quali il dolore passa come un'ombra rapida e leggera.

Quando eravamo al negozio di scarpe ho osservato le loro caviglie sottili. Quattro caviglie identiche scolpite nella carne, con tutti quegli ossicini aguzzi perfettamente incastrati. Sembrano fragili e invece sono salde. Le scarpe rosse contenevano i loro piedi ben fatti e già lunghi, sembravano due ragazzine di una fiaba, pronte per correre a un ballo segreto nel cuore della notte.

Il fiato umido di Miou mi batte contro il collo. La saliva le scivola sul colletto del vestito, mi sta bagnando, sento un fastidio così grande e non vorrei, vorrei sopportare tutto con grazia.

Ma è così difficile.

Mamma ci guarda fisso e sulla faccia le si forma una specie di sorriso. Un sorriso piccolo e stanco, che non le allarga gli occhi ma soltanto arriccia un po' i suoi zigomi.

Chissà cosa vede.

Noi le vogliamo abbastanza bene. È una brava mamma, dice sempre di sì e ci sta a sentire quando abbiamo voglia di spettegolare o di parlare di qualcosa che non va. A volte, ha lo sguardo perso, ma sta lì lo stesso. Lei invece, di cose non ce ne dice molte. Parla di noi, questo sì, ma di sé non dice mai niente. Forse gli adulti fanno fatica a parlare con i figli. Hanno paura di dire delle cose sbagliate.

(...)

Il giorno che Miou ha incominciato a piangere, eravamo in casa da sole con il marito della mamma. Lei era uscita a fare la spesa. Lui era arrabbiato per qualcosa che la mamma aveva fatto male in casa. Urlava da solo, sbatteva le porte. Ci ha urlato contro e ci ha picchiate. Non tanto, ma forte. Con le mani aperte ci ha dato schiaffi in testa e sulle spalle. Anche un pugno gli è scappato. E non smetteva di urlare. Quando ci siamo calmate, gli abbiamo detto che lo avremmo detto alla mamma e che lui non era nostro padre e non poteva permettersi di picchiarci. Lui ha detto che era lui che pagava e che padre o no, in casa comandava lui e dovevamo fare tutto quello che diceva. Parlava in greco, mentre la mamma con noi, in casa, parlava sempre italiano. Gli abbiamo risposto in italiano e lui così si è arrabbiato ancora di più e ha ricominciato a picchiarci. Quando ha smesso si è versato un ouzo secco ed è andato col bicchiere in mano sulla terrazza, si è appoggiato al parapetto e ha guardato la città che cominciava ad accendersi di luci.

Noi lo fissavamo, mute.

Miou stava in un angolo con la bambola stretta al petto. Non aveva quasi mai paura di suo padre, però quando urlava sì. Stava lì zitta, con la sua bambola in braccio e gli occhi spalancati.

Noi ci siamo guardate ed è stato tutto molto veloce.

Lui ha appoggiato il bicchiere sul tavolino della terrazza e si è sporto un po' per guardare qualcosa.

Noi ci siamo avvicinate.

Una ha spinto le spalle, mentre l'altra, con tutte e due le braccia, sollevava i piedi.

È stato un secondo.

Non ha neanche urlato.

Non ci ha visto nessuno. Nessuno tranne Miou.

Il bicchiere lo abbiamo lavato e rimesso a posto in fretta, prima ancora che dalla strada arrivassero le urla della gente. Poi Miou ha cominciato a piangere. E non ha più smesso. (...)

Mi dispiace che Miou non possieda nulla di suo padre. Per ricordarlo quando sarà grande. E mi dispiace che lui non abbia lasciato niente almeno a lei. Un biglietto, un saluto.

Mi fa rabbia pensare che non volesse bene neppure a lei, eppure ha tanto insistito per avere un figlio. Io non ne volevo più. Mi bastavano Marcella e Giacinta. Ma lui diceva che voleva un figlio tutto nostro e io l'ho accontentato. Era mio marito, in fondo. Anche se avevo paura di lui.

Speriamo che adesso le cose si sistemino, che le ragazze superino tutto, e anche Miou.

E stupida come sono, penso già che vorrei un altro uomo. Ma vorrei finalmente qualcuno che si prendesse cura di me e delle ragazze. Un uomo serio, come non ne ho incontrati mai, come quelli dei romanzi rosa. Anche se lo so che uomini cosí non ne esistono da nessuna parte.

Starò sola. Mi prenderò cura di me. E delle bambine. Bambine. Le guardo ora alla luce strana che viene dal cielo fuori, una luce leggerissima e dorata che copre le loro guance di pagliuzze scintillanti come se fossero truccate. Sono così belle e brave. Nonostante tutto, sono venute su bene. E continueranno a crescere anche troppo in fretta.

Adesso non c'è più il mare sotto di noi. C'è la terra e ci sono le città. Bologna è ancora lontana. Ancora un'ora e poi all'aeroporto ci sarà mia sorella ad aspettarmi, con suo marito e i bambini. Chissà se ci faranno festa. Chissà se le mie ragazze gli piaceranno. Chissà se Miou smetterà di piangere almeno per un po'.

Adesso c'è solo terra sotto l'aereo e a noi piace immaginare che sia tutta piena di ragazzi allegri che sfrecciano sui rollerblade. Tutte le strade di tutte le città invase da ragazzi e ragazze che volano sui pattini.

Speriamo che a Bologna ci siano delle strade adatte. Speriamo che mamma trovi un lavoro e un nuovo marito. Speriamo che in Italia le scarpe rosse non siano ridicole. Speriamo che Miou si dimentichi tutto e la smetta di piangere. Speriamo.

Sotto l'aereo, il colore della terra è di un verde bellissimo.

Ora lavoriamo sul testo

COMPRENSIONE

1. Che differenza c'è tra le scarpe di Giacinta e Marcella e quelle della sorellina? Perché per le ragazze è una differenza importante?
2. Dove si svolge la storia?
3. Che tipo di donne sono la mamma e le sue tre figlie? Quanti anni hanno, come sono fisicamente e quali sono i loro desideri?
4. Perché i personaggi stanno lasciando Atene? Come vivevano lì?
5. Che tipo di uomini sono il padre delle gemelle e il padre di Miou?
6. Cosa pensano le gemelle della madre?
7. Che tipo di rapporto c'era tra la mamma e suo marito? E tra le gemelle e il marito della madre?
8. Cosa è successo tra le gemelle e il patrigno mentre la mamma era uscita di casa? In che modo l'uomo è caduto dalla terrazza?
9. La mamma è a conoscenza di quello che è successo? Da cosa lo deduci?
10. Qual è l'aspettativa delle gemelle circa la loro futura vita in Italia? E la mamma cosa sogna?

ANALISI E INTERPRETAZIONE

1. Prova a identificare l'alternarsi delle voci che prendono la parola nella storia. Una volta fatto questo, discuti, con l'aiuto dell'insegnante, la scelta stilistica della scrittrice e l'effetto che ha sul lettore.
2. Commenta i nomi dei personaggi della storia. Secondo te, perché la mamma non ha un nome ma è solo identificata come "mamma"?
3. In che modo la mamma vive la maternità? Secondo te, è una buona madre? Perché? Quali sono i suoi sentimenti nei confronti di Miou? E quelli per Marcella e Giacinta?
4. E come vive il suo ruolo di moglie?
5. Cosa c'è realmente dietro il pianto di Miou? Che funzione ha il pianto irrefrenabile della bambina all'interno del racconto?
6. Perché le ragazze definiscono la famiglia italiana della mamma la "famiglia vera"? Quale sarebbe la famiglia "falsa" e perché?
7. Cosa rappresenta secondo te Bologna, e quindi l'Italia, nella storia?
8. Commenta il titolo del racconto. Cosa pensi simboleggino le scarpe rosse? Acquistano per te un significato diverso dopo la scoperta di quanto hanno fatto Marcella e Giacinta al padre di Miou?
9. Secondo te, a chi appartiene la voce narrante dell'ultima frase del racconto? Da che cosa lo capisci?

10. Se non sapessi che l'autrice di questo racconto è una donna, potresti dedurlo dal suo stile? Perché sì o perché no?

Per scrivere

1. Nelle università ci sono cattedre di studi femminili e corsi dedicati alla scrittura delle donne. Secondo te, esiste davvero una scrittura "femminile"? Pensi che sia giusto considerare le scrittrici o le poetesse in una categoria speciale, in quanto donne? Scrivi una composizione in cui rifletti su questo tema.
2. Il racconto che hai appena letto è scritto con un continuo alternarsi di voci narranti. Scrivi il riassunto della storia usando il passato e la terza persona.
3. Miou è sempre al centro dell'attenzione di Marcella, di Giacinta e della mamma, ma non parla mai. Immagina di dare voce alla bambina e scrivi una composizione in prima persona seguendo lo stile usato da Simona Vinci in questo racconto.
4. Le scarpe sono centrali in questa storia così come lo sono nel racconto di Natalia Ginzburg dal titolo *Le scarpe rotte*. Leggi il testo della Ginzburg (contenuto nel libro *Le piccole virtù*), poi fai un paragone con quello della Vinci, analizzando in ciascun il significato simbolico delle scarpe.

Internet

1. Visita il blog di Simona Vinci. Cosa ti ha colpito? Confronta le tue idee con quelle dei compagni.
2. Cerca un sito italiano dedicato alle scrittrici italiane. Scegline una e fai una piccola ricerca su di lei. Preparati a presentare la sua vita e le sue opere ai compagni e all'insegnante.
3. Cerca informazioni sulla famiglia italiana di oggi (la sua struttura, il numero dei componenti) e raccogli il maggior numero di dati possibili per poi presentarli alla classe.
4. Trova informazioni sulla situazione femminile in Italia e scopri i seguenti dati: quale percentuale di donne possiede un titolo di studio universitario, quale percentuale riesce a conciliare lavoro e famiglia, quale percentuale di donne si ritiene soddisfatta delle proprie scelte di vita, quale percentuale si occupa di politica o di volontariato oltre agli impegni familiari. Poi prepara una piccola relazione da presentare alla classe in cui paragoni la situazione italiana a quella del tuo paese.

32 • Paolo Virzì
Caterina va in città

Chi è il regista

Paolo Virzì è nato a Livorno nel 1964 e, dopo aver abbandonato gli studi all'Università di Pisa, ha frequentato il Centro Sperimentale di Cinematografia di Roma dove si è diplomato in Sceneggiatura nel 1985. Ha esordito alla regia nel 1994 con *La bella vita*. Gli altri suoi film sono *Ferie d'agosto* (1996), *Ovosodo* (1997), *Baci e abbracci* (1999), *My Name Is Tanino* (2001), *Caterina va in città* (2003), *N (Io e Napoleone)* (2006) e *Tutta la vita davanti* (2008). Le sceneggiature di tutti i suoi film sono scritte a quattro mani con Francesco Bruni.

Prepariamoci a leggere

1. Da quale età è ragionevole interessarsi attivamente di politica, secondo te? Perché?
2. Tu ti interessi di politica? In quale modo?
3. Che cosa vogliono dire per te la destra e la sinistra in politica? Quali sono le differenze tra l'una e l'altra parte?
4. Puoi compilare due liste di idee e di comportamenti tipici rispettivamente di destra e di sinistra?
5. Conosci il nome di qualche personaggio politico italiano? Cosa sai di lui/lei? Sai se è di destra o di sinistra?
6. Quali sono in questo momento i personaggi politici più importanti nel tuo paese?
7. Esiste una contrapposizione tra destra e sinistra? Su cosa si basa?

Un po' di vocabolario

il putiferio = gran rumore o confusione, fracasso
il biondino = persona minuta dai capelli biondi
il ricciolone = persona con tanti capelli ricci
la vergogna = senso di mortificazione per atti, pensieri, parole ritenuti sconvenienti, criminali, ecc.

spalleggiare = sostenere, dare aiuto e appoggio

sfigato = (volgare) sfortunato, insulto per persona considerata di poco valore

stare sotto = avere una posizione inferiore, (qui) obbedire

bono = (regionale) buono

sghignazzare = ridere molto rumorosamente e in modo sguaiato

il versante = uno dei lati di una montagna, (figurato) uno dei lati di una contesa

l'occhialuto = persona che porta gli occhiali

brufoloso = chi è pieno di brufoli o foruncoli sul volto

la felpa = maglioncino sportivo molto usato dai giovani

il boato = rumore molto forte e cupo

il fischio = suono lungo e sottile prodotto da persone, animali o cose

lo strepito = insieme disordinato di rumori, schiamazzi, urla

il tappetto = persona di statura molto bassa

il parere = idea, opinione

arrossire = diventare rossi in volto

il buontempone = persona che si comporta allegramente, giovialmente

tirrenica = del mar Tirreno

il pidocchio = insetto parassita di animali e piante

la scampagnata = gita in campagna

lo scopone = popolare gioco di carte

ESPRESSIONI IDIOMATICHE E FRASI FATTE

coso/a lì = (gergale) lui / lei, quella persona

il cesso = (volgare) gabinetto, usato come insulto per cose o persone per insinuarne la bruttezza

a sproposito = in modo inappropriato alle circostanze

al limite = nell'estrema ipotesi, in modo molto ipotetico

Note culturali

il centro sociale = sede di associazioni che propongono attività culturali o politiche; i centri sociali autogestiti o occupati sono da collegare alla controcultura giovanile

le teste rasate = locuzione che traduce l'inglese *skinheads* e identifica un gruppo specifico della controcultura giovanile

Completa la frase con la parola o l'espressione giusta tratta dalla lista di vocabolario.

1. Io la penso diversamente da te, a mio _____ gli studenti hanno ragione.

2. Ieri abbiamo fatto una passeggiata fuori porta, è stata proprio una bella _____.

3. Anche se Paolo odia giocare a carte, a volte lo convinco a fare una partita a _____.

4. Smettila con queste stupidaggini, non dici altro che _____.

5. Non ne fai una giusta! Ogni volta che apri la bocca, lo fai _____.

6. A scuola c'è stata una epidemia di _____ e tutti i bambini che li hanno presi

   hanno dovuto rasarsi i capelli per eliminarli.

7. Caterina è una ragazza timida e spesso la si vede _____.

8. Mario non perde un'occasione per fare lo spiritoso. È proprio _____.

Associa l'esclamazione appropriata a ciascuna delle situazioni che seguono, facendo attenzione al genere grammaticale.

   Buono!   Vergogna!   Bravo!   Sfigato!

1. La tua compagna di stanza ti ha rubato dei CD.

2. Il tuo fratellino continua a fare rumore impedendoti di studiare.

3. Un tuo amico non ottiene mai dai genitori il permesso di uscire.

4. Una tua amica ha appena passato un esame difficilissimo.

Aiutandoti con il dizionario trova il sostantivo a cui è collegato il verbo e scrivi una breve frase che ne illustri il significato.

   Esempio: lavorare = il lavoro; in Italia c'è molta disoccupazione e i giovani faticano a trovare
   un lavoro

fischiare =

strepitare =

spalleggiare =

sghignazzare =

ridere =

suggerire =

domandare =

replicare =

ululare =

Ognuno dei nomi che seguono risulta dalla modificazione di un termine per mezzo di un suffisso.

l'occhia*luto*   la riccio*lona*   il bion*dino*   il brufo*loso*   il tap*petto*   il cespug*lioso*

Prova tu, controllando su un dizionario, a formare dei nuovi nomi per definire una persona a partire da quelli dati di seguito, e aggiungi anche la definizione che hai trovato. A volte, più di una soluzione è possibile, ma fai attenzione ai possibili doppi significati di un termine.

il naso =

i denti =

i capelli =

le ossa =

i peli =

la pancia =

la barba =

il piede =

Il testo

(da Francesco Bruni e Paolo Virzì, *Caterina va in città*, Venezia: Marsilio, 2003)

SCENA 14

Scuola media in centro—Giorno
Un gran putiferio in classe, sono tutti in piedi che urlano. Un biondino con i dreadlocks da rasta strilla:

Biondino

Naziisti! Vergognaa! Siete i più grandi criminali della storia!
Lo spalleggia una ricciolona col poncho:

Ricciolona

Se fosse per voi ci sarebbero ancora i campi di concentramento!
Margherita e Martina approvano con un applauso, mentre dall'altro campo parte la
replica fremente di Alessia e Giada, spronata da Daniela:

Alessia

E perché, invece gli amici vostri comunisti non ce l'avevano i campi di concentramento?

Giada

(*con le mani a coppa*). In Siberia! Vi ci manderei a voi sfigati!

Un coro di "buuu" dal versante opposto. Il professore, un quarantenne con camicia a quadri e barbetta rada, cerca inutilmente di intervenire. Caterina, laggiù all'ultimo banco, segue con apprensione e stupore quella discussione così animosa. Intanto un occhialuto brufoloso con Bob Marley sulla felpa strepita:

Occhialuto

Il fascismo è stato sconfitto dalla Storia!

A questa affermazione, contrastata da un boato di fischi e strepiti dall'altro schieramento, è Daniela in persona a replicare:

Daniela

Si però intanto voi comunisti avete perso le elezioni! Imparate la lezione della democrazia e state sotto, zitti e boni!

E poi sghignazza con le fedelissime, che approvano e battono le mani. Anche Margherita batte le mani per scherno, esibendo un sorriso di compatimento e commentando con i suoi compagni:

Margherita

Questa è geniale! L'ha sentita ieri in televisione!

Sghignazzi dei suoi accoliti. Daniela chiede ai suoi fans:

Daniela

Che ha detto cosa lì, Mortisia?

Margherita

Che sei una povera ignorante.

Daniela

Però almeno io mi lavo!

Risate del suo gruppo. Daniela fa il segno di vittoria. Il professore sente che è venuto il momento di imporsi. Alza la voce:

Professore

Per favore!

Mostra il quotidiano aperto lì sulla cattedra.

Professore

Allora, siamo partiti dall'episodio di un centro sociale di Ostia fatto oggetto di una violenta contestazione, da parte di un gruppo di giovani cosiddette teste rasate. Da lì abbiamo cercato di storicizzare, ma per ora in maniera confusa e superficiale. Sento usare termini come: comunisti, nazisti, fascisti, secondo me un po' a sproposito. Che significano oggi queste parole? Lo domando a voi. Lo domando a te, Mirko, così la smetti di fare il buffone.

Risatine della classe. Il prof ha interpellato un tappetto coi capelli ingelatinati, che stava stuzzicando una compagna due banchi avanti. Quest'ultimo si ricompone e:

Mirko

Comunisti e fascisti? Aspè, professò. Allora.

Qualcuno tenta di suggerire, ma Mirko lo zittisce orgogliosamente.

Mirko

Zitto la so! Dunque, i comunisti sono quelli ricchi e i laureati, i fascisti, cioè quelli di destra, sono più poveri e un po' ignoranti.

Risate di scherno dal gruppo di Margherita, mentre Daniela balza in piedi e replica seccamente:

Daniela

Povero e ignorante ci sarai te, e pure cesso!

Mirko

(*mortificato*). No, scusa Daniela, cioè a me mi pare che quelli di destra, che al limite pure io ci sarei, sono la gente normale che lavora, mentre i comunisti sono dottori, direttori, registi... tutta gente che non hanno bisogno di lavorare, no professò?

Un Altro Ragazzo

I giudici, professore! I giudici sono comunisti!

Risate, schiamazzi, ululati

Il professore sorride sconfortato, ma anche divertito. Batte la mano sulla cattedra e:

Professore

Vorrei che si esprimesse anche chi finora è stato zitto.

Cerca con lo sguardo tra la classe. Individua Caterina:

Tu che sei nuova... Caterina, no?

Chiamata in causa, Caterina si drizza emozionata.

Caterina

Sì.

Professore

E vieni da?

Caterina apre bocca ma un paio di buontemponi la precedono:

Buontemponi

—Nord, Nord Ovest!

—Tipo Costa Tirrenica!

—Montalto di Castro, professò!

Risate. Caterina arrossisce.

Professore

Appunto, mi piacerebbe sentire il parere di una persona che viene da una realtà così diversa da quella romana.

Caterina

(*dopo un'esitazione*) Scusi professore, la discussione mi interessa molto, ma veramente non mi sento molto preparata. A Montalto, tra ragazzi, di queste cose proprio non se ne parlava.

Una Ragazza

Non ci sono le teste rasate?

Caterina

I miei cuginetti quando hanno preso i pidocchi alla scuola materna.

Spuntano sorrisetti qua e là. E qualcuno, uno zeccone cespuglioso, domanda:

Zeccone

Non mi dire che non ci sta nemmeno un centro sociale?

E Caterina, forse consapevole della comicità di quanto sta per dire, replica allegramente:

Caterina

Be', c'è il centro sociale Tombolone. Ci sta un gruppo di pensionati molto simpatici che organizzano tornei di scopone e scampagnate al Santuario. Però mi sa che non è la stessa cosa che dicevate voi.

Risate bipartisan della classe, anche Caterina sorride, incrociando lo sguardo incuriosito e benevolo di Margherita.

Ora lavoriamo sul testo

COMPRENSIONE

1. Chi aveva i campi di concentramento, secondo gli studenti?
2. Chi ha vinto le elezioni, stando a quanto dice Daniela?
3. Di cosa tratta la discussione?
4. Perché il professore fa rispondere Mirko?
5. Qual è la differenza principale tra fascisti e comunisti, secondo Mirko?
6. Quali sono per lui le professioni tipiche dei comunisti?

7. Di che tendenza politica è Mirko?
8. Da dove viene Caterina?
9. Qual è una grande differenza tra la scuola da cui proviene e quella in cui è adesso?
10. Chi sono, per Caterina, le "teste rasate"?
11. Cosa è per lei un centro sociale? Quali attività vi si svolgono?

ANALISI E INTERPRETAZIONE

1. In cosa consiste per Daniela la lezione della democrazia?
2. In quale città si svolge la scena? Da cosa lo capisci?
3. Qual è il tono della discussione? Come si trattano a vicenda gli studenti? Giustifica la tua risposta con precisi esempi tratti dal testo.
4. La scena si basa su una marcata diversità tra Caterina e i suoi compagni, puoi spiegarla? Puoi illustrare anche la personalità di Caterina per come emerge da questa scena?
5. Secondo te, che età hanno gli studenti? In base a quali elementi lo deduci? Trovi che la discussione in cui sono impegnati sia appropriata alla loro età? Giustifica la tua risposta.
6. Come giudichi l'atteggiamento del professore? Ti sembra adeguato? Perché?
7. Tu come immagini un centro sociale? Quali attività credi che ci si svolgano?
8. Il testo contiene una serie di espressioni fortemente colloquiali e spesso sgrammaticate, trovane quante più puoi e confronta i tuoi risultati con il resto della classe.
9. Concentrati sugli elementi formali del dialogo che hai letto. Secondo te, quali di essi non troveresti in un romanzo o un racconto? Motiva la tua risposta con precisi esempi.
10. Adesso guarda la trasposizione cinematografica della scena che hai appena letto e fai una lista delle differenze più significative con la sceneggiatura.

Per scrivere

1. In un saggio, presenta la tua presa di posizione su un recente evento di politica nazionale che ha avuto i giovani come protagonisti.
2. Scrivi un saggio su un evento di politica internazionale commentandolo da un punto di vista che tu ritieni di sinistra oppure di destra.
3. Manda una lettera a Mirko per contraddire le sue idee sulla destra e sulla sinistra.
4. Immagina di essere Caterina e annota nel diario l'esperienza della giornata a scuola.
5. Usando come modello il testo che hai appena letto, scrivi una breve sceneggiatura ricreando una discussione avvenuta in classe.
6. Scrivi un articolo per il giornale della tua scuola o università in cui esprimi le tue opinioni su un fatto o un evento controverso che ha coinvolto la comunità studentesca di cui fai parte.

Internet

1. Trova informazioni sugli altri film di Virzì e presenta in classe i risultati della tua ricerca.
2. Su una cartina dell'Italia centrale individua la cittadina di Montalto di Castro e poi cerca

informazioni su di essa. Cerca anche di scoprire perché, a un certo punto, è diventata molto famosa in tutt'Italia.

3. Svolgi una indagine sui centri sociali italiani: cosa sono esattamente, quali sono i più famosi, dove si trovano, cosa si propongono di fare nella società italiana e a quali partiti o aree politiche fanno riferimento.

4. Visita il sito del Parlamento italiano e trova informazioni sui partiti che ne fanno parte e sugli schieramenti in cui si raggruppano.

5. Sullo stesso sito, fai una indagine su quali erano i partiti politici italiani del secondo dopoguerra. Cerca anche di scoprire a quali strati sociali appartenevano i rispettivi elettorati.

6. Cerca il testo della canzone *Destra-Sinistra* di Giorgio Gaber, poi analizzalo. Secondo il cantautore, quali sono gli atteggiamenti stereotipati delle persone che si definiscono politicamente di destra o di sinistra?

33 • Laila Wadia
Amiche per la pelle

Chi è l'autrice

Laila Wadia è nata a Bombay, in India, nel 1966. Vive oggi a Trieste, dove lavora presso l'università e si dedica inoltre alla scrittura sia in lingua inglese che italiana. Nel 2004 ha vinto il concorso letterario Eks&Tra dedicato alle opere di autori immigrati in Italia con il racconto *Curry di pollo*. Nello stesso anno ha pubblicato *Il burattinaio e altre storie extra-italiane*, poi nel 2005 ha contribuito insieme con altre narratrici alla raccolta *Pecore nere* mentre nel 2007 è uscito il suo primo romanzo, *Amiche per la pelle*.

Prepariamoci a leggere

1. Nella tua esperienza, che cosa sta alla base dell'amicizia? Come scegli i tuoi amici? Cosa ti aspetti da loro e cosa sei disposto a dare in cambio?
2. Pensi che l'amicizia tra donne segua regole diverse rispetto a quella tra uomini? Se sì, in che cosa si differenzia?
3. Qual è la tua definizione di ospitalità?
4. Potresti fare un esempio di "buone maniere"?
5. Cosa cucineresti per un tuo carissimo amico che è ospite a casa tua?
6. Ti è mai capitato di dover mangiare del cibo che non ti piacesse per non offendere qualcuno?
7. Qual è un piatto tipico del tuo paese? C'è un piatto che preferisci ma che non appartiene alla tradizione culinaria del tuo paese?
8. Qual è la cosa più strana che tu abbia mai mangiato? Cosa invece non mangeresti mai?
9. Secondo te, in che modo il cibo è l'espressione di una cultura? Ci sono piatti tipici della tua cultura che ti fanno sentire "a casa" quando li mangi? Quali? E ci sono invece piatti che sono espressione della tua tradizione familiare?
10. Pensi che sia importante cercare a tutti i costi di mantenere le proprie tradizioni gastronomiche anche quando si vive in un altro paese? Motiva la tua risposta con esempi precisi.

Un po' di vocabolario

la ripetizione = lezione privata in cui si ripetono argomenti già studiati

apparecchiare = preparare la tavola con piatti, bicchieri e posate

il microonde = forno per la cottura rapida del cibo

il frullatore = elettrodomestico per lo sminuzzamento di frutta e verdura

la teiera = recipiente in cui si prepara il tè

la poltiglia = intruglio disgustoso

la cacca = escremento

la matassa = filo avvolto su se stesso

guasto = (qui) andato a male

punzecchiare = (qui) irritare

il tanfo = puzzo, fetore

la casseruola = tegame per cucinare

piagnucolare = (qui) esprimersi con un tono lamentoso

nitrire = emettere il tipico verso del cavallo

il fagiolo = seme commestibile della pianta omonima

i crauti = piatto tipico della cucina tedesca, fatto con foglie di cavolo tagliate a liste sottili e fatte fermentare con il sale

acido = aspro di sapore

la cotica = cotenna di maiale

interpellare = chiedere un'opinione

l'olio di ricino = sostanza purgante

bestemmiare = imprecare contro la divinità

la mitragliatrice = arma da fuoco che spara in modo automatico

crogiolarsi = adagiarsi con compiacimento

aggrapparsi = attaccarsi con forza ad un appiglio

NOTE CULTURALI

le foibe = fosse, crepacci naturali scavati nel terreno carsico vicino a Trieste e in Istria; nel corso della seconda guerra mondiale furono usate per nascondere i cadaveri degli italiani uccisi in massa prima dai tedeschi e poi dall'armata jugoslava del maresciallo Tito; si stima che, soltanto nella zona intorno a Trieste, alcune migliaia di persone siano state gettate nelle foibe

la Risiera di San Sabba = l'unico *lager* organizzato dai nazisti in Italia

l'obiettore di coscienza = chi, per ragioni morali, si oppone a compiere il servizio militare benché obbligatorio

I promessi sposi = romanzo di Alessandro Manzoni pubblicato nel diciannovesimo secolo e considerato un capolavoro della letteratura italiana

Il postino = film di Michael Radford uscito nel 1994, racconta dell'amicizia tra Pablo Neruda e il postino che gli consegna la corrispondenza durante il suo esilio in Italia

Con l'aiuto del dizionario, identifica per ogni gruppo la categoria di appartenenza tra quelle qui elencate in ordine alfabetico.

gli agrumi; i cavoli; le cucurbitacee; le erbe aromatiche; la frutta secca; i frutti di bosco; i gigliacei; l'insalata; i legumi; le radici; i tuberi

Esempio: i fagioli, i piselli, le fave = i legumi

le rape, le carote, i ravanelli =

la menta, l'origano, il rosmarino =

il radicchio, la lattuga, la rucola =

la verza, il cappuccio, i broccoli =

il lampone, il mirtillo, la mora =

l'arancio, il mandarino, il limone =

la patata, il tartufo, la patata dolce =

l'aglio, la cipolla, il porro =

le noci, le nocciole, le mandorle =

il cocomero, i cetrioli, gli zucchini =

Per ognuno degli aggettivi indicati, fornisci i nomi dei cibi o delle bevande a cui li associ.

Esempio: dolce = il gelato, il miele ...

amaro =

acido =

piccante =

salato =

insipido =

agrodolce =

Quali fra gli oggetti seguenti si possono tipicamente trovare su una tavola apparecchiata all'italiana? Fai un cerchio intorno alle parole corrette.

le federe e i lenzuoli; i piatti e i bicchieri; il fon; il microonde; le forchette e i coltelli; la

tovaglia; il tappeto; l'oliera; l'acqua e il vino; i fornelli; il ventilatore; i tovaglioli; il sale e il pepe; i giornali e le riviste; i mestoli e le schiumaiuole; la spazzola e il pettine; la teiera e la

caffettiera; il pane e i grissini; la formaggiera

*Le espressioni idiomatiche seguenti sono tratte dal testo che stai per leggere. Abbina l'espressione
della colonna A con la spiegazione appropriata nella colonna B.*

A	B
essere all'ultimo grido	vergognarsi moltissimo
andare a male	non sapere cosa fare
arricciare il naso	procedere lentamente
avere un lampo di genio	avere una profonda scollatura
sentirsi un verme	dimostrare disgusto
avere le tette al vento	guastarsi, rovinarsi
andare al rallentatore	andare all'ultima moda
non sapere che pesci pigliare	avere un'idea luminosa

Il testo

(da *Amiche per la pelle*, Roma: Edizioni e/o, 2007)

[Le amiche per la pelle del titolo sono quattro donne immigrate che vivono nello stesso
palazzo a Trieste assieme ai loro mariti e ai loro figli. La narratrice è Shanti Kumar,
indiana, e Kamla è sua figlia; poi ci sono Lule, albanese, Marinka, bosniaca, e Bocciolo di
rosa, cinese].

Su consiglio di Lule, noi donne di Via Ungaretti 25, io, Marinka e Bocciolo di rosa,
abbiamo cominciato a prendere ripetizioni d'italiano insieme, nel pomeriggio, una volta
alla settimana. Ci viene anche Lule, anche se lei sa già tutto ed è moglie di un ingegnere.

Una volta, quando ci siamo riunite verso mezzogiorno, Marinka ha detto che avrebbe
portato qualcosa da mangiare poi tutte insieme. Abbiamo accettato volentieri. Facevamo
a rotazione, e quella volta la lezione si teneva a casa mia.

A causa di un precedente impegno, la nostra insegnante Laura non ha potuto trat-
tenersi a pranzo con noi. Mentre le altre apparecchiavano il tavolo da pranzo, io ho
seguito le istruzioni di Marinka e ho messo la ciotola che aveva portato nel microonde,
senza togliere il coperchio.

La mia cucina, come quella delle mie vicine di casa, è una galleria moderna di gadget
elettronici: mixer magnifici, frullatori fantascientifici, pentola a vapore dotata di timer
computerizzato, teiera elettrica. Tra di noi lo status sociale si misura con la tecnologia
gastronomica di cui disponiamo. Non ci sono comodi sofà e si stira sul tavolo di formica
del soggiorno, ma abbiamo tutti la TV con ricevitore satellitare, il videoregistratore, il

lettore DVD, telefonini all'ultimo grido e scintillanti apparecchi di nuovissima generazione in cucina.

Dopo due minuti, ho sfornato il recipiente e l'ho aperto. Per poco non svenivo all'odore e alla vista del contenuto. Ma che cosa era? Sembrava una poltiglia marrone con pezzetti di cacca e matasse di capelli da vecchia. Ho trattenuto il respiro. Mi sono venuti i sudori freddi. Povera Marinka, si era disturbata tanto per fare qualcosa per noi ma era andato a male! Come facevo a dirglielo?

Le mie vicine di casa stavano ripassando i verbi riflessivi ad alta voce e ridevano come pazze perché Bocciolo di rosa non riusciva a pronunciare la parola "vestirsi". Ho deciso di chiedere consiglio a Lule.

"Lule, puoi venire di qua un momento?" ho chiamato con la testa fuori della cucina e, quando ho scoperchiato il piatto che aveva portato la Marinka, ha arricciato il naso.

"È guasto, vero?" ho chiesto conferma.

Lule ha preso una forchetta e si è messa a punzecchiare i pezzi di cacca. Poi ha tagliato un pezzettino e se l'è infilato in bocca. Stavo per svenire.

"Le salsicce mi sembrano a posto. Sono questi fili bianchi nella purea di fagioli che emanano un tanfo da morire" ha constatato alzando un grumo con la forchetta.

"Che devo fare, Lule? Aiutami tu" ho implorato.

Dopo aver meditato sulla faccenda per qualche secondo, Lule mi ha suggerito di portare la casseruola in soggiorno cosí come stava. Meglio che Marinka vedesse cos'era successo al suo piatto.

"Io non ce la faccio a mangiare questa roba qui! Fai qualcosa" ho supplicato.

A labbra strette Lule mi ha detto che non potevo insultare un'ospite. Mi avrebbe aiutato lei a far sì che Marinka venisse servita per prima. Avremmo spiato la sua reazione e poi seguito il suo esempio.

"Ma vomiterò mentre mangio" ho piagnucolato ancora. Poi ho diligentemente portato la pietanza in soggiorno.

Mentre Marinka si metteva in bocca un cucchiaione di minestra guasta, io, per trattenere le lacrime, fissavo gli ispidi peli neri che le stavano ricrescendo sopra il labbro superiore.

"Cos'è?" ha chiesto Bocciolo di rosa guardando il suo piatto con diffidenza. "Piatto bosniaco?".

Marinka ha nitrito. Bocciolo di rosa non aveva ancora capito che non si doveva pronunciare la parola "Bosnia" davanti a Marinka. È come parlare di foibe e della Risiera di San Sabba alla gente di Trieste—una ferita ancora aperta. Non vuole avere niente a che fare con il suo paese. Più di tutte noi, Marinka vuole integrarsi, dimenticare il passato e diventare italiana.

"La *jota*. Minestra di fagioli e crauti acidi. Proprio come quella che mangiano i triestini. Il loro piatto tipico, si può dire. Ci ho messo anche la cotica. Se vogliamo integrarci, dobbiamo iniziare mangiando il loro cibo, non credete?". (...)

Me ne stavo lì a fissare il piatto di *jota* che avevo davanti, interpellando ogni tanto Lule con gli occhi. Lei scrutava Bocciolo di rosa, che lanciava occhiate nella mia direzione. Avevamo tutte e tre il piatto pieno di minestra di fagioli con crauti e salsiccia e cotiche, i cucchiai in aria come fucili in mano a obiettori di coscienza.

"Allora?" ha strombazzato Marinka. "Che c'è? Non vi va?".

Non ci andava, no. Ma nessuna aveva il coraggio di ammetterlo. Lule si è fatta coraggio e ha avvicinato il cucchiaio alla bocca. Alé ho-op, con lo stesso gesto e la medesima espressione di Kamla quando doveva prendere l'olio di ricino. Poi è stata la volta di Bocciolo di rosa, che ha la gran fortuna che sui volti orientali non si distinguono molto chiaramente le espressioni. A lei è venuto un colpo di tosse subito dopo e i suoi occhi, perennemente semichiusi, si sono fatti ancora più sottili. Dio mio, assistimi, ho supplicato io quando è stato il mio turno. Nelle narici sentivo l'odore di aceto e di grasso caldo.

Stavo quasi per farcela, quando mi è venuto un lampo di genio. Ho lasciato cadere il cucchiaio, che è rimbalzato contro il piatto in re maggiore e ha fatto un doppio salto mortale prima di fermarsi sulla tovaglia.

"Non ti piace, vero?" ha constatato Marinka, visibilmente ferita. "Quattro ore ci ho messo per cucinarla".

Mi sono sentita un verme.

"Sai, ti devo confessare una cosa. Non posso mangiare carne di maiale. Sono indù" ho spiegato. E poi ho aggiunto: "E nemmeno Lule dovrebbe. È musulmana".

"Macché musulmana" ha sbuffato Marinka, seccata che nessuno gradisse la sua minestra. "Se è una musulmana, allora non dovrebbe nemmeno andare in giro con le tette al vento. Poi, con tutto l'alcol che hanno in casa! E non l'ho sentita nominare Allah nemmeno una volta!"

Lule si è irritata. "Tu invece il tuo dio lo nomini dalla mattina alla sera, ma solo per bestemmiarlo!".

Marinka si è alzata da tavola di scatto. "Se tu avessi visto quello che ho visto io, cara mia, non saresti qui a farmi delle osservazioni! Ma che ne sai tu della guerra, del dolore? Hai una villa con giardino nel tuo paese, hai un marito ingegnere che ti riempie di abiti firmati e gioielli. Chi sei tu per fare delle prediche agli altri? Che ne sai di *kveste* cose?". Quest'ultima domanda le è uscita come il fuoco di una mitragliatrice al rallentatore.

L'abbiamo guardata con gli occhi pieni di compassione. Sappiamo tutti quello che ha passato Marinka. Sappiamo come lei e Bobo sono scappati dalla guerra, con i due figli. Marinka allora era incinta. Le avevano bruciato la casa, ma quella si poteva ricostruire; le avevano strappato i vestiti lasciandola nuda per strada, ma chi se ne frega; le avevano ucciso tutta la famiglia—madre, padre e due sorelle—e a quel dolore eterno niente e nessuno poteva porre rimedio. Quello che per me era la minestra di *jota*, un vomito solo a pensarci, per Marinka era il passato: acidulo, indigesto, innominabile. (...)

Con mani frementi Marinka ha raccolto i nostri piatti ancora pieni di *jota* e ne ha riversato il contenuto nella ciotola.

"Si vede che non gradite né me né il mio cibo. Allora tolgo il disturbo" ha dichiarato cercando di trattenere le lacrime.

"Pensavo che tu fossi mia amica. Potevi mangiare almeno la minestra, senza il maiale. I crauti e i fagioli sono solo verdure" ha detto poi con voce lacerata rivolgendosi a me.

Alla vista dei suoi occhi gonfi, non sapevo che pesci pigliare. Ero sicura che interpretasse il mio rifiuto del suo cibo come un tradimento della nostra amicizia, cosí ho detto la prima scusa che mi è passata per la mente: "Sai, noi possiamo mangiare solo cibi indù. Cibi che crescono in India, voglio dire. Per questo non posso mangiare i crauti". Ovviamente Marinka ha capito che stavo mentendo.

Se n'è andata urlando: "Vi dico una cosa, voi non volete *veramente* far parte di questa società. Voi *volete* essere diversi. Vi crogiolate nel vostro stato di miserevoli stranieri! Vi ostinate ad aggrapparvi al vostro passato, a un tempo e a un paese che non esistono più al di fuori della vostra fantasia. Che senso ha prendere lezioni d'italiano? Spaccarvi la testa per imparare la coniugazione dei verbi? Sforzarvi di leggere *I promessi sposi* e andare al cinema a vedere *Il postino*? Se rifiutate le basi di una cultura, la sua cucina, cioè, se non riuscite a mandare giù nemmeno un boccone di *jota,* come intendete digerire la vita in questo paese?". E ha sbattuto la porta a mo' di punto esclamativo alla sua arringa.

Ora lavoriamo sul testo

COMPRENSIONE

1. Chi si è impegnata a preparare il pranzo e per quale occasione?
2. Com'è la cucina di Shanti? Quali elettrodomestici vi si possono trovare?
3. Cosa ha pensato Shanti dopo avere riscaldato il piatto?
4. Cosa ha fatto Lule di fronte allo stesso piatto?
5. Quale stratagemma hanno impiegato le due donne per non offendere Marinka?
6. Che piatto aveva preparato Marinka? Perché proprio quello?
7. Come si sono comportate le tre donne di fronte al piatto servito loro?
8. Quali sono i dettagli circa la condizione economica di Lule?
9. Quali sono le informazioni circa la storia personale di Marinka?
10. Quali sentimenti ha provato Marinka vedendo che le amiche rifiutavano il suo cibo?
11. In che modo ha reagito la narratrice e cosa ha ottenuto?

ANALISI E INTERPRETAZIONE

1. Cosa significa l'espressione "amiche per la pelle" e, a tuo parere, perché è stata scelta come titolo per il romanzo?
2. Che cosa hanno in comune queste quattro amiche? Che cosa le separa, invece?
3. Come si può spiegare che queste famiglie immigrate non hanno molte comodità nelle loro case ma sono ben fornite di elettrodomestici?
4. Descrivi la disperazione progressiva di Shanti al pensiero di dover mangiare qualcosa

per lei tanto disgustoso: come si sente, cosa fa, quali scuse inventa? È comprensibile o inaccettabile, secondo te? Spiega le tue ragioni.

5. Come si sente interiormente la narratrice nei confronti di Marinka? Trova nel testo le frasi che te lo fanno capire.

6. "Quello che per me era la minestra di *jota,* un vomito solo a pensarci, per Marinka era il passato: acidulo, indigesto, innominabile." Potresti commentare il significato di questa frase?

7. "Si vede che non gradite né me né il mio cibo. Allora tolgo il disturbo." Cosa lascia intendere questa frase, a tuo giudizio?

8. Prova a spiegare con le tue parole il senso dell' "arringa" di Marinka: sei d'accordo oppure in disaccordo con il suo punto di vista?

9. Che cosa possono significare per Marinka le reazioni causate dal cibo che ha preparato?

10. Che valore ha in generale il cibo in questo testo? Giustifica la tua risposta con esempi precisi.

Per scrivere

1. Immagina di essere un/a commensale alla tavola di Shanti: riscrivi la scena includendo te stesso/a e spiegando come ti saresti comportato/a, se ti fossi trovato/a di fronte alla *jota* di Marinka.

2. "Siamo ciò che mangiamo": quanta parte di una cultura passa attraverso il cibo? Fai degli esempi specifici.

3. Identità, immigrazione, integrazione: cosa significano questi tre concetti? Sono collegati oppure separati tra loro? Giustifica la tua risposta ricorrendo a esempi concreti.

4. Immagina che il tuo frigorifero sia in grado di parlare. Cosa direbbe di te, della tua famiglia, del tuo/vostro rapporto con il cibo?

Internet

1. Fai una ricerca sulle foibe e sulla Risiera di San Sabba e poi presenta le informazioni alla classe.

2. Fai una ricerca per scoprire quanti e quali diversi gruppi etnici sono emigrati in Italia negli ultimi trent'anni e qual è la loro distribuzione geografica nelle varie regioni.

3. Cerca dei siti dedicati ad autori immigrati di lingua italiana, poi presenta alla classe due scrittori o scrittrici a tua scelta.

4. Visita il sito ufficiale di Slow Food e presenta alla classe informazioni sui fini del movimento, sulla sua storia e sulla diffusione nel mondo dei suoi centri o "presidi". Spiega anche che cos'è l'Università del Gusto di Pollenzo.

5. Cerca la ricetta della *jota.* Ti sembra davvero un piatto tanto disgustoso?

GLOSSARIO MINIMO METRICO E FORMALE

articolo. Scritto di vario argomento pubblicato su un giornale o su una rivista. Si possono avere articoli di cronaca, di costume, di economia, ecc.

ballata. In origine, composizione poetica da accompagnarsi al ballo. Successivamente, componimento diviso in più parti a cui si alternava un ritornello. Più recentemente, il termine è usato in modo molto generale per designare testi dal contenuto e dalla struttura metrica più disparati.

dialogo. Forma letteraria (si pensi ai dialoghi di Platone) legata al problema della ricerca della verità, in cui si presuppone che uno degli interlocutori possa essere l'incarnazione di un uditorio più generale.

endecasillabo. Verso principale della metrica italiana costituito da undici sillabe. Gli accenti ritmici cadono in prevalenza sulle sillabe pari, quelli fondamentali sono in sesta e in decima posizione.

giallo. Racconto, romanzo o film di genere poliziesco. Si chiama così perché nel 1929, quando la casa editrice Mondadori ha iniziato a tradurre e pubblicare questo genere di testi, le copertine dei volumi erano gialle. In inglese si direbbe *detective story*.

intervista. Colloquio in cui un giornalista pone una serie di domande a un personaggio celebre o autorevole allo scopo di ottenere informazioni o opinioni su determinate questioni.

ottava. Strofa composta tradizionalmente da otto endecasillabi rimati secondo lo schema ABABABCC. È la forma metrica tipica della poesia narrativa e dei poemi epici e cavallereschi.

quartina. Strofa di quattro versi, ma anche forma metrica a se stante costituita da quattro versi per lo più endecasillabi rimati secondo lo schema ABBA oppure ABAB.

racconto. Composizione letteraria in prosa, a carattere narrativo e di lunghezza contenuta.

romanzo. Genere moderno di composizione narrativa in prosa.

saggio. Scritto di contenuto morale, filosofico e letterario, composto in prosa, secondo una libera struttura.

sceneggiatura. Testo definitivamente elaborato di un film o di un programma televisivo con le annotazioni tecniche necessarie al lavoro di produzione.

sonetto. Forma metrica tra le più importanti della storia letteraria italiana. Nato probabilmente in Italia meridionale nella prima metà del tredicesimo secolo, il sonetto si è diffuso presto anche in altre lingue, subendo alcune modificazioni strutturali. Nella sua forma più tradizionale, è costituito da quattordici versi endecasillabi raggruppati in due quartine e due terzine. I versi sono rimati secondo vari schemi, per le quartine prevale la disposizione ABBA / ABBA, mentre in origine era più frequente quella ABAB / ABAB; per le terzine si possono avere diverse configurazioni: CDE / CDE, CDC / EDE, CDE / EDC, CDC / DCD, ecc.

terzina. Raggruppamento di tre versi, di norma endecasillabi. La terzina dantesca usa uno schema di rime incatenato secondo il modello ABA BCB CDC, ecc.

verso libero. Verso indipendente da qualunque schema metrico tradizionale.

verso sciolto. Di norma verso endecasillabo, ma anche settenario, non legato da rima o schemi strofici ad altri versi.

Text Credits

The following texts have been reprinted with permission:

Ammaniti, Niccolò. *Io non ho paura*, 36–40. Torino: © Einaudi, 2001

Ballestra, Silvia. *Le seguo da lontano*, 30. © *D La Repubblica delle donne* (Gruppo Editoriale L'Espresso), 30 luglio 2005

Baricco, Alessandro. *Next. Piccolo libro sulla globalizzazione e sul mondo che verrà*, 15–16, 19–21, 28–29. Milano: © Feltrinelli, 2002

Benni, Stefano. *Il bar di una stazione qualunque*, in *Bar Sport Duemila*, 160–165. Milano: © Feltrinelli, 1997

Cacucci, Pino. *Palle di carta*, in *Mastruzzi indaga*, 12–18. Milano: © Feltrinelli, 2002

Camilleri, Andrea. *La scomparsa della vedova inconsolabile*, in *Le inchieste del commissario Collura*, 68–74. Pistoia: © Libreria dell'Orso, 2002

Capuani, Monica. *In viaggio verso Atlantide*, 102, 104. © *D La Repubblica delle donne* (Gruppo Editoriale L'Espresso), 17 luglio 2006

Carofiglio, Gianrico. *Testimone inconsapevole*, 60–62, 105–107. Palermo: © Sellerio, 2002

Cavalli, Patrizia. *Aria pubblica*, in *Pigre divinità, pigra sorte*, 25–27. Torino: © Einaudi, 2006

Crepet, Paolo. *I figli non crescono più*, 10–15. Torino: © Einaudi, 2005

De Carlo, Andrea. *Giro di vento*, 5–6, 7–9. Milano: © Bompiani, 2004

De Luca, Erri. *Naufragi* e *Valore*, in *Opera sull'acqua e altre poesie*, 19, 35. Torino: © Einaudi, 2002

Eco, Umberto. *Il crocifisso, gli usi e i costumi*, in *A passo di gambero*, 248–251. Milano: © Bompiani, 2006

Guccini, Francesco. *Sì, viaggiare*, in *La legge del bar e altre comiche*, 33–36. Milano: © Mondadori, 2005

Khouma, Pap. *Sposatemi, sono una principessa*, 124–125. © *Vanity Fair* (Edizioni Condé Nast SpA), 8 giugno 2006

Loewenthal, Elena. *Lo strappo nell'anima*, 95–98, 101. Milano: © Frassinelli, 2002

Lucarelli, Carlo. *C'è un insetto sul vetro*, in *Il lato sinistro del cuore*, 38–39. Torino: © Einaudi, 2003

Mazzucco, Melania. *Vita*, 20–21, 43. Milano: © RCS Libri SpA, 2003

Melilli, Massimiliano. *Noi visti da*, in *Mi chiamo Alì... Identità e integrazione: inchiesta sull'immigrazione in Italia*, 259–262. Roma: © Editori Riuniti, 2003

Merini, Alda. *O carme gentile indovino*, in *Ballate non pagate*, 81. Torino: © Einaudi, 1995; *Manuela cara*, in *Lettere a un racconto. Prose lunghe e brevi*, 37. Milano: © RCS Libri SpA, 1998

Nove, Aldo. *Storia di Roberta* e *Storia di Luigi*, in *Mi chiamo Roberta, ho 40 anni, guadagno 250 euro al mese...*, 5–6, 155–157. Torino: © Einaudi, 2006

Petraglia, Sandro, and Stefano Rulli. *La meglio gioventù,* 13–14, 30–31, 34–36. Roma: © Rai-Eri, 2004

Piccolo, Francesco. *Seconda solo a Versailles,* in *Disertori, Sud: racconti dalla frontiera,* 159, 160–161, 162–166, 170. Torino: © Einaudi, 2000

Piumini, Roberto. *Canto XVI,* in *La nuova Commedia di Dante,* 50, 52. Milano: © Feltrinelli, 2004.

Rentocchini, Emilio. *La vie en rose* e *Come l'ha dętt quelchdùn, studiand Chopin,* in *Giorni in prova,* 99–100. Roma: © Donzelli, 2005

Saviano, Roberto. *Gomorra. Viaggio nell'impero economico e nel sogno di dominio della camorra,* 169–171, 172–173. Milano: © Mondadori, 2006

Severgnini, Beppe. *Lo stadio, appunti di gastroenterologia sociale,* in *La testa degli italiani,* 233–236. Milano: © RCS Libri SpA, 2005

Tamaro, Susanna. *Ascolta la mia voce,* 13–15, 186–188. Milano: © Rizzoli, 2006

Valduga, Patrizia. *Per amore di Dio, amore caro,* in *Prima antologia,* 39. Torino: © Einaudi, 1998; *Dove sono le pere moscatelle?* in *Quartine. Seconda centuria,* 65. Torino: © Einaudi, 1998

Vassalli, Sebastiano. *Il signor B.,* in *L'Italiano,* 127–131, 134–136. Torino: © Einaudi, 2007

Vinci, Simona. *In viaggio con le scarpe rosse,* in *In tutti i sensi come l'amore,* 185–187, 188–191, 193–194, 195–196. Torino: © Einaudi, 1999

Virzì, Paolo, and Francesco Bruni. *Caterina va in città,* 34–38. Venezia: © Marsilio, 2003

Wadia, Laila. *Amiche per la pelle,* 38–40, 42–44. Roma: © Edizioni e/o, 2007